FUTURE

FUTURE

FUTURE

FUTURE

NUMEROLOGY OF TAROT

塔羅靈數

透析塔羅牌裡的靈數能量，
認識自己與生命的78種可能

陳豪兒——著

溫柔的禮物——
生命靈數的智慧

自序

　　十多年前開始接觸生命靈數與塔羅牌，原本只是抱持著純然的好奇與興趣，不曾想過將塔羅占卜視為志業。二〇一二年，抱持著「嘗試看看」的心情開啟了占卜師之路，卻不曾想過這一條路一走就走了九年。正如同拿起這本《塔羅靈數》、對塔羅牌與心靈世界充滿好奇的你，可能只是想把塔羅占卜當成興趣，當成可以幫自己與親朋好友解惑的工具，卻也可能在無形中開啟了未來新的可能性。

　　生命靈數對我來說，是認識自己、探索自我潛能的工具，我把這些陪伴我們一生的生日數字視為「靈魂送給我們認識生命的線索」，這些數字提醒我們：要如何與世界連結、要如何展現自己的天賦價值、要如何活出僅屬於自己的成功。雖然這些問題，社會都已經幫我們制定好了答案，但生命的困難與掙扎，不就在社會告訴我們「只能這樣做」嗎？而我在生命靈數裡學到的是：「接受每個人的不一樣，這是生命最美好的部分，因為每個人都能成為自己的如其所是。」

　　塔羅牌是幫助我們「自我覺察」的好朋友。你可能聽過「命運是自己創造的」，塔羅牌不僅告訴我們命運會如何發展，更是告訴我們「你正在創造什麼樣的命運」。我在接觸到塔羅牌的時候，除了發現一張張的牌卡竟能夠反映出我正在經歷的生命經驗，更為每一張圖像上的豐富元素與構圖深深吸引，之後我意識到牌圖裡的人物、圖形象徵與背後的寓意，都是我內心世界的一部分，而塔羅牌只是將我內心裡龐大、模糊而渾沌的思維透過圖像顯示，讓我們能更清楚地掌握自己內在的運作，並能做出忠於自我的抉擇。如今塔羅牌不僅僅是我的工作，更與我的生活密不可分，塔羅牌對我而言不僅是占卜工具，更是幫助我們誠實面對自己內在的好夥伴。

　　「數字」絕對是塔羅牌圖像裡不容忽略的意涵。當我開始研讀塔羅牌，我發

現這些牌卡的訊息與過去我所學的「生命靈數」有強烈的連結，例如靈數 1 的獨立、自信與勇於嘗試的特質，在塔羅牌裡的「1 號牌」也有相似的概念；而靈數 2 的細膩、擅觀察與二元思維，也是塔羅牌裡的「2 號牌」所要傳達的意念。雖然每張塔羅牌由多種神祕學符號、神話與占星元素等匯集而成，「靈數」只是其中一部分的奧義，卻能提供我們更多元的角度去解讀塔羅牌，也有助於汲取塔羅牌傳遞訊息時所蘊藏的每個靈數的智慧。

　　這本《塔羅靈數》匯集了「生命靈數」與「塔羅牌」兩大神祕學領域。我會先邀請大家進入生命靈數的世界，透過自己的生日數字，認識自己的天賦、特質，以及可能面臨的課題與擁有的舞臺。接著，再帶領大家踏上塔羅牌的探索之旅，並帶著我們的「禮物」，也就是生命靈數的智慧，一一揭開七十八張反映你我生命階段的主題。透過這本書，我希望帶給大家的不是學習如何「占卜」，而是能溫柔對待自己與他人的各種面貌，並能在各個生命階段培養出「共處」的能力。

　　謝謝塔羅事典，以及從我入行至今所有樂於分享的老師們，也謝謝一路支持我完成這本書的家人、愛人、親朋好友和學生們，更謝謝商周出版，以及購買《塔羅靈數》的你。

目錄

自序　**溫柔的禮物**
　　　　──生命靈數的智慧　　　　　　　2

Chapter 1 ── 認識生命靈數　　　　　13

生命靈數的用途　　　　　　　　14

靈數能量簡介　　　　　　　　16

靈數與人格特質　　　　　　　17

如何計算生命靈數？　　　　　18

計算方法　　　　　　　　　18

生日數字的影響領域　　　　18

認識生命靈數 1～9　　　　　21

靈數 1　　　　　　　　　　22

靈數 2　　　　　　　　　　26

靈數 3　　　　　　　　　　30

靈數 4　　　　　　　　　　34

靈數 5　　　　　　　　　　38

靈數 6　　　　　　　　　　42

靈數 7　　　　　　　　　　46

靈數 8　　　　　　　　　　50

靈數 9　　　　　　　　　　54

Chapter 2 —— **認識塔羅牌** 59

塔羅牌的用途 60

學塔羅牌、塔羅占卜必須透過通靈來感應嗎？ 61

塔羅牌是算命嗎？能算出一生運勢嗎？ 62

所有的紙牌占卜都是塔羅牌嗎？ 63

為什麼多數人都是用偉特系統塔羅牌？ 63

牌有牌靈嗎？我需要養牌嗎？ 64

什麼是開牌儀式？是必要的嗎？ 65

塔羅牌的架構 66

大阿爾克納 67

小阿爾克納 68

塔羅牌的源起與系統 71

塔羅牌始祖：維斯康提塔羅牌 71

歐洲最盛行的塔羅牌系統：馬賽系統塔羅牌 73

全球最多人使用的塔羅牌：偉特系統塔羅牌 75

最瘋狂的塔羅牌系統：托特系統塔羅牌 78

榮格與共時性原理 80

集體潛意識、原型與塔羅牌 80

共時性原理 85

塔羅牌與生命靈數的關聯　　　86

靈數 1／魔術師家族　　　87

靈數 2／女教皇家族　　　88

靈數 3／女帝家族　　　89

靈數 4／皇帝家族　　　90

靈數 5／教皇家族　　　91

靈數 6／戀人家族　　　92

靈數 7／戰車家族　　　93

靈數 8／力量家族　　　94

靈數 9／隱者家族　　　95

Chapter 3 ── **大阿爾克納牌之旅**　　　97

愚者之旅　　　98

身：世俗之旅　　　99

心：內在之旅　　　99

靈：靈性之旅　　　100

0 愚者：靈數能量 0　　　　　　　　102

I 魔術師：靈數能量 1　　　　　　　106

II 女教皇：靈數能量 2　　　　　　　110

III 女帝：靈數能量 3　　　　　　　　114

IV 皇帝：靈數能量 4　　　　　　　　118

V 教皇：靈數能量 5　　　　　　　　122

VI 戀人：靈數能量 6　　　　　　　　126

VII 戰車：靈數能量 7　　　　　　　　130

VIII 力量：靈數能量 8　　　　　　　134

IX 隱者：靈數能量 9　　　　　　　　138

X 命運之輪：靈數能量 10／1　　　　142

XI 正義：靈數能量 11／2　　　　　　146

XII 吊人：靈數能量 12／3　　　　　　150

XIII 死神：靈數能量 13／4　　　　　154

XIV 節制：靈數能量 14／5　　　　　158

XV 惡魔：靈數能量 15／6　　　　　　162

XVI 高塔：靈數能量 16／7　　　　　166

XVII 星星：靈數能量 17／8　　　　　170

XVIII 月亮：靈數能量 18／9　　　　　174

XIX 太陽：靈數能量 19／10／1　　　178

XX 審判：靈數能量 20／2　　　　　　182

XXI 世界：靈數能量 21／3　　　　　　186

Chapter 4 ── **小阿爾克納牌之旅** 191

小阿爾克納牌的屬性分類 192

小阿爾克納牌的元素意涵 194

1 號牌靈數能量 196

權杖 1（權杖王牌） 198

聖杯 1（聖杯王牌） 200

錢幣 1（錢幣王牌） 202

寶劍 1（寶劍王牌） 204

2 號牌靈數能量 206

權杖 2 208

聖杯 2 210

錢幣 2 212

寶劍 2 214

3 號牌靈數能量 216

權杖 3 218

聖杯 3 220

錢幣 3 222

寶劍 3 224

4 號牌靈數能量 226

權杖 4 228

聖杯 4 230

錢幣 4 232

寶劍 4 234

5 號牌靈數能量　　236
權杖 5　　238
聖杯 5　　240
錢幣 5　　242
寶劍 5　　244

6 號牌靈數能量　　246
權杖 6　　248
聖杯 6　　250
錢幣 6　　252
寶劍 6　　254

7 號牌靈數能量　　256
權杖 7　　258
聖杯 7　　260
錢幣 7　　262
寶劍 7　　264

8 號牌靈數能量　　266
權杖 8　　268
聖杯 8　　270
錢幣 8　　272
寶劍 8　　274

9 號牌靈數能量　　276
權杖 9　　278
聖杯 9　　280
錢幣 9　　282
寶劍 9　　284

10 號牌靈數能量 　286

權杖 10 　288

聖杯 10 　290

錢幣 10 　292

寶劍 10 　294

宮廷牌家族 　296

宮廷牌角色屬性與靈數對應 　298

權杖隨從 　302

權杖騎士 　303

權杖王后 　304

權杖國王 　305

聖杯隨從 　306

聖杯騎士 　307

聖杯王后 　308

聖杯國王 　309

錢幣隨從 　310

錢幣騎士 　311

錢幣王后 　312

錢幣國王 　313

寶劍隨從 　314

寶劍騎士 　315

寶劍王后 　316

寶劍國王 　317

Chapter 5 — 占卜運用 319

建立你的占卜流程 320

Step 1：占卜地點選擇 320

Step 2：占卜道具準備 320

Step 3：設定問題 321

Step 4：洗牌與抽牌 324

常用牌陣介紹 329

單張牌牌陣 330

時間之流牌陣（聖三角牌陣） 332

一對一關係牌陣 335

選擇題牌陣 338

六芒星牌陣 342

賽爾特十字牌陣 346

Chapter

1

認識生命靈數

每個人都渴望「做自己」，
而你所謂的「自己」，究竟是何方神聖？

生命靈數的用途

————✳————

「你是幾號人?」相信有許多人都曾經玩過這樣的心理分析測驗,僅需「出生日期」便可窺知一個人的優缺點、潛力與人格特質,是最直接能夠「認識人」的命理工具。有許多公司會在培訓或潛能開發課程中,藉由生命靈數來讓人才運用更適得其所,也有許多從事銷售或業務工作者會利用生命靈數來拉近與客戶之間的關係。但對我而言,生命靈數不是能夠輕易「貼標籤」的命理工具,就如同占星學的博大精深,我們無法輕率地給一個人貼上「一個數字」或「一個星座」,就論斷他的個性與人生,因為任何的命理工具都不應成為「將人分類」的標籤,而窄化了你我生命的諸多可能。

因此,我常比喻生命靈數系統就像一出生就拿到的「藏寶地圖」,有些人地圖上的道路曲折蜿蜒,有人的則是充滿岔路,也有人一開始就背負著沉重行囊。每個人的地圖都長得不一樣,寶藏的內容、埋藏地點、配置的武器和可選擇的交通工具也都不同。生命靈數不僅反映你的個性特質,更呈現出你的「地圖風貌」,要怎麼走、遇到岔路該如何選擇、要如何運用自己的武器,全都出自你的自由意志。

雖然星座和塔羅牌已經廣為流行,而生命靈數卻是更頻繁地出現在我們的生活中,舉凡生日、手機號碼、身分證字號、車牌等都由數字所組成,也因為太生活化,少了其他神祕學系統的神祕面紗,使得人們時常將靈數僅僅視為「單純的數字」,但當我們把數字1~9視為不同的「符號」,就不會只是被我們用於交易、計量或編碼的工具,而是九種不同的智慧結晶。**生命靈數如同塔羅牌圖像上的元素,是人類世代傳承下來的共用符碼**,每一個靈數背後都有其象徵的能量在無形中影響著我們。

出生日期是跟隨著我們一生的數字,是我們一出生便被賦予的,這些數字出現在你的出生證明、身分證、履歷表等含有個資的檔案中,幾乎成為了你的「代號」,但這些數字真的是我們一出生就「被賦予」的嗎?抑或我們自己選擇的呢?

離開母親的子宮來到這片土地，是母親或醫生的決定？還是你自己早就決定好的呢？

　　很多人都說：「生日不是自己選擇的。」就如同在哪個家庭、哪個國家出生一樣，都是「命定」的，因而造就了每個人一出生就背負著不同的人生使命與生命課題，但既然是命定的，那有沒有可能所有的使命與課題正是靈魂本身就要完成的呢？因此他挑選了最合適的國家、最合適的家庭、最能幫助他完成此生使命的肉身來到這個世界上？**我們的生日數字，即是靈魂的選擇，讓我們的肉身與頭腦能更有線索地認識自己的生命藍圖。**

　　認識生命靈數，也就是去認識有什麼樣的能量正在影響著我們的個性、潛意識、感情與思考模式。這些數字就像是你一出生就配有的武器，是靈魂提醒你要去完成的事情，以及此生要實踐的態度。有時你會發現生命常常會出現某些課題、出現類似的人、重覆某種循環或類似的考驗，而這些考驗都在教你活出你的內在力量。生命靈數引導我們重新看見並掌握已擁有的資源，提供我們新的思維、選擇與體驗生命的可能性，最終開闢出只屬於自己的成功之道。

　　在後續的章節，我會將生命靈數與七十八張塔羅牌之間的連結做更深的闡述。**塔羅牌的「數字編號」與生命靈數有著密切關聯**，因此在認識塔羅牌之前，我希望能帶領大家一起探索生命靈數的奧祕，瞭解自己的生日數字背後蘊藏著什麼樣的能量，進而將生命靈數 1 ～ 9 的智慧運用在塔羅牌的解讀中。

❋靈數能量簡介❋

首先，透過下列靈數能量屬性表來認識靈數 1 ～ 9 的符號、陰陽屬性，以及靈數 0 象徵的能量。

靈數能量屬性表

靈數	代稱	符號	陰陽屬性	象徵能量
1	開創數	點或太陽 ● ☼	陽	開創與行動
2	平衡數	線或太極 ── ☯	陰	互補與連結
3	表達數	三角形 △	陽	表達與交流
4	執行數	四方形 □	陰	穩固與累積
5	自由數	五芒星 ☆	陽	自由與突破
6	奉獻數	六芒星 ✡	陰	愛與接納
7	幸運數	七芒星或彩虹	陽	內省與求真
8	物質數	八芒星或無限大 ∞	陰	落實與成就
9	靈性數	九芒星或圓 ○	陽	靈性與消融
0	混沌數	無	無	融合與擴大

❧ 靈數與人格特質 ❧

在瞭解了靈數的屬性與其象徵的能量之後，若將這些能量套用在「人」的身上，會各自發展出什麼樣的特質呢？請參閱下表，從中便能看出每個靈數套用在人格特質上，會各自呈現出什麼樣的面貌。

靈數人格特質表

靈數	理想／成熟狀態	過度／強化狀態	欠缺／壓抑狀態
1	自信、創造力、勇於嘗試、力求成長、樂觀	驕傲、不知反省、爭輸贏、結果論、不容妥協	遲緩、畏畏縮縮、愛拖延、表達障礙、態度曖昧
2	親和力、觀察細膩、體貼、擅傾聽、溝通	依賴、怕孤單、立場不堅、自我貶低、矛盾	孤僻、封閉、配合度較低、傲慢、決斷、否定外界
3	圓融、正向思考、具美感、幽默風趣、社交魅力	小聰明、虛榮、好逸惡勞、好辯、抗壓性弱	過度直率、不識相、邋遢、不合群、反骨
4	有紀律、架構性強、堅定、忠誠可靠、擅管理	執著、控制、愛鑽牛角尖、沉迷過去、情緒壓抑	莽撞、三分鐘熱度、反悔、見異思遷、分心
5	號召力、悟性高、求知欲、擅危機處理、靈活	焦慮、攻擊性、咄咄逼人、易怒、沒責任感	一板一眼、緊繃、重規則、沒彈性、正確主義
6	同理心、顧全大局、療癒、面面俱到、溫暖	易濫情、犧牲、情緒勒索、自作多情、批判厭世	逃避真實感受、對人遲鈍、敷衍、自私、計較
7	理智思考、洞察力、沉著、實事求是、真摯待人	抽離、懶惰、易逃避現實、冷眼旁觀、拐彎抹角	感情用事、易煽動、好騙、識人不清、憑感覺
8	領導、有遠見、自律累積、扶弱濟貧、提拔他人	管太多、不擇手段、貪婪、濫用權責、勢利	想多做少、背信、不忠誠、貪圖小利、目光短淺
9	重人權、享受生活、包容、慈悲、精神領袖	理想化、空泛、社交障礙、知而不行、迷糊	流俗、沒熱情、唯物主義、麻木、平庸

現在你已經概略知曉靈數 1 ～ 9 的能量作用。在還沒算出自己的生命靈數之前，你有發現哪個靈數的形容較符合自己嗎？容我再度強調，生命靈數並非是給自己或他人貼標籤的工具，而是讓我們能夠接納自己的特性，進而運用自己的猛獸之力或螻蟻之慧。

如何計算生命靈數？

✦ 計算方法 ✦

　　將你的**西元出生年、月、日**所有數字拆成個位數，再進行加總，加到剩下個位數為止，**最後得到的個位數字**即為你的生命靈數。

例1

1981 / 02 / 05 出生
1＋9＋8＋1＋0＋2＋0＋5
＝26
2＋6＝8
此人生命靈數為8

例2

1987 / 08 / 07 出生
1＋9＋8＋7＋0＋8＋0＋7
＝40
4＋0＝4
此人生命靈數為4

例3

1957 / 12 / 22 出生
1＋9＋5＋7＋1＋2＋2＋2
＝29
2＋9＝11
1＋1＝2
此人生命靈數為2

例4

1980 / 08 / 29 出生
1＋9＋8＋0＋0＋8＋2＋9
＝37
3＋7＝10
1＋0＝1
此人生命靈數為1

例5

2002 / 11 / 13 出生
2＋0＋0＋2＋1＋1＋1＋3
＝10
1＋0＝1
此人生命靈數為1

例6

2000 / 01 / 03 出生
2＋0＋0＋0＋0＋1＋0＋3
＝6
此人生命靈數為6

✦ 生日數字的影響領域 ✦

　　接下來，我將一一詳解「生命靈數1～9」的意涵、個性特質、天賦與生命課題。但我邀請大家閱讀每一個靈數，而不是只有自己的靈數特質，因為**你的生命不會僅被單一數字的能量所影響，更會受到「日基數」、「生辰數」與「天賦數」的交互作用**。在解析靈數1～9之前，我們需要先瞭解這些生日數字各自影響我們生命中的哪些領域。

生辰數

即西元出生年、月、日所有數字。生辰數象徵我們的**行事風格、有興趣或容易專注的領域**。單一數字重複越多次，通常會為當事人帶來較明確、固著的個人風格。以 Ben 來說，其生辰數是 1、9、9、9、9、2、9（見 ❶）。

日基數

僅會有一個數字，算法即「出生日」加總至個位數。Ben 是 29 號出生的，而 2 和 9 加總至個位數字最終所得為靈數 2（2＋9＝11，1＋1＝2，見 ❷）。日基數直接反映在外在個性、與外界互動的面具上，**是我們多數時候展現出的樣貌**，但不一定是「最真實的」自己。

以1999 / 9 / 29 ❶ 出生的Ben為例：
Ben生日為1999 / 09 / 29 ❷
1＋9＋9＋9＋0＋9＋2＋9＝48 ❸
4＋8＝12 ❸
1＋2＝3　Ben的生命靈數為3 ❹

天賦數

即生命靈數「加總前」所出現的數字，包含 0，至多有四個數字，也有可能只有一至兩個數字（如靈數為純 7 者，天賦數即為 7）。天賦數象徵我們的**武器與潛力，也是當事人在生命中需要實踐的「能力」**，以幫助我們達到目標、追求夢想。以 Ben 來說，其天賦數就是 4、8、1、2（見 ❸）。

生命靈數

僅會有一個數字，算法即西元出生年、月、日，共八個數字加總至個位數字為止。以 Ben 為例，他的生命靈數是 3（見 ❹）。**生命靈數象徵此生的課題、使命任務，也是我們最真實的「本質」，會經由各種生命事件來學習這個數字要帶給我們的人生體悟。**

需留意的是，生命靈數的計算結果只會介於 1 ～ 9 之間，不會出現靈數 0。因此在「靈數人格特質表」裡不會有 0 數在其中。這不代表靈數 0 沒有任何作用，正如 P16 的「靈數能量屬性表」，靈數 0 象徵著「融合與擴大」，由於「0」數的出現往往會伴隨著其他數字，如 10、20、30，「0」數在其中的作用是「與前一個數字融合，讓該數的力量更加被強化」。以數字「20」為例，「0」的作用在於「強化 2 的力量」。

許多人會發現，坊間很多靈數分析常會問的「你是幾號人？」，通常是指「日基數」，而不見得是「生命靈數」。由於日基數是我們對外呈現的人格面具，比較起其他數字，日基數確實更容易被掌握、被運用。因此許多人在日基數的特質呈現會比生命靈數還要明顯許多。

👉 計算你的生命靈數 👈

請依照上述方式算出你的生命靈數，並記錄下來。

你的出生年、月、日：　　　　/　　　　　/

你的生辰數：

你的日基數：

你的天賦數：

你的生命靈數：

認識生命靈數 1 ～ 9

在接下來的靈數解析中，我並不會用「X號人」來形容這個靈數的特質，因為這些特質可能是你我共有的，而不會僅出現在某一類人身上，取而代之的是用「靈數X」來形容「擁有該靈數特質的人會出現的狀況」。

如果你希望能透過生命靈數來瞭解自己，我會建議先從「日基數」開始觀察，因為日基數最能直接反映我們的外顯性格，例如你是1、10、19、28號出生的人，你會發現「靈數1」章節所描述的個性表現會跟你相當貼近。再往更深一點看，假如你的「天賦數」有6，你也會發現「靈數6」章節所描述的特質與能力，其實也是你擁有的，或是你的工作與日常生活需要大量運用這個靈數的力量。最後要看的是「生命靈數」，如果你的生命靈數是8，你更該意識到「靈數8」章節所提到的生命課題，便是你畢生要努力的方向。

關於靈數學之母

古希臘哲學家畢達哥拉斯（Pythagoras，西元前五六九～四七五年）畢生致力於研究數字的奧祕，提倡「數」是萬物本源，相信宇宙萬物與數字之間都有關聯性。他對數字的研究傳承至今，直至陶巴利葉特夫人（Mrs. L. Dow Balliett，一八四七～一九二九年）在一九一七年所著的《*The Philosophy of Numbers*》和《*The Day of Wisdom According to Number Vibration*》中，正式將畢達哥拉斯的數字哲學融合人格特質與命運的軌跡，發展成現今的「生命靈數」系統，成為「靈數學之母」。

靈數 **1**

◆內在驅力：我要（I want）
◆潛力天賦：創造
◆性格特質：行動力強／有創意／難溝通／自信／
　　　　　　獨立自主／勇於嘗試／主動積極／
　　　　　　目標導向／自我中心／沒耐心

靈數 1 是不斷追求成功達標的創造者

　　靈數 1 象徵著上帝創造的第一個人類——亞當。想像亞當剛誕生到這世界的時候，他沒有父母，沒有照顧者，也沒有人陪伴，在「一無所有」的狀況下，生活所需的一切都得獨自完成，他需要學會獵食、造屋、與野獸搏鬥等生存技能，總是在創造各種「可行性」，因為沒有人告訴他該怎麼做，所以什麼都得自己先做再說！因此，靈數 1 在人生早期會經歷許多挫折與失敗，但在他們的眼中，沒有所謂的失敗，一切都是為了達到目標前的經驗累積，而最終一定要達到目標。對於靈數 1 而言，做錯了並不是失敗，無法達到目標才是失敗。

　　設定目標對於靈數 1 來說非常重要。許多人的人生只求安逸與穩定，但靈數 1 是放假超過一星期就會生病的人，那一股「要做些什麼」的動能，如果擱置不動的話，就會轉向內在去攻擊自己，讓身體發出警訊。也就是說，靈數 1 的人生必需持續消耗他們滿滿的動能，那是他們的禮物，也是他們的課題，因為他們要一直找事情來做、持續設定目標、達到目標後再設定新目標。你會看到很多靈數 1 像是「停不下來」似的，如果一份工作無法完全消耗他們的能量，他們的生命可能會要他們去兼職兩份工，或是不斷去進修學習，他們永遠有很多事情要做、有很多活動要參與，也最好是如此。

習慣「只有自己」的人生，溝通合作是最大考驗

　　能讓靈數 1 持續設定目標、持續行動的最主要因素，不只是他們的活力，更

是來自他們的過人自信。有時候艱鉅的任務反而會為靈數 1 帶來興奮感，靈數 1 常常說：「沒什麼好怕的，就算害怕也要做。」這樣的勇氣常讓靈數 1 成為眾人的領袖、發起者、領頭羊，他們也很樂於擔任這樣的角色，因為這樣就不需要聽從他人。他們的個性容易讓自己出頭，但這不代表他們懂得帶領團隊，因為靈數 1 終究還是習慣獨立作業，習慣「只有自己」的人生。

靈數 1 特質越強，就越是個獨行俠，什麼都喜歡自己來、獨自行動，而且根本管不著他人的步調、心情與喜好。在一個團隊裡面，最好每一個人的做事風格都跟他一樣，否則他可沒有時間與耐心來配合其他人，甚至在他的眼中，他人可能會拖累、延宕他想要達到目標的進度。靈數 1 的確適合獨立作業、不需要與人合作的工作，但人際、感情與婚姻關係都需要學會合作，這時候他們的考驗就來了，因為所有的合作都需以溝通為基石，靈數 1 常常想著：「反正你聽我的就對了，不聽就拉倒！」懶得花時間在溝通上，他們的溝通往往轉變成意圖「贏過他人」的辯論賽，畢竟傾聽真的不是他們的天賦。如果你常常跟靈數 1 抱怨生活的大小事，他會盡快幫你做出結論，給你簡潔（甚至讓人感覺敷衍）的建議，然後結束這個話題。他們專注的話題在於短期的未來、要去做什麼、任何新鮮有趣的事物、沒嘗試過的想法。

先斬後奏省麻煩，因為「我現在就要」！

靈數 1 是標準的行動派，他們也會對生活或工作感到不滿，但會力求改變，想辦法突破不滿的現況。對靈數 1 來說，一旦設定了目標，就沒有「想做卻不去做」的理由，但他們要知道自己設定的目標是基於「我想要」還是「我需要」。你會發現靈數 1 雖然很喜歡設定目標，但跟長遠的人生規畫不見得有關。本能與欲望導向的他們，著重在滿足當下想要的，至於三年後的人生就交給三年後的自己想辦法。這就是為什麼他們這麼沒有耐心，因為他們太急於滿足當下的欲望。靈數 8 也是目標導向，但靈數 8 會把目標放在「五年、十年後的自己要變成什麼樣的人」，而靈數 1 則是把目標放在「因為我現在就要，所以必須立刻展開行動」。

大部分的靈數 1 並不是無法與人合作，只是他們一個人做決策、做事會舒服自在許多。他們常常先斬後奏，因為不想讓他人干預自己的決定，他們的人生計畫也沒有向他人告知的必要性。我認識的一位靈數 1，突然決定要去打工遊學，其實他老早就安排好了，只是到出發前一個月才告知親朋好友；另一位在大學時期認識的靈數 1 好友，在大二升大三放暑假的時候，他才告訴大家下個學期要轉學。靈數 1 常常在主管、同事毫無預警的狀況下提離職，才知道他早就找到下一份工作。這些都是靈數 1 的作風，他們並不是刻意想要隱瞞，而是認為自己的人生自己決定就好。

讓靈數 1 學習的方法，就是永遠不去否定他們的決策，除非他們主動尋求救援，否則就讓他們自己去跌跌撞撞，就是愛他的方式。

我愛你，但更愛我自己

1 代表的是陽性能量，陽性能量象徵創造力與主動性。他們想要的事物，就會勇敢去爭取，但面對愛情卻不見得是這麼一回事。他們表露情感的方式非常霸道而笨拙，有些靈數 1 會用吊兒郎當、戲謔或開玩笑的方式表達好感，讓人覺得他們似乎不太認真看待感情，而用看似輕鬆的態度面對感情，就算被拒絕也不會太受傷、難過。他們就像是小時候班上的男生，只要對女生有好感，就會去捉弄女生，引起對方注意。無論男女，他們很喜歡以哥兒們的姿態陪伴在喜歡的人身邊，但若進入了穩定關係，他們獨立自主、自我又難以溝通的本性就會表露無遺。

靈數 1 最愛的人，絕對是自己。就像是影集《慾望城市》（*Sex and the City*，一九九八～二〇〇四年）女主角之一的莎曼珊・瓊斯，她熱情、奔放、坦率且直來直往，擁有自己的公關事業、多采多姿的性生活，對於渴望的一切絕對積極爭取，但對於愛情、對於踏入一對一的穩定關係，可是死守著「自我」的界限。她的名言是：「我愛你，但我更愛我自己。」完全呼應了靈數 1 的愛情觀（該角色在劇中被設定的生日是一九五八年四月二十八日，無論是日基數或生命靈數恰好都是靈數 1，當然這只是個有趣的巧合）。靈數 1 總會在熱戀期的赴湯蹈火過後，才會意識到自己才是自己最愛的人。這就是為什麼很多人說與靈數 1 談戀

愛是辛苦的，因為他們先想到的往往都是自己想要的。

讓自信與自尊同步發展，找到揮灑創造力的舞臺

靈數 1 必須要注意自己的「自信心」與「自尊心」是不是同步發展。他們有可能會在反覆的挫折中暫時失去自信，但恨天高的自尊心會讓他們變得像刺蝟，把他人的建議視為批評與攻擊，然後反過來攻擊對方，讓身邊的人不知道該怎麼幫助他。

靈數 1 有強大的創造力與行動力，能讓他們一展所長的工作非常多，只要不是太制式、死板的行政或文書作業都適合。他們往往會在「創造」或「開拓」的過程中感受到生命的充實，但若豐富的想像力沒有展現空間的話，就會一直胡思亂想、想多做少，可惜了他們的天賦。眾所皆知，把令人詬病的老鼠變成人見人愛的「米奇」，正是出自靈數 1 的華特 · 迪士尼（Walter Elias "Walt" Disney）之手；同樣也是靈數 1 的賈伯斯（Steven Paul Jobs），讓「Apple」一字變成世界的溝通方式；女神卡卡（Lady Gaga）的創作與大膽鮮明的形象，也把靈數 1 的力量發揮得淋漓盡致。靈數 1 的創造力不一定只能運用在工作上，也能夠運用在生活其他層面。綜觀來說，他們必須要找到能夠發揮創意的舞臺，讓工作或生活變得精彩、有趣，為生命帶來更多機會。

靈數

◆ 內在驅力：我能（I can）
◆ 潛力天賦：合作
◆ 性格特質：二元思維／察言觀色／溝通能力強／
　　　　　　善於傾聽／優柔寡斷／內斂／依賴／
　　　　　　私下抱怨／重感情／對他人需求敏感

靈數 2 是著重中庸之道的陪伴者

　　靈數 2 象徵著上帝取自亞當的「肋骨」所創造出的女人，也就是夏娃。為什麼上帝創造夏娃不是用腳趾的骨頭或頭骨呢？取自肋骨意味著「在中間的位置」，意即夏娃絕對不是只能屈居亞當腳下的服從者，但也不是能夠控制亞當的主導者。很多靈數 2 特質強的人，不分男女，都很甘願扮演一個「中庸」的角色，雖不會讓自己被人看不起，卻也沒有太崇高的抱負與野心。以上帝創造夏娃的動機來看，這個角色最擅長的就是陪伴與輔佐，幫助亞當把事情做得更好、更盡善盡美，這些都是靈數 2 的天賦。

　　2 也意味著成雙成對，靈數 2 的人重視感情連結，喜歡有人陪伴的感覺，無論這個陪伴者是愛人、家人，還是朋友。他們相信沒有人是完美的，因為每個人都有優點與缺點，因此所有的完美都必須建立在「兩個人的結合」。有趣的是，「人」這個字也是兩撇，建立在互相扶持、連結、合作的基礎上，如果把「人」的其中一撇抽掉，另外一撇就會失去依靠而傾倒。許多靈數 2 對未來理想生活的憧憬，往往是找到一個互補的伴侶，然後共度人生的下半輩子。你很少從靈數 2 的口中聽到：「我要賺大錢，當總裁，不斷成長，一路往上爬！」取而代之的是平靜安逸的日子就很幸福、每天悠哉度日、跟好友或另一半到處旅遊玩耍⋯⋯

不善拒絕，「能者多勞」變成「能者過勞」

　　這些看似平淡、只追求小確幸的人生目標，對許多靈數 2 來說卻很不容易，

因為他們往往做太多、幫太多，因為他們太喜歡給他人建議，甚至直接出手幫忙。在工作上，他們認為能者多勞；在感情上，他們也覺得自己有能力就多付出。但能者多勞的另一面，就是不能者不用勞。靈數 2 對於「不能者」，常常會說：「我來幫你吧！」可想而知，如果一個公司、團體、家庭裡的「不能者」越多，靈數 2 的「能者多勞」就會變成「能者過勞」。

　　幾乎所有「偶數」的靈數都會有幫他人做太多、扛下他人責任的情況，只是每個人的出發點不同。靈數 4 是因為害怕失去；靈數 6 是出自同情，並暗中取得控制權；靈數 8 是因為害怕自己變成沒用的人；而靈數 2 往往是不懂拒絕，因為如果他們有能力卻又不給予協助，會激發出自己的罪惡感，讓他們對自己生氣，也對別人生氣。同理，當他們看到其他人有能力卻不願意幫助自己時，也會因無法理解而忿恨不平。

出色的協調者，善於觀察細節與需求

　　靈數 2 對應的是「陰性」能量，陰性能量象徵的是被動、觀察、細膩與溫柔的，就像是夏娃的設計是為了協助亞當，因為亞當實在太魯莽、太衝動行事，必須要有人幫亞當顧慮到細節與後續的問題才行，當然也是因為亞當終究需要有人陪伴。與其說夏娃是被創造來協助與陪伴，我更喜歡的說法是：夏娃的誕生是為了完成亞當做不到的事。

　　不像靈數 1 總是先做再說，靈數 2 總是謀定而後動。很多的靈數 2 都很容易發現問題，當某人提出新的計畫，靈數 2 會先設想到這計畫後續可能會衍生出的效應，並提出疑問，這讓很多人以為靈數 2 喜歡找碴，但他們只是希望把事情做得更完美。很多靈數 2 在公司裡勝任祕書一類的職務，而溝通是他們的強項，並不是因為他們的表達能力特別強，而是因為他們善於傾聽，並懂得察言觀色，這讓他們對於他人的需求特別敏感。

　　這些天賦讓很多靈數 2 時常扮演「協調者」或「中間人」的角色，就像是一座橋梁，能夠在眾人不同的需求之間取得平衡、建立共識，協調出雙方都能接受的策略，共創雙贏局面。但有時候要參考的意見太多了，會讓靈數 2 出現優柔寡

斷的狀況，因為他們習慣先想到別人的需求，並迫切地想要整理出一套大家都能接受的辦法。其實很多時候靈數 2 只需要直接表達自己的需求，把「想辦法」這件事情交給別人來做，並相信他人的決策能力。

重視互補性，避免依賴性

靈數 2 容易看見他人的需求，並給予協助。他們如果是主管，你可以跟他們聊聊你遇到的困難，他們不會像靈數 1 那樣說：「我聘用你來，為什麼還要安撫你的情緒？」反而會靜靜地聆聽你的問題，然後給你建議，幫助你走出來。他們跟靈數 6 一樣樂於助人，但靈數 6 給予的傾向是精神上的支持，而靈數 2 給予的傾向是實際做法與建議。他們會先考量的是細節、方法，而不是大方向，重視過程勝於結果，也容易看到他人的專長與弱勢，並懂得適才適所、分工合作，讓每個人都能在自己的領域上發揮實力，這些都是他們寶貴的天賦。

合作中最重要的就是互補，重視合作的靈數 2（別忘了，伴侶與婚姻關係也都是合作）很容易看見他人的優缺點，使他們適合往人力資源、教育訓練等領域發展。但互補也可能會發展成依賴，當我們太過於依賴他人所擁有而自己所沒有的特質，等於否定了自己某方面的發展性。這也就是為什麼靈數 2 在一個環境、婚姻或團體裡久待之後就容易安逸，並缺乏危機意識。

依賴是靈數 2 的致命傷，無論依賴的對象是人還是環境，都會剝奪他們的學習與成長意願。當他們依賴的對象離開，或是大環境改變，就會因此封閉自我，去經歷長時間的自我療癒，甚至有一部分的靈數 2 會把自我封閉視為獨立自主，變得孤僻且防禦。靈數 2 必須瞭解的是，學習與成長是為了讓自己能有更多的選擇與自由，而不見得是為了要變成什麼樣的人。

德國電影《當櫻花盛開》（*Kirschblüten – Hanami*，二〇〇八年），劇中年邁的魯迪為了哀悼妻子杜莉的離世，離開德國到東京實現杜莉的心願，向來封閉的他除了受到了異己文化的衝擊，也漸漸認識了妻子的另一面，最終與內在的另一個自己有了更深的擁抱。這部電影細膩鋪陳了靈數 2 如何從「依賴」走向「完整」。

懂得欣賞異己，就能接納自己

　　2 這個數字也象徵著由數字 1 所分裂出的「二元論」，從夏娃──一個與亞當生理、心理截然不同的個體──誕生的那一刻，這個世界就開始走向了二元化。我們的生活充斥各種二元觀點：優點與缺點、理性與感性、主動與被動、對錯、美醜、男女等，這些對立的劃分都是二元化，也是靈數 2 看待所有人事物的出發點。但二元論並非要我們去比較、劃分與對立，而是要我們學習去接受、欣賞與愛。一個成熟的靈數 2 能夠去愛、去欣賞跟自己完全不同特質的人，因為他們能夠意識到自己也同樣擁有這些特質。但我們都知道，要去欣賞與愛一個跟自己截然不同的個體是不容易的事，就像速度快的人會嫌棄速度慢的人、溫和的人會遠離強勢的人，這就是靈數 2 最大的考驗──完全發自真心去接受與自己截然不同的「異己」。否則，他們會一直私下抱怨，因為靈數 2 太容易觀察到問題的癥結點與他們認定的缺點。表面上，他們必須偽裝得什麼都願意接受，也願意傾聽（甚至他們並不覺得自己在偽裝），但心裡卻有很多的衝突與不滿，這些負面情緒只能在檯面下抱怨與批判，使得很多人覺得靈數 2 是表裡不一的雙面人，或是他們情緒爆發、說翻臉就翻臉的時機，往往讓身邊的人不知所措。

　　如同一枚銅板同時存在正反兩面，人也是如此。一個再隨和的人，勢必也有強勢的一面；一個人有多堅強，相對就有多脆弱；一個人有多無私，也就有多自私；甚至也可以說，一個人有多容易憤怒，也就有多少愛，反之亦然。靈數 2 也不會只有「陰性能量」，而沒有「陽性能量」。靈數 2 必須學習接受兩極化的能量都在自己的身體裡，誠實面對，並表達自己的感受，不需要壓抑任何能量與情緒，別讓自己表裡不一到自己都不認識自己了。

靈數

◆內在驅力：我說（I talk）
◆潛力天賦：表達
◆性格特質：理想主義／享受表達／機靈／美感／
　　　　　　多才多藝／樂觀正向／天真浪漫／
　　　　　　逃避現實／害怕批評／虛榮心

靈數 3 以各種表達方式讓自己被看見

　　靈數 3 特質強的人，有非常強烈的「表達欲」，非常需要藉由「說話」來交流資訊或發洩情緒。他們花很多時間在社交生活、人群互動上，舉凡流行時尚、社會時事、網路熱門話題到隔壁家的老王外遇，雖不見得能深入瞭解，卻往往能得到第一手情報，因此常常成為職場或社交圈的「八卦情報站」，而且他們對外界資訊的敏銳度，也容易使自己成為媒體界或娛樂產業所需要的人才。值得一提的是，他們的表達力也可能會以說話以外的形式展現，如寫作、繪畫、藝術創作、作詞作曲、歌唱或戲劇表演等，如果從小在這些領域受過栽培，往往可以發展出多方才藝，甚至闖出名號，為他們帶來功成名就。

　　靈數 3 喜歡所有與美相關的人事物，是標準的外貌協會會員。從食衣住行到挑選另一半，他們重視「好看」大於「好用」、「感覺」大於「實際」。重視外表的他們當然也會把自己打扮得美美的，至少要裝扮出屬於自己的風格品味，或是花時間與金錢在身形的雕塑，要不就常上健身房，要不就常去醫美診所報到，或是熱中於美姿美儀、說話課程等，因此投身演藝、模特兒或公關業界的靈數 3 也不在少數。藝術創作也是展現美的主要形式之一，有一部分文青型的靈數 3，對於攝影、文學、藝文類的活動都特別有興趣。總之，靈數 3 會透過「各種表達方式」讓自己「被看見」。

　　渴望被看見不是壞事，當靈數 3 把自己隱蔽起來反而才是警訊。當他們選擇把自己隱藏起來、刻意低調，則是象徵他們對自我的高度懷疑，同時也壓抑了表

達的天賦。靈數 3 偶爾需要安靜，但絕不低調。

展現光鮮亮麗，尋求認同與歸屬

　　無論是透過獨樹一格的談吐風格在職場或人際關係中展現魅力，抑或透過文字與藝術創作讓自己發光發熱，靈數 3 一生的目標就是致力於創造出一座理想的美麗新世界，而非致力於解決現實生活的疑難雜症。他們光鮮亮麗、談笑風生，讓外界看到的總是好的一面。他們可以是傑出的推銷員或行銷高手，總是能夠讓你看見產品的優點，彷彿缺點根本不存在似的。靈數 3 的特質越強，就越樂觀、正向、幽默風趣，也越具備藝術天分，使得他們容易成為人際圈的開心果，或是在表演方面特別出色。但過分樂觀，凡事都只願意看見美好的一面，對於現實問題視而不見，卻也容易讓靈數 3 淪為太過理想化、不切實際，發展出忽略問題的逃避型人格。

　　有許多靈數 3 看見了現實社會與理想世界的差距，會將這份失落投射到他們的文字或藝術作品上，因此許多靈數 3 的藝術創作常常帶有諷世意味，卻也能與社會大眾取得共鳴。

　　有別於靈數 2 重視的是一對一關係，靈數 3 更重視「我和大家的關係」，如果無法贏得萬眾矚目，至少要能夠「融入社會與團體」。他們在自我角色的認同上，以及能否做好自己的工作，取決於能否在團體中獲得認同與歸屬感。可想而知，他們最大的挫折來自於被排擠、被孤立、被討厭、被批評與被否定，這也是為什麼他們總是讓自己表現得光鮮亮麗，「如果做不到人見人愛，至少不要被討厭」是他們常有的心聲。可惜的是，靈數 3 常因為這些因素憤而離開某個群體，他們可能會懷抱著挫折與不滿地訴說：「沒有人接受我，我只好選擇離開。」但這決定反而阻礙了靈數 3 的自信發展、思考與解決問題的能力，讓他們變得孤僻或憤世嫉俗。

找到熱愛的表達方式

　　靈數 3 渴望表達，但不見得擅長表達。跟每一個數字一樣，他們的天賦也會

成為他們的課題。有時他們的「暢所欲言」可能會為他們帶來災禍，或是「太過小心翼翼」的說話方式讓大家不知如何與其溝通。靈數 3 必須要在反覆表達自我的過程中經歷碰撞與批評，並留意到自己表達出來的字句與藝術作品都是乘載著不同能量與價值的，否則他們的表達很容易只流於情緒與感覺表面，沒有經過思考與自我整理，就只是為說而說，這是非常可惜的。

靈數 3 會發現他們的人生有許多需要表達的機會，他們的工作可能跟說話有關，可以是極佳的業務、銷售員或演說家，也包括廣播電臺、配音員、主持人或主播等。但也有很多靈數 3 發現自己的表達能力不是那麼好，進而把表達的能量轉移到文字與藝術創作上，最後成為作家（文字表達）、設計師（圖像與視覺表達）、音樂家或歌手（音樂表達）、舞蹈家（肢體表達）等，也都是非常棒的展現方式。靈數 3 需要找到一個自己熱愛的「表達方式」，並且能落實在日常生活或工作領域。

美化自己，也美化外在世界的一切──包括愛情

3 的特質越強，在「聆聽」方面就越缺乏耐心，他們熱中於表達自我遠大於瞭解他人，因此我們很容易看到靈數 3 與靈數 2 結為好友，因為靈數 2 的專業就是傾聽與溝通，靈數 3 雖然喜歡說話，但不見得樂於溝通，因此需要去兼顧這兩者的藝術。他們有可能太急於給予對方建議、太急著發表意見，只是為了要對方把焦點轉回到他們自己身上。有時候在表達方面的能量太過於活躍，容易出現滔滔不絕、沒有重點的情形，讓傾聽的一方無法專注，甚至出現壓力與疲憊感。對於批評敏感的靈數 3，也常因為被指責就懷疑自己的表達能力，反而把自己封閉起來、選擇沉默，就像小孩子被父母責備後就鬧脾氣不說話一樣。

看到這裡，我們會發現靈數 3 其實是感性、天真、浪漫又孩子氣的一群人。如果你看過迪士尼動畫《冰雪奇緣》（Frozen，二〇一三年），兩位女主角分別展現出了靈數 3 的不同面貌：妹妹安娜活潑、機靈、幽默又天真可愛，最讓人印象深刻的是，她和南方小島的王子才剛認識不到一天就決定要結婚了，完全憑感覺來看待「愛情」，呼應了靈數 3 在愛情裡的衝動、不理智。他們善於美化外在

世界的一切——包括愛情，最後發現另一半不如想像中的美好，或是當關係進入磨合期的時候，靈數 3 很容易因此退縮、逃避問題，甚至尋求其他感情刺激（也可能從此避談感情）；在電影裡，姐姐艾莎相較妹妹沉穩許多，而她天生就有創造冰雪的魔力，但她壓抑天賦，把自己放逐到深山，就如同靈數 3 需要透過挫折、打擊與自我沉澱，才能淬鍊出一套屬於自己的表達方式，而艾莎最後也重拾她的天賦，學會運用創造冰雪的魔力，讓她的王國處處都是愛、美麗與歡笑。

面對錯誤與黑暗，展現真正的愛與自信

　　靈數 3 處理負面情緒的方式，就是遠離讓他們有負面情緒的人事物，朝著更光明、更美好的方向奔去。他們需要培養「接受批評」與「面對現實」的勇氣，當他們不願意看見外在的現實與黑暗，也相對地會去否認自己內在的陰影，以至於靈數 3 經常不承認自己的缺點、錯誤與人格黑暗面。就算他們有錯，那也是因為他人有錯在先；就算他們有缺點與黑暗面，他們可能會說：「很多人都這樣，不是嗎？」而不願正視這些問題為生活帶來的局限與困境。唯有當他們願意面對這些問題，才能發展出真正的自信與愛，不讓外界的批評阻礙他們表達力的發展，也不再將他人的肯定作為自信的食糧。在歷經世俗磨練、觀察與自我反思之後所表達出來的訊息，讓靈數 3 的表達力能擴及到更廣大層面的人們，更能為社會帶來改變的力量。

靈數

◆內在驅力：我需要（I need）
◆潛力天賦：執行
◆性格特質：專業可靠／使命必達／擅計畫執行／
　　　　　　經驗法則／精益求精／不安全感重／
　　　　　　重視家庭／抗拒改變／感情壓抑／
　　　　　　重視流程

靈數 4 是使命必達的企畫高手

　　靈數 4 的人是「使命必達」的一群。靈數 4 的特質越強，責任感也就越重。相對地，這些人很容易默默扛下不屬於自己的責任，看似迫於無奈，但背負這些責任的過程往往帶給他們被需要的成就感。靈數 4 通常給人誠懇、可靠、努力又專業的好印象，言出必行又肯付出的個性，讓他們在職場備受青睞、在人際關係中備受重視。可想而知，靈數 4 是理性大過於感性的，但並不代表他們不感性，而是習慣去壓抑感性的那一面，畢竟，感性可能是會壞事的。

　　倘若每個人都要做自己、要自由，那麼工作誰來做？家庭誰來顧？當這個社會沒有「秩序」和「穩定」的力量來加以規範的話，豈不是一團混亂嗎？因此靈數 4 經常需要扮演「守護者」的角色，他們從小就經歷過混亂的可怕，衍生出對於「安全感」的渴望。多半的靈數 4 看起來會比一般人「早熟」（無論是外貌或氣質），他們會要求自己「把分內的事情做好」，並盡可能讓一切程序化、系統化，讓大家做事都能夠遵循這一套 SOP（標準作業流程），因而造就出他們過人的結構性、邏輯性與組織能力，成為出色的執行者。

務實累積，讓小螺絲釘躍升大黑馬

　　靈數 4 謹慎細心、專業且務實。如果靈數 4 是設計師，他們所設計出來的商品一定是實用大於美觀；如果他們從事的是業務工作，那麼誠懇、負責任、耐磨耐操的精神就會是他們競爭的籌碼；如果他們是主管或老闆，可想而知，他們會

制訂出一套讓每個人都能照著做的 SOP，並注重團隊精神。他們喜歡團隊合作的氣氛，讓每個人都有「參與感」與「家的感覺」。他們擁有沉穩、安定的力量，就像讓社會持續運作的小螺絲釘，有時看似不起眼，卻是團隊中不可或缺的角色，拚命三郎的個性也很容易成為公司的大黑馬。

　　穩定、專注、腳踏實地，常讓靈數 4 有更多機會一步步躍升管理職，或是成為某個領域的專家。他們的安全感來自「經營人生的深度」，而非人生的廣度。如果靈數 4 沒有意識到這一點，就很容易不斷地抱怨、換工作或換伴侶。他們需要找到能發揮執行力的舞臺，即使是穩定、重覆地做某件事，都會讓他們有踏實的感覺。因此靈數 4 很適合從事公職，或是在待遇與工時穩定的大公司裡待上十幾年，並能在外界看似無聊、日復一日的生活中找出自己才能體會的樂趣。很多靈數 4 會培養出幾項「需要動手做」的興趣，舉凡組裝家具或電子產品、下廚或做家事等，都能讓他們在過程中獲得滿足。大部分的靈數 4 喜歡宅在家裡，或待在覺得「像家」的地方。非常鼓勵靈數 4 養成某種規律的習慣，如運動、瑜珈、定期接觸大自然等，只要任何與「動」有關的習慣，都能幫助他們釋放長期累積的非自我責任壓力。

依循經驗法則，按照計畫行事

　　靈數 4 把此生精力投注在「安全感」的滿足，因此希望能夠在決策前得知所有的資訊。他們非常需要時間做準備，唯有先掌握所有待辦事項，才能預先規畫好每日的行程表、預先分配時間給他人與自己，包括做足心理準備來面對接下來可能會失控的局面。他們是出色的「規畫師」，規畫工作優先順序、規畫大家的旅遊行程、規畫公關活動等，一切都在靈數 4 的規畫下變得井然有序。不過，人都是因為對未來感到不安才會去規畫，當靈數 4 對於某個人或某個環境感到安全無虞，反而會把規畫的責任放下，或是丟給別人做。由此可知，他們雖然執行力強，但對臨時決定就要立刻執行的事情是抵死不從的。他們厭惡臨時變卦，所有的「臨時」都在考驗靈數 4 的靈活度。如果你要跟靈數 4 分手，請你慢慢鋪陳、慢慢釋放訊息，好讓他有心理準備；相對地，他們如果想要離開一個人或環境，

也會「按照計畫進行」。

當靈數 4 在思考「我需要什麼來滿足安全感」之前，面對的第一道關卡是：「我現在能做什麼？」這時候，他們會先去衡量現在擁有的條件與經歷，再去構思該如何達到目標。大多數的靈數 4 是經驗法則的，也就是將過去的成功經驗複製貼上，因為那是「最安全」的做法。有一部分的靈數 4 會去查看「我需要」與「我能夠」之間的差距，並以刻苦耐勞的態度一步一腳印朝著目標前進，最後成為某方面的「專家」或「達人」；有另一部分的靈數 4 看見理想與現況的差距之後，就會心生「算了吧！」的念頭，說服自己接受現況、享受當下，並告訴自己：「只要我什麼都不需要，就不用那麼辛苦了。」卻也因而抗拒改變與成長，變得封閉固執且難以溝通。

家是愛，也是牽絆

當靈數 3 把美好歡樂的想像投射在外在世界的同時，靈數 4 則將夢幻溫馨的憧憬投射在內心之家。他們要不就是非常照顧原生家庭，要不就是非常渴望能創造出理想中的美好家庭，但真實的家，是讓我們第一時間獲得愛與傷害的根源，也是我們情緒生成的源頭，因此靈數 4 對於原生家庭很容易產生失落感，這也表示他們比其他靈數的人都更重視家庭的完整性，對家人的要求也比較高，容易受原生家庭所牽絆。

無論父母親是如何將他們撫養帶大的（無論家庭關係的好壞），他們在成長過程中都避免不了要面對與父母有關的家庭議題，學會無條件地愛自己的家人，不再將家人的責任扛在自己身上，才能夠自在地投入一段親密關係或創造新的家庭，否則他們很容易把對原生家庭的情結投射在伴侶關係中。

緊抓比改變更容易失去，請學著放手

大多數的靈數 4 要注意自己之所以忠心耿耿，是不是因為「害怕改變」？如果在忠誠的關係裡感覺不到自在與踏實，但又不願意離開，不妨自我反思：「是否對自己夠忠誠、夠負責？」而不要再問：「我到底還要為對方、為這段關係做

些什麼？」因為可能已經做太多了！靈數 4 常因為不安全感作祟，而緊抓著現有的人事物不放（卻可能反過來指責他人緊抓自己不放），進而把自己的安全感託付給他人來負責。他們可能會在感情關係裡分不清自己的感覺是愛、習慣還是需要，或是不清楚現在的關係是穩定還是停滯。靈數 4 需要學習適時放手，藉此多留一些時間給自己，投入興趣與愛好，對自己想要創造的人生負責任，也把不屬於自己的責任還給對方。否則，他們會習慣透過「我為你的人生負責」來交換「你來給我安全感」，最後束縛了雙方的人生，陷入反覆失望的循環。靈數 4 需要知道的是，緊抓不放比改變還要更容易失去。

瑞典電影《明天別再來敲門》（En man som heter Ove，二○一五年）的男主角歐弗，是社區裡不受歡迎的獨居老人，個性拘謹、重視秩序又固執難溝通，他可說是將靈數 4 的種種特質發揮得淋漓盡致，然而在妻子罹癌逝世後，他一心只想跟著妻子離開人世，卻總有突發狀況破壞他的離世計畫，一次、兩次、三次……他總是死不了，於是他開始接受生命的改變，漸漸接納新的人事物進入生命，也在故事的鋪陳中看見他經歷了多少的「失去」。

靈數 4 的目標是建構出讓自己與他人「安居樂業」的環境，讓我們都能穩健地執行工作，讓我們有家可以回，讓我們有歸屬感，而在成就這些天賦之前，靈數 4 必須先身體力行，建構出一套「規範」，讓自己的生活維持在一定的品質，踏實且能穩定發展，包括穩定的工作、與自己的家庭（內心之家）和解。放下對家的標準，也是放下對自己的苛求，讓處處都可以成為他們的「家」。

靈數 5

◆ 內在驅力：我經歷（I experience）
◆ 潛力天賦：啟發
◆ 性格特質：自由奔放／勇於冒險／思辨能力強／
　　　　　　求新求變／求知欲／情緒化／不滿足／
　　　　　　自私／重感官刺激／良好的公關能力

靈數 5 是活出精彩的冒險王

　　靈數 5 來到這世界上要賺的不是錢與權，而是豐富的回憶。「不自由，毋寧死」是靈數 5 的至理名言，畢竟生命是如此短暫，我們都不知道明天會發生什麼事，那就好好享受每一天的精彩吧！像這般對生命的態度，讓他們把生命焦點放在當下的快樂，或是滿足當下的欲望。

　　靈數 5 的出現就像是為了擺脫靈數 4 所規範出的框架，他們追求自由，忠於自我，但現實社會可不允許「只要我喜歡，有什麼不可以」，因此靈數 5 常有「我怎麼現在還被困在這種地方」的心聲，尤其當他們發現生命還有更多有趣、刺激的冒險都在等著他們去體驗的時候，就更容易意識到自我經驗的渺小，這份「經驗不足」的焦慮感常引發他們的內在衝突，像是兩道聲音在心裡拉扯，一道是：「外面的世界更精彩遼闊，此時不走更待何時？」另一道是：「我在這地方累積的經驗夠了嗎？」處於過渡階段的他們，容易對無法給予更多學習、彈性與刺激的環境心生不滿，躁動不安的心讓他們容易情緒化。

　　大多數的靈數 5 對於情緒的宣洩是非常直接的，身邊的人可以強烈感受到他們的喜怒哀樂。他們的渲染力很強，能清楚透過口說、表情和肢體動作傳達出思想、感受與情緒。當他們開心的時候，你會被他們的開心所傳染；當他們難過，你會感覺到空氣的凝重；當他們憤怒，你也會感覺到自己踏進了地雷區。不像靈數 3 擅長遠離負面情緒，靈數 5 對於任何情緒都是非常誠實的，他們接受負面情緒的存在，就如同接受世界上有各式各樣不同的人。因此，靈數 5 並不會局限在

「我只要去好玩的地方」或「我只要跟美好、快樂的人交朋友」，他們沒有任何限制。

　　然而，靈數 5 必須充分瞭解，做自己和任性是不同的。他們需要把自己與情緒做出區分。靈數 5 經常認定：「只要憑當下的情緒做人做事，就是做自己。」他們以當下的情緒來回應外界，卻忽略自己為何如此容易產生這些困擾的情緒；他們追求自由，卻又把自己的情緒開關交給外在的人事物來操控，這才是最危險、最容易失去自由的。

以深度探索達到全方位的人生冒險

　　當靈數 5 因種種現實阻礙（通常是經濟與身體因素），無法即時擴展生命經驗的廣度時，便意味著此刻應該要停下來，換個角度去探索「當下經驗的深度」。「深度探索」對大部分的靈數 5 來說是一大挑戰，是浪費時間的，彷彿要他們臣服於「被綁死在這裡」的事實，以至於他們常把時間花在掙扎與抱怨，而錯失命運給他們另一場「冒險」的機會。他們常在潛意識中「創造一些事件」，讓停滯的人生出現起伏與困擾，甚至成為他人眼中的 trouble maker（麻煩製造機），但這些麻煩對他們的內在探索是有幫助的。只要靈數 5 願意在局限中培養耐心，開發出未知的潛能，新的冒險機會就會不請自來，並推動靈數 5 迎向嶄新的人生經驗。

　　很多靈數 5 的夢想都和旅遊有關，旅遊除了能獲得吃喝玩樂與感官的滿足之外，還能結識不同文化的人與學習新知，更能滿足他們的冒險心。有別於靈數 1 對有挑戰性的人事物感到興奮，靈數 3 則鎖定在美好、流行的人事物，靈數 5 則是打破框架，不予以任何限制，畢竟每個人的感受不同，凡事自己試過才知道。如果你想要規畫必吃必玩的旅遊行程，你就得找靈數 3；但若你要找私房景點和當地人喜歡的餐廳，那麼靈數 5 可以給你不錯的建議。

學習是為了打開更多冒險的可能

　　靈數 5 剛進入一個新的環境，就會打開對環境的敏銳度，去觀察這裡有什麼

特別的、值得學習的；他們剛認識一位新朋友，就會去找出對方的優點與特色，讓他們比一般人容易融入新環境、結交三教九流的朋友，也造就出良好的公關能力。之所以能有這些優勢，也是因為靈數 5 急著「學習與體驗」，畢竟他們不像靈數 4 能夠慢工出細活，若在同一個環境待上一段時間，卻沒有學到想學的，或是缺乏挑戰性和有趣的任務，就會萌生離開現況的念頭，反而讓待最久的靈數 4 可以扎實地學到專業精髓。但這並不能怪靈數 5，因為他們實在太聰明、學太快了，當大家還在打基礎時，他們對許多工作早已駕輕就熟。這也就是為什麼靈數 5 常常會出現「合作」的課題，他們常覺得自己在工作或人際關係中被針對或遭逢小人，但原因往往是靈數 5 容易把他人視為笨蛋。

要知道，「離開現況」對靈數 5 來說並不是不好，他們的確需要不斷地冒險與體驗，也很容易因不滿足而離去，卻不是抱著感恩的心境離開。靈數 5 很容易感到不滿足，因而對身邊的人事物產生批判，而批判是最容易成為破壞關係的凶器，就算沒說出口，身邊的人也能發現他們的不滿與躁動。若靈數 5 能夠在當下的環境去尋找「我選擇待在這裡的原因」，以及「他人要帶給我的禮物」，就有機會透過這些內在的獲得轉化成外在的善緣，變成對他們有利的人脈，進而替未來的冒險打開更多可能性。

先做好自己，再啟發他人找回做自己的勇氣

《享受吧！一個人的旅行》（*Eat, Pray, Love*，二〇一〇年）是非常適合靈數 5 的電影，女主角在現有的生活中迷失了自我，決定踏上一個人的旅行，分別在義大利、印度與印尼展開了身心靈的深度探索。靈數 5 追求體驗精彩人生，而「體驗」不會只是單方面的，當我們在體驗旅途的過程中，我們所遇見的人、我們所踏上的土地也都在體驗我們的出現。能理解這段話的靈數 5，就能理解「做自己」與「為自己的一言一行負責」是同等重要。他們的魅力與啟發性非常強，雖然他們不會把自己看得有多偉大，妄言要改變世界，但「勇於做自己的精神」能讓他們發揮出十足的影響力，在人生旅途中留下深入人心的足跡。

我曾在一趟國際志工旅行與當地翻譯的對談中，記錄下這段讓人印象深刻的

話：「旅行讓我們成為當地人的過客，讓當地人進入我們的生命，我們用力去交換彼此的文化與體驗，這樣『交換』的過程，或許也會在我們的內心種下改變彼此人生的種子。」靈數 5 會發現，像這樣的旅行每天都在發生，發生在職場、人際關係與伴侶關係，當靈數 5 越是能夠做自己，而不是任性與情緒化，就能啟發越多人找回做自己的勇氣。

不再「擺脫」，因為「責任與自由」是不可分割的

有些靈數 5 不像上述，反而追求安穩，其夢想就是找到一個穩定的對象，步入婚姻與家庭，就像靈數 4 一樣。這類的靈數 5 會把「未實踐的自由」投射給伴侶來完成。也就是說，如果靈數 5 沒有發揮出自由、冒險、盡情體驗人生的天賦，那麼他們就會吸引到這一類的伴侶，為他們的人生製造多一些「不同凡響」。

過度發展「自由」的靈數 5，往往誤會了自由的意思，錯把「擺脫」當作自由。若將「擺脫」拆成兩個詞來看，即「擺著」，然後「脫離」，他們擺脫家庭、感情、職場等束縛他們的地方，但換來的自由卻不帶有任何創造力，讓他們變得縱欲又不負責任；另一種情況是，有些靈數 5 反而對縱欲又不負責任的人有極強烈的批判，而那份批判只是反映他們內在的鏡子。無論是哪一種靈數 5，往往都會在「自由」與「責任」之間拉扯，但自由和責任是一體兩面，有自由就會有責任，負責任的同時也可以是自由的，只要靈數 5 體悟到兩者之間的不可分割性，就能發展出真正自由的靈魂，並啟發身邊的人找回做自己的力量。

靈數 6

◆ 內在驅力：我應該（I should）
◆ 潛力天賦：奉獻
◆ 性格特質：完美主義／顧全大局／易對人失望／
　　　　　　樂於付出／標準太高／同情心氾濫／
　　　　　　有愛心／重情義／有遠見／
　　　　　　勇於承諾與負責

靈數 6 是溫暖的人道主義者

　　社會教了我們各種「愛與被愛」的條件，例如要很有能力、長得好看、個性善良、要堅強等才有資格被愛，而我們也學會透過這樣的標準來愛人。靈數 6 的人從小就深受愛的條件所折騰，讓他們可能在家庭中得不到父母重視，或是在同儕團體間被冷落，這讓他們發展出高度的同理心，對於在社會上得不到愛的人感同身受。靈數 6 看到他人不被愛的痛苦，彷彿也看到了過去那個不被愛的自己，實在太痛、太難以承受，所以你會發現很多靈數 6 的人很喜歡去關懷弱勢、照顧他人。他們可以像太陽一樣照亮所有陰暗的角落，讓每個人都得到溫暖；他們是不會放棄任何一個學生的老師；在團體中看到有誰落單，就會去牽起那個人的手。因此，靈數 6 非常適合從事服務、醫護、照顧或教育相關工作，善於解決他人的問題（甚至培養出家具、水電與電子用品的修繕技能）。他們的頭上彷彿寫著「歡迎光臨」，就像是二十四小時營業的便利商店。他們把生命的力量放在「給予」、「付出」，卻經常忘了給予、付出給自己。

　　靈數 6 的課題是必須非常清楚自己是基於「我想要」而付出，還是因為「對方要」而付出，抑或因為「應該」而付出。只要不是出自「我想要」的付出，都會讓我們變成人生的受害者。當靈數 6 付出後所得到的回饋不如預期，或是對方並沒有因為靈數 6 的付出而有所成長與改變，他們就會說：「我付出這麼多，到底是為了什麼？」就算表面上一時沒有表現出來，但累積在內心的不平衡總有一天會爆發。

我聽過一位靈數 6 的人氣憤抱怨著：「我每次都捐錢給那個常在路邊乞討的老太太，但今天我發現她拿大家捐給她的錢買菸！我再也不捐錢給她了！」靈數 6 的人非常重視、也非常期待為他人的付出能產生什麼效益，其背後隱藏的動機是：「我希望你更好。」但「好」的標準往往是他們自己定義的，不是接受付出的人可以定義的。也就是說，靈數 6 常常透過愛與付出來獲取關係的控制權。

我這麼努力了，為什麼你們還不愛我呢？

　　靈數 6 的符號是六芒星，也就是正三角形與倒三角形重疊在一起，象徵陰陽調和，意味著兼具理性與感性。他們可以強勢，也可以低姿態；可以堅持己見，也可以富有彈性。他們面面俱到，是個優秀認真的職員、體貼的情人，除了像是便利商店，我常開玩笑地把靈數 6 比喻成吃到飽餐廳，只要你敢對他們提出要求，他們絕對是 all you can eat！不過，走進吃到飽餐廳之前，你得要知道自己口袋有多深，因為靈數 6 的愛常教人「無福消受」啊！

　　曾有個靈數 6 的朋友提起他的分手經驗：「我前幾任伴侶跟我分手的理由都是說：『你太好了，我配不上你，你值得更好的。』既然他們覺得我好，不是應該珍惜我、珍惜這段感情嗎？既然我這麼好，為什麼要跟我分手？」這反映了許多靈數 6 的心聲：「我這麼努力了，為什麼你們還不愛我呢？」他們不見得會意識到自己的努力與付出往往是綑綁住伴侶的圈套，而這圈套容易造成兩種結果：靈數 6 在關係裡完全被依賴、被索取，或是另一半極力想逃離這段關係。

　　靈數 6 是靈數 1 到 9 中最有愛、也最需要被愛的數字。很多靈數 6 會先認定這世界「應該」充滿著愛、關懷與付出，就像靈數 4 對家庭的標準與期待一樣，然而期待往往伴隨著失望，當靈數 6 發現現實並不是這麼一回事的時候，會先懷疑自己是不是做得不夠好，以至於還沒有資格得到愛，所以他們會盡力達到他人的標準，好讓自己被愛。他們一生為愛奉獻，也在愛的習題中反覆地自我打擊、反覆地對人失望，如果一直學不會愛自己的話，靈數 6 最後會關閉心門，不再當個付出者，反過來當愛的索取者。

　　對外在世界的崇高理想，也反映在靈數 6 待人處世的標準上。靈數 6 很包容、

有彈性、好溝通，這些特質往往是出自於「我應該如此」。他們會要求自己無條件地愛著所有人，也會用這樣的標準來期待身邊的人，甚至冀求整個社會都這麼做。靈數 6 的無私奉獻，也是為了滿足自我對愛與美的想像。他們不像靈數 3 會遠離所有醜陋的、負面的人事物，反而會主動奉獻自己，把處在黑暗中的人事物帶往光明與愛的世界。

以遠見擘劃未來的美好

不像靈數 5 專注於享受當下的喜怒哀樂，靈數 6 的「遠見、承諾與負責任」可說是三位一體。他們會在星期天告訴自己：「現在玩得很開心，但明天要好好工作！」或在挫折時對外宣告：「我現在只想徹底墮落，但三天後一定要好起來！」可想而知，在感情上，他們也常擔心未來：「現在的幸福快樂，之後會不會都不見了？」對於未來的理想、憧憬或擔憂，讓他們做任何事、投入任何感情時都會先設想下一步，甚至設想未來好幾年的計畫。當然，他們會把伴侶納入未來的計畫中。

對未來有各種美好想像的靈數 6，知道不能光說不練，願意為了達到未來的美好而給予承諾，勇於負責與行動！但他們對未來的想像有多美好，就有多容不下一粒沙，以至於當他們犯錯、做不好的時候，會比任何人都更加怪罪自己。同理，當伴侶或他愛的人犯錯時，就算靈數 6 表面不說，這筆不良記錄將會讓他們銘記在心。

允許自己是自私的，沒有誰應該要被救贖

靈數 6 要學習去接受自己與他人的「不好」，無論這個不好是醜的、錯誤的、邪惡的、黑暗的或不快樂的，再擴大到接受整個社會都有不完美的人事物存在——並且不需要被拯救！當靈數 6 看見一樁攸關人命的社會悲劇，常會感嘆：「如果社會上的人能多一點愛，或許就不會發生這種事了。」但任何的悲劇或不快樂的結局都有其發生的意義，就像惡人的存在就是要扮演惡人，如果我們相信惡也有惡的存在價值，就應當知道善與惡並沒有高低與對錯之分，只是不同的個

體在社會上扮演好自己的角色，也沒有誰應該要救贖誰。靈數 6 必須允許自己是自私的，因為他們的內在深處本來就有這樣的面向，去承認「我要付出」的意向本身就是自私的，而不再把自己的付出視為無私的表現。越是去壓抑自私的自己，就越容易吸引到自私的伴侶，而由此能讓他們學會對自己好一點。

一個人的價值在於他貢獻了什麼，而不在於他得到了什麼

有很多靈數 6 的人不見得會在感情關係中扮演另一半的理想模樣，反而會在事業上貢獻自己、付出過人的努力。在學校，他們是「我其實沒怎麼讀書」卻考得比大家都好的同學；在辦公室，他們是「我只是做好我該做的事」卻比他人容易被提拔與受照顧。因為一般人眼中的九十分，在他們眼中只有六十分。一般人眼中的「做好我該做的事」就只是做好自己的工作，但在他們眼中，可能包括「盡力滿足大家的期待」。他們用這樣的標準對待自己，也會用這樣的標準對待他人。

「一個人的價值在於他貢獻了什麼，而不在於他得到了什麼。」這句話是靈數 6 名人愛因斯坦（Albert Einstein）的名言。想更瞭解靈數 6，非常推薦《令人討厭的松子的一生》（嫌われ松子の一生，二〇〇六年）這部電影，女主角松子為了各種愛情反覆犧牲奉獻，在事業上全然投入，最終卻疏於善待自己。電影裡的松子體現了靈數 6 的價值觀，卻也反映著靈數 6 需要學會「愛自己」的人生課題。

靈數

◆內在驅力：我發現（I discover）
◆潛力天賦：思考
◆性格特質：智慧／直覺強／哲學性／擅長分析／
　　　　　　求真／好發問／不信任／情感抽離／
　　　　　　幸運／缺乏行動力

靈數 7 是追求精神富足的幸運兒

　　我們都知道 7 是個幸運數字（lucky seven），西方有一個說法是上帝創造天地萬物花了六天的時間，第七天宣告休息，說來有趣的是，多數的靈數 7 的確不太需要為民生問題而苦惱，他們不見得大富大貴，但至少衣食無虞，有可能來自經濟穩定的家庭背景，或是成長的路上總有貴人相助，讓許多靈數 7 先天就擁有普羅大眾最羨慕的世俗優勢，卻也導致他們比一般人還要懶散、缺乏野心。

　　因為先天的優勢，靈數 7 追求的不在物質層面，而是重視精神層面的滿足。他們對人生存在著許多疑惑，從小就會思考「我為什麼要被生下來」、「我怎麼會投胎在這個家」⋯⋯長大以後又會想「我是誰」、「我為什麼要做這些事情」等充滿哲理的問題，而這些問題沒有標準答案，就算某個人手上有答案，那也是專屬於他個人的答案，不見得適用於所有人，而靈數 7 卻有可能一生都在向外尋找標準答案。

喜歡探究事實與細節，勝過情緒與感覺

　　「向外」尋找答案，代表靈數 7 容易不信任自己的思考判斷。他們做事要求精確與品質，可以交出完美的企劃書、正確無誤的資料報告，擅長觀察、市場分析、蒐集資訊，但力求精美的結果可能導致缺乏效率，那是因為他們習慣先懷疑自己的判斷，總是要找人背書，花太多時間尋找正確資訊與數據，來輔助自己的工作與決策，避免出差錯或惹出爭議，即使最後出問題了，那也可以歸咎於過去

的資料出錯，或是源頭出問題。因此，靈數 7 需要從錯誤中去發展獨立思考，並信任自己的能力，而不是一直找資料與數據來避免失誤。

靈數 7 特質越強者，在表達上就越有邏輯與結構性，喜歡陳述事實與細節，大過於情緒與感覺。有很多靈數 7 在表達感受時顯得相當抽離，彷彿講的是別人的故事，與己無關，讓人覺得他們身心嚴重分離。在說話前，他們會慎選用字，常給人「專業、為人師表」的形象。可想而知，這樣的人是很壓抑、怕丟臉的。這也就是為什麼靈數 7 的課題與「分享」、「真誠表達情感」有關，否則他們會常經歷被誤會、被孤立與不被理解的狀況，這些經驗讓原本就很習慣獨來獨往的他們更有藉口與人群疏離，無論他們有多渴望被理解。

求真：活得快樂不如活得「真實」

一個發展活躍的靈數 7 是很喜歡發問的，常會打破砂鍋問到底，很適合往需要「探究真相」的職業發展，如記者、律師、醫師、研究員、徵信……甚至從政，也適合培養需要「細心鑽研」的專業，只要在自己有興趣的領域中培養出追根究柢、體現精髓的精神，就能讓靈數 7 不時有驚人的表現，但這份精神轉移到人際與感情關係的時候，卻會帶來全然不同的結局。

靈數 7 的人能把所有問題看得很深入透徹，卻常常把生命視為解決問題的過程，覺得人生有許多問題要面對與處理，因而把生活過得太過嚴肅，甚至會要求身邊的人也要以這樣的態度認真看待人生。他們是很願意自我反省的一群人，也會要求身邊的人也都需要反省自己。但靈數 7 的人需要知道：所有的問題都只是自己的問題，沒有人有義務跟你們一起反省，也沒有人能為你們的問題負責，並給予答案。當靈數 7 太過執著於索取答案，追根究柢的能力就會以「咄咄逼人」的態勢展現出來，變成得理不饒人又缺乏同理心。在情感關係中，他們所提出的問題容易帶有諷刺或怪罪伴侶的意味，必須提醒自己柔軟一點。

靈數 3 知道很多事情不要看太深就可以過得開開心心，但靈數 7 則是持相反的看法，活得開心快樂不見得是他們追求的，如果開心快樂都是建立在虛假的表象，對他們來說一點意義都沒有。很多人說靈數 7 的「求知欲」很強，但求知與

求真是不一樣的深度，我會把「求知」兩個字頒給靈數5，靈數5對生命萬物的熱情讓他們什麼都想學學看、什麼都想知道一點；至於靈數7，我認為更適合他們的兩個字是「求真」，純粹的「知道」已經無法滿足他們，他們更渴望發掘「真相」。光看臺灣就可以發現，宇宙年7，也就是二〇一四年，充斥新聞版面的盡是太陽花學運、服貿黑箱與黑心油事件，相信大家都非常有感，挖掘真相的能量在那一年有多麼強大。

以「旁觀者清」自處，不信任無條件的愛與被愛

很多靈數7喜歡大自然，他們的工作不見得與自然有關，卻喜歡沉浸在自然界，以得到內在的平靜，因為大自然給他們的感覺是最「真」的，因此種植盆栽、養寵物或定期到大自然走走，會讓他們更有踏實感。

因為對真相的執著，往往讓靈數7對人生充滿疑惑、猜忌與不信任，使自己經常處在精神緊繃的壓力下，很難輕鬆自在地享受當下，讓自己無福消受與生俱來的幸運。當好事降臨在他們身上，心裡就會有聲音告訴他們：「不要太高興，沒人會平白無故就這麼幸運，等等就有麻煩事要發生了。」可想而知，當你誇獎靈數7，或是對他們展現愛與熱情，他們的反應常常會是「你有什麼意圖」、「為什麼對我那麼好」……他們對於無條件的愛與被愛是不信任的。

靈數7求真，但他們展現出來的模樣不見得是發自真心的。他們多半心防很強，企圖以「旁觀者清」的態度自處，實則害怕表現不得體、失誤、淪為笑柄，因此很多靈數7會在專業上讓自己成功、備受肯定，然後才會漸漸顯露真性情，就像日本人總是會在下班後聚在居酒屋盡情放縱。靈數7跟靈數4一樣有情感表達障礙，不同的是，靈數4是不知道如何表達，而靈數7則是「不願意表達」，讓人明顯感覺出他們的情感抽離，甚至自命清高，卻又渴望找到能理解與接納他們的知音與伴侶。因此這個數字常被形容是悶騷的一群人，剛開始與他們相處是無聊且嚴肅的，但越親近他們的人，就會發現靈數7的任性程度與靈數3、靈數5不相上下。

以行動探索真理

　　有一部分靈數 7 不是太熱中於思考深層的人生問題，而只想過好自己的小日子，但他們的靈魂絕不會只滿足於此。每個靈數都是一樣的，越是抗拒自己的天賦特質，生命就會以其他方式幫你展現出來，例如一個不願意思考的靈數 7，他們總會遇到許多帶領他們去思考的人，結識到博學多聞（或是很愛講大道理）的伴侶、主管或朋友，這些人都是靈數 7 的老師，他們不負責給答案，而是幫助靈數 7 發現問題。這些人很喜歡對靈數 7 發問細碎的問題，好逼迫他們去思考、面對自己真實的感受與動機，靈數 7 必須先意識到這些人是自己吸引來的，而非一直抱怨他人很壓迫。

　　頭腦是靈數 7 最有力的武器，靈數 7 要知道自己是在空想，還是在思考。很多靈數 7 把時間與精力都花在空想，以致生產力缺乏，成天懶散，縱欲度日，浪費了他們的思考天賦與研究家精神。靈數 7 追求真理與答案，但真理並不在專家的口中、課程或書籍裡，那些叫哲理；透過自身反覆行動、體驗、表達與交流，才能得到屬於自己的真理與答案。

　　義大利電影《寂寞拍賣師》（*La migliore offerta*，二〇一三年）是非常適合靈數 7 的電影。劇中的主角佛吉爾是個知名的藝術品拍賣師，他潔癖、自負且與人有距離感，能夠精準分辨藝術品的真偽，直到一名神祕的客戶出現，提出各種不講理的要求，讓他開始面對自己情感的「真實」。

靈數

◆內在驅力：我擁有（I have）
◆潛力天賦：領導
◆性格特質：具領導力／目標遠大／意志力堅強／
　　　　　　眼光精準／善於開發／需要被需要／
　　　　　　能屈能伸／不擇手段／助弱勢／逞強

靈數 8 是擅長累積人生財富的獵人

　　靈數8的出現，像是為了與靈數7的無為做出抗爭：「別只是想，做就對了！」他們無法理解為什麼有人願意耽溺於空泛的人生問題與負面情緒，就算他們自己遇到這些問題，也會尋求實際的解決之道。在他們的價值觀裡，人生應該致力於創造與擁有。你「擁有」多少，「力量」就有多少！而這個社會最有力量的，莫過於擁有最多財富資源的人。

　　我常常開玩笑說，靈數 8 的人一生追求三大目標：錢，錢，還有錢！但誰不愛錢呢？愛錢本身不是問題，「怎麼用錢」才是問題。擁有大筆財富或資源的人，會把這些錢運用在回饋社會環境、幫助弱勢族群、創造更多工作機會、讓愛的人過幸福的生活？還是會蓋更多高樓大廈，吸引企業投資、炒房，設法獲得更多錢來滿足欲望？無論是哪一種選擇，都反映著我們與金錢的關係，也象徵我們的「自我價值」是建立在什麼樣的基礎上。錢是每一個人都會遇到的課題，對於靈數 8 來說更是如此，錢對他們來說象徵著什麼？他想要用金錢與資源創造什麼？他們的成就感建立在哪裡？對於成功的定義是什麼？靈數 8 需要去思考這些問題，以加強他們與金錢的緣分。

　　很多人或許覺得靈數 1 比靈數 8 更愛錢，那是因為靈數 1 的人賺得快、花得也快，在物質享樂上毫不吝嗇，畢竟錢就是要賺來花的，不允許自己虧待自己；但靈數 8 會把金錢運用在對他們來說「更有意義」的事物上，很少看到他們會有情緒性消費，傾向用於投資、進修、講座，或是收購喜愛的收藏品（通常都是可

以轉賣、增值的收藏品）。靈數8的人會度假，但不允許自己放長假，不像靈數3、5、7、9常以放長假找尋自我為由，讓自己半年、一年都不工作，那樣的行為在靈數8眼中根本是在浪費生命。

穩定不變是假安全，穩定成長才是真保障

當一個人把生命力量專注在創造與擁有更多金錢、成長、成就與資源，可想而知，這個人對於愛、感受與情緒是較為壓抑的，專注在任何情感都有可能成為靈數8追求人生目標的絆腳石，尤其負面情緒更是如此。很多靈數8會展現出和平、平易近人、溫暖或幽默等人格特質，而焦慮、憤怒、恐懼、忿忿不平等負面情緒則會以壓抑、否定的態度來處理。他們在成長的過程中一旦受到誰的欺辱傷害，便會在心裡暗誓著：「等未來有一天成功了，你就不要來懇求我的施捨！」有時候這樣的心聲會造就出他們「打不死的蟑螂、不屈不撓、堅毅」的特質，但用自我鞭策的態度來壓抑所有負面情感，而不願意直視內在的脆弱，會讓靈數8時常處在緊繃的狀態，直到有一天爆發出來，傷人傷己的力道可能會連自己都無法預期。

8是4的倍數，從這邏輯來看，就可以發現靈數8是如何將靈數4的特質發揮至不同的極致。靈數4需要穩定的安全感，能在同一個職位一待就是好幾年，一旦穩定就不會輕易改變；靈數8同樣也很需要安全感，但他們認為穩定不變不能帶來真正的安全，因為外在世界一直在變化，必須要「穩定成長」才是最有保障的。靈數4要的是穩固的家庭，甘願為此獨自承受許多責任與壓力；而靈數8要的是嚴謹的團隊，每個人都要對團隊有貢獻，並提升產值，沒有人可以逃避責任。靈數4腳踏實地是為了換得穩定的生活；靈數8則是為了成功。他們從基層學習，放低姿態，忍氣吞聲，苦幹實幹，是因為他們深知這是成長與社會化的過程。他們什麼都願意做，但千萬別以為他們好欺負，所謂「君子報仇，三年不晚」，一旦他們坐擁財富、人脈與生殺大權，可是非常樂於復仇與清算的！靈數8會用「讓你有感覺的方式」來回報你帶給他的成長。

溫馴的背後隱藏求勝的意志與實力

人都是在痛苦與挫折當中成長的，靈數 8 尤其深諳此義，他們不像靈數 7 會小心翼翼地遠離失誤的可能，反而勇於冒險、勇於犯錯、勇於改過，並扛下責任，反覆歷練讓他們在社會上容易晉升為令人信服的領導者，像是有威嚴的老闆、商人、將軍等，因為他們的「實戰經驗」夠豐富了。值得一提的是，不見得所有的靈數 8 都在商場上有豐富的實戰經驗，有一部分的靈數 8 在「情場」上的實戰經驗也不容小覷。靈數 8 喜歡扮演獵人，無論在商場還是情場，都絕對不會讓自己變成獵物。

說到獵人，你可能會覺得靈數 1 主動出擊的特質更像獵人，但靈數 1 雖然又快又狠，卻不見得準；靈數 8 不是天生敏捷的獵人，因為他們把眼光放在更遠、更龐大、更有利用價值的獵物身上，一旦看準目標就一定要到手，即使被外界視為不擇手段也在所不惜。不像靈數 1 會向外界宣示自己想要的目標，並警告大家不可以跟他搶，靈數 8 則是「惦惦吃三碗公」，外表看似溫馴隨和，卻隱藏著跟你拚個你死我活的意志力。

他們擅長運用自身的先天優勢來「打獵」。一個在情場上擁有豐富實戰經驗的靈數 8，是因為他非常接受且願意展現他的外在魅力，然而有魅力和是否懂得經營親密關係是兩回事，親密關係若要真的能「親密」，這個獵人必須懂得在這段關係裡揭露自我的脆弱，承認自己也是有玻璃心的，也是容易受傷的。

提攜後輩、照顧弱小是因抗拒脆弱

坦承脆弱是靈數 8 的課題，因為要在社會生存就必須很勇敢、很堅強，不允許展現脆弱、無能，也不允許動不動就受傷，就算受傷也要裝出一副「我可以自己解決、我會自己克服」的樣子。但不敢表現脆弱是真的勇敢嗎？一個躲在房間默默哭泣的人，和一個願意在公眾場合大哭的人，誰才是真的勇敢呢？在房間裡哭完，裝作沒事走出門，和在大馬路旁哭完，然後擦乾眼淚繼續向前走，誰在逞強？誰是堅強？

有趣的是，如此抗拒自己脆弱的靈數 8，對於比自己弱小或缺乏實戰經驗的

後輩，反而會激發出他們的照顧欲。很多靈數 8 不見得是殘酷無情的領導者，反而是會被下屬爬到頭上的大家長，還有一部分的靈數 8 看似鐵面無私，卻會在大家看不見的地方默默為下屬爭取機會，所以有許多靈數 8 非常願意投入公益、扶弱濟貧。

願意善待無為的人們，才懂得善待自己

　　許多靈數 8 在成長過程中曾是不公平、被剝奪的受害者，他們從小就告訴自己，要擁有強大的力量與資源，才有辦法改變這個不公與剝削的社會。但生命似乎有個法則是：我們反抗什麼就會變成什麼。靈數 8 努力讓自己變得更強大，或是非常有能力、有魅力，好讓自己公平地被對待，而當他們看到無所作為、不願意行動的人，會有什麼樣的反應呢？他們認為只有努力才能讓自己被尊重，自然不願意尊重那些不努力的人。他們反抗不公，卻創造出了另一種不公。如果他們願意放過自己，接受自己的無為，接受自己什麼都不做也沒有關係，反而可以創造出更強大的影響力。他們必須知道，當他們願意善待那些無所作為的人，其實也是善待自己。

　　《穿著 Prada 的惡魔》（*The Devil Wears Prada*，二〇〇六年）、日本動畫《怪物的孩子》（バケモノの子，二〇一五年）都是非常適合靈數 8 的電影。這兩部電影都在「部屬」與「師徒」關係有著細緻的刻劃，在強悍與柔弱的對立中彼此學習、看見新的自己，卻又不失去自我原本的堅毅與美麗。

靈數 **9**

◆內在驅力：我將會（I will）
◆潛力天賦：影響
◆性格特質：靈性／人本主義／適應力強／大愛／
　　　　　　想像力豐富／教育精神／忽冷忽熱／
　　　　　　多變／孤傲／極端

靈數 9 是想像力豐富的接受體

　　靈數 9 是 1～9 的最後一個數字，也是一段旅程的最終點，意味著靈數 9 在人生旅途中需要去經歷靈數 1～8 所帶給他們的不同力量：從靈數 1 的行動力與獨樹一格的創造力、靈數 2 的合作天賦與溝通協調能力、靈數 3 散播美與歡笑的表達力、靈數 4 穩健的執行力與責任感、靈數 5 堅持做自己所賦予世人的啟發力、靈數 6 讓社會走向愛與完美的奉獻心、靈數 7 的智慧與求真的力量，到靈數 8 的領導與物質開創的能力，靈數 9 擁有這一切，這些潛能與基因都在他們的體內。這也就是為什麼我們形容靈數 9 就像水一樣，把水倒入什麼容器，就會變成什麼形狀；或是比喻為可塑性高的演員，要他們扮演什麼角色都難不倒。但別忘了，把什麼染劑倒入水中，水也就會變什麼顏色；演員也可能因為入戲太深，而難以回到現實生活的角色。

　　靈數 9 非常多變，他們的靈魂是個接受體，這讓他們有豐富的想像力，似乎什麼都有可能、什麼都可以去嘗試。他們善於編織各種故事的情節發展，若能夠將腦海中的想像力化為現實，很適合從事編劇、演員、小說家等需要投入「故事」的工作。也有許多靈數 9 把想像力轉化成幽默感與浪漫，運用在取悅他人、帶給他人歡笑上。但想像力豐富也容易讓他們的焦點渙散，有時候會有想多做少、分心與拖延的狀況，必須向靈數 1 學習設定與實踐目標，否則無邊無際的想像力就只能存在於白日夢裡。

迷流在極端的世俗與靈性之間

　　因為他們的靈魂是個接受體，成長環境所接觸到的人事物對靈數 9 來說格外重要。而生命會有許多「機緣」來幫助靈數 9 發展靈性，避免他們總是太過理性而忽略內在，被世俗社會給綁架，成為金錢與他人眼光的奴隸，但是否願意往靈性發展的選擇權還是在靈數 9 身上。這個數字的極端在於：有一部分的靈數 9 因為獲得了宗教、靈性力量的救贖，讓他們完全崇拜神祕的力量，卻走火入魔，變得不切實際，甚至以愛之名做出傷害人的行為；另一部分的靈數 9 則是對靈性發展完全沒興趣，一心追逐社會體制對成功的定義，最後被他人所煽動而誤入歧途，被欲望所控制。我們會在靈數 9 的人身上看見「業力」是怎麼樣在運作的，當他們的生活走上某一個極端，生命就會有一些「突發事件」帶領他們回到平衡點，這些事件都是為了提醒靈數 9 的人別讓外在環境與社會規範控制他們，而是他們自己要能夠挖掘出自己的潛質，自己選擇自己想要變成什麼樣子的人。

敞開的靈魂也需要獨處的時間充電

　　這麼多變的靈數 9，到底什麼才是他們真正的面貌？什麼才是他們的本質呢？我們可以想像，當一個人允許這麼多不同面向、甚至彼此衝突的特質都存在於自己體內時，這個人勢必擁有能夠廣納眾人意見的胸懷，也有能夠接納異己的包容心。他們的人生總會遇見各式各樣不同的人來刺激他們「增廣見聞」，但不像靈數 5 會主動結交三教九流的朋友，生命反而像是在考驗靈數 9，要他們去接受這世界充斥著形形色色的人，激發他們對世界的信任、博愛與圓融度。同理，靈數 9 看待他人的開放度也會直接反映在對自我生命的局限。

　　靈數 9 追求的終究是內在的自由與平靜。很多靈數 9 喜歡獨處，獨處對他們來說就像充電一樣。他們的靈魂確實需要獨處的時光，暫停吸收外界訊息，好誠實釐清自己真實的感受。部分的靈數 9 無法與人太頻繁地相處，他們時而熱情，時而與人保持距離。他們非常重視自己的居家空間，無論是與愛人還是家人住在一起，都需要保有只屬於自己的時間與空間，且不能被打擾。

每個人都能做自己，並享有應得的權利

以靈數 9 的本質來說，他們很樂意為弱勢族群發聲，也會積極地為社會所忽視的少數人爭取權益，因此在公益活動與社會運動上都可以看見他們的影子。靈數 9 要的是一個人人平等、每個人的獨一無二能夠被看見、每個人都能自由地追求自己的夢想、都能夠彼此尊重與包容的世界。這跟他們曾經因為「不一樣」而受到不平等的待遇有關（但不見得都是負面感受的經驗），讓他們把人生目標專注在「讓每個人都能同等地被對待」。

承襲了靈數 8 的精神，靈數 9 無法接受不公不義，但靈數 8 會努力讓自己（或要他人）變得更強大，才不會被不公義所欺負；而靈數 9 並不認為需要努力改變自己才能換得公義，因為忠於自我並沒有錯，他們堅守的人本主義是「每個人都能做自己，並都能享有應得的權利」，所以我們常看到靈數 9 會凝聚有共同處境、共同理念的人一起改革，或是投身社會團體。少數的靈數 9 會對從政有興趣，但走上這條路的靈數 9 要學習堅持自己的「影響力」不能只是透過「權力」來獲取，否則很容易在複雜的政治大染缸裡變得利慾薰心。

靈數 9 必須要正視自己一言一行的影響力。他們的領袖特質很強，但不見得會展現在職場或生意往來的地方，反而容易展現在因理念、興趣、價值觀相容的團體當中。他們很享受當老師的感覺，但有時會讓人覺得他們的「分享」有濃重的「說教」意味。當崇拜者或跟隨者越多，靈數 9 就越容易展現出傲氣與自命不凡，這樣的特質可以是他們躍上舞臺的跳板，但也有可能讓他們自認為與眾不同，反而讓自己感到被孤立、被遺棄，走向孤傲又古怪的偏執性格。

「忠於自我」是以身作則的不二法門

靈數 9 雖然不是舞臺型的人物，但他們的人生會有一股力量將他們推上舞臺，讓他們被越來越多人看見，成為群眾的榜樣。在此過程中，靈數 9 如何「以身作則」就相當重要了。很多靈數 9 反而會盡可能讓自己的人生越平凡越好，刻意低調以躲避需要以身作則、為社會貢獻的使命，但骨子裡自命不凡的性格又不甘於自己竟是如此平凡。

電影《白日夢冒險王》（*The Secret Life of Walter Mitty*，二○一三年）的主人翁華特・米堤經常沉浸在天馬行空的白日夢裡，但在現實世界是個平凡的雜誌社底片管理員，工作了十六年從未出錯過。直到有一天他弄丟了攝影師交給他的第二十五號底片，就此展開了刺激不凡的冒險。相信這部電影對大多數靈數 9 的人來說都有強烈的共鳴，華特・米堤的冒險絕對不只是出自對工作使命必達的熱忱，更是一趟打開生命各種可能性的精彩旅程。

靈數 9 必須瞭解「忠於自我」身心靈各方面的需求，就是以身作則的不二法門。很多崇尚理智的靈數 9，一生勞碌追求功名財富，只為了達到社會標準，但因為沒有滿足心靈的需求，壓抑了奔放的想像力，漸漸不懂得「感受生活」，生命變得扁平無趣。他們需要讓身心靈三方面的需求都能夠得到紓解，不偏重於哪一方。最理想的狀況是，能夠培養出在世俗社會的求生與社交能力，並在某個專業領域上發揮長才，同時也願意接受靈性力量的指引，擁抱生命給他們的新「劇本」。

靈數 9 擁有一顆大愛的心，能感同身受他人的痛苦，也會為他人的喜悅而喜悅。和靈數 6 的愛不同的是，靈數 6 的愛著重在付出與獲得的雙向交流，而靈數 9 的愛是大愛，他們不見得需要回報。靈數 9 的人熱愛付出，「知道自己是個有能力且願意付出的人」能帶給他們莫大的成就，但若是把他們的付出視為理所當然，那他們也會不留情面地收手。因為他們的靈魂渴望讓愛自由，而不是執著，這是最理想，也是最成熟的愛。有很多靈數 9 往往是在體驗過強烈的執著之後，付出刻苦銘心的代價，才懂得讓愛自由流動。

Chapter 2

認識塔羅牌

我們已經透過生命靈數認識自己、認識他人，
接著你會發現，原來靈數的智慧也藏匿在七十八張塔羅牌中。
這一張張充滿寓意的塔羅圖像，
反映出我們此刻正在經歷的關卡或高峰，
而我們該如何面對？

塔羅牌的用途

❈

眾所皆知的塔羅占卜，是透過牌卡給予我們方向、預測未來運勢。相信大家剛開始接觸塔羅牌，便是從一連串的「世俗問題」開始，例如找工作會順利嗎？這個人適合我嗎？未來會賺大錢嗎？家庭能幸福美滿嗎？而我們能否活出快樂或平靜，似乎也都取決於這些人事物的美滿。

如果你像我一樣是個「占卜常客」，相信你也會漸漸發現，塔羅牌之所以能提供運勢走向，不在於牌卡本身的神奇魔力，占卜結果並非由一個名為命運的「他者」來安排的，而是由我們的內在狀態、真實渴望所鋪陳出來的。

例如你問塔羅牌：「我最近有沒有機會談戀愛？」但塔羅牌卻顯示了你根本就不相信愛情，或是尚未從過去的感情傷痛中走出。又例如你問：「我能不能現在離職去找新工作？」但塔羅牌顯示你內心深處依舊熱愛這份工作，只是被新的主管刁難，以致失去熱忱。**塔羅牌不僅告訴你未來發展，也會告訴你「為什麼是這樣的發展」，以及「該如何面對或調整」。**

因此，我認為來到占卜桌前是需要勇氣的，與其說是要有勇氣面對自身的運勢好壞，不如說是有勇氣面對未知的自己。在此不免老生常談地說：「決定我們命運的，不是塔羅牌，而是我們的心念。」那一張張饒富深意的塔羅圖像，只是忠實地呈現了你我內在那份「看不見的力量」。當我們願意透過塔羅牌對自己的心靈運作有更深的覺知，無論未來發展是否如預期，都能學著如何改變，或是如何接受。

隨著心理學的發展和新時代運動（New Age）的興起，現代人除了將塔羅牌用以預測運勢之外，更傾向將塔羅牌作為自我探索和心靈發展的工具，世界各地有許多心理師以塔羅牌（或其他牌卡）來輔助諮商與治療。透過對塔羅牌的圖像、符號象徵及牌義的瞭解，搭配我們與生俱來的直覺、感覺與圖像思考能力，就能進一步認識「潛意識」與「個人運勢發展」的不可分割性。

綜觀而言，塔羅牌除了是「趨吉避凶」的工具，更強調「把力量回歸到自己

身上」，引導我們獲得更大的自由。我在這裡說的「自由」不是為所欲為，而是對自己的生命有更深的認識與責任感，能「認命」而不「任命」！

　　近年來，塔羅牌與各式牌卡占卜盛行，除了讓塔羅牌變得更親民、學塔羅牌的人越來越多之外，也讓大眾對塔羅牌產生更多想像與迷思。在這裡整理出最常出現的六大塔羅牌疑惑，透過問與答的過程，幫助大家對塔羅牌有基礎的認識。

🐝 學塔羅牌、塔羅占卜必須透過通靈來感應嗎？ 🐝

　　不是的。學習與解讀塔羅牌最重要的是對圖像與牌義的理解。每一張牌卡都有它的「基本牌義」，這些牌義是由畫面中的故事、人物動作、場景細節、神祕學符號、色彩、靈數、占星對應等各別象徵所組成。塔羅牌之所以如此值得深究，就是因為每一張牌卡的圖像都蘊藏了大量的巧思。

　　不可否認的是，具備通靈、特殊感應或敏感體質的朋友更容易踏入神祕學的世界。若有這些天賦加持，確實能讓人們在解讀塔羅牌的過程中獲取更多訊息。有許多占卜師運用了這些能力，使得他們在占卜過程中能將問卜者的狀況形容得更為精確，他們可能會說出：「你家是不是有養三隻貓？」或「你辦公室是不是有個瘦小的女生會搶你的業績？」當占卜師說出這些準確的訊息時，我們確實會感覺到不可思議，因而提升對他的信任感，但你必須清楚，這些訊息並不是塔羅牌能告訴我們的，而是占卜師本身的通靈能力。

　　有許多占卜師是透過通靈與感應在進行占卜，牌卡對他們來說反而只是輔助。但對問卜者來說，很容易誤以為占卜師所說的一切都是牌卡上呈現的。事實並非如此。

　　學習塔羅牌不需要會通靈，你也可以用科學的態度來研究塔羅牌，而每一種學習方式都有它的好處與障礙。以理性、邏輯、有架構的方式學塔羅牌，可以扎實地奠定解牌基本功，也能務實中立地給予建議，但可能缺乏直覺與想像力來將牌義與生命連結。以通靈或感應的方式學習，可透過圖像的刺激或對問卜者的感應得知更多資訊，但可能會偏離牌義與解牌的中立性。

🦋 塔羅牌是算命嗎？能算出一生運勢嗎？ 🦋

　　塔羅牌是用於占卜，而非算命。占卜與算命是不同的，雖然它們都能揭示運勢走向，但占卜是「一事一占」，必須以「特定事件」提問，如：「這份工作的發展性如何？」或「最近有機會遇到適合的對象嗎？」而塔羅占卜能呈現的運程約為三個月至半年內的時效，透過牌卡的訊息，除了能得知該事件的短期發展，也能知曉該如何面對、是否要調整心態或做法，在牌組中獲得建議。因此我們無法在一次的塔羅占卜中得知整張生命藍圖。

　　而算命最常見的，從東方的八字、紫微、手面相到西方的靈數、占星等，能揭露的運程可能更為久遠，可透過這些命理工具得知「我這一生適合做什麼？我有機會大富大貴嗎？」等較為命定類的提問。算命往往能看出我們的人格特質、潛力、家運到一生情路順遂與否，但當個人意志與命途訊息背道而馳時，又該如何面對呢？你想當藝人，但算命師說你不會紅、不會賺錢，要你去繼承家業，該怎麼辦？而這就不是算命能告訴你的了。

　　占卜不是算命，尤其塔羅占卜的結果通常能讓我們學著改變自己，進而有改變未來的可能，也能幫助我們認識自己與外界的互動關係，從中獲得啟發。但我得強調，算命依然也能在特定時刻賦予我們慰藉與力量，許多命理工具亦提醒我們要把握機會、順勢而為，但生命並不是能永遠維持在「有力量面對問題」的飽滿狀態，當我們的內在沒有力量能為自己做些什麼的時候，算命提供的訊息反而給了我們信心與希望。

　　生活處在低潮、在看不見盡頭的灰心時刻，人們常常只是需要知道一個「時間點」，如「什麼時候會好轉」或「什麼時候結束」，好寬慰自己面對無力的當下，就如同現代人在運勢不順時，就會想知道「水逆什麼時候才結束」一樣的道理。從這個角度出發，我們不能否認算命的心理價值，因此我認同占卜與算命是相輔相成，勝過於其中一者的一枝獨秀。

🦋 所有的紙牌占卜都是塔羅牌嗎？ 🦋

不是的。塔羅牌一律都是七十八張為基準，由二十二張大牌和五十六張小牌所組成。也有許多藝術家只畫二十二張大牌，亦可出版命名為塔羅牌。即使你曾在坊間看過只有二十二張的塔羅牌，一定也包括了愚者、魔術師、女教皇、皇帝等固定的角色人物。

現今有許多神諭卡、占卜卡也相當盛行，它們的張數不一，畫面也不會依循塔羅牌的規則，沒有太多神祕學符號與象徵元素，占卜師解讀時可完全憑直覺或依循牌卡上的文字指示。它們常會在牌卡下方用直截了當的語句告訴你：「是時候改變了。」或「你要穩定扎根。」有些占卜卡只會給予一個單字，如「冒險」或「放下」，但你可能會問：「改變的方向是什麼？放下又是指哪方面？」這些細節就不是神諭卡與占卜卡所能提供的。因此許多占卜師會將神諭卡作為塔羅占卜後給予問卜者信心與祝福的力量，並不會用來分析問題的發展局勢。坊間最常見的神諭卡與占卜卡有大天使神諭卡、觀音神諭卡、獨角獸神諭卡、簡單答案卡與彩虹卡等。

🦋 為什麼多數人都是用偉特系統塔羅牌？ 🦋

塔羅牌分為三大系統：馬賽、偉特和托特系統。偉特系統是最多人使用的，因畫面較其他兩大系統更多了貼近你我生活的「人物故事」，尤其偉特系統的「數字牌」對初學者來說是容易學習的，圖像清晰、直觀，讓我們可以「看圖說故事」。看見牌圖裡兩個小孩的溫馨互動，就知道這張牌與「童年」有關；或在牌圖中看到一顆心被插了三把劍，就能感受到這張牌意味著「傷心」。**本書以最傳統的偉特塔羅牌作為教學指導，並在後續章節介紹三大系統的不同。**

❀ 牌有牌靈嗎？我需要養牌嗎？ ❀

不需要養牌。養牌一說始於：為了讓算命更準，算命師都會養小鬼。但這樣的說法便是將塔羅牌用在算命而非占卜了，而且多數的算命師沒有養小鬼也能算得準確。因此無論是占卜或算命，要強化自己的功力，唯一途徑便是對自己正在使用的命理工具有更多的認識、鑽研，並反覆練習，累積經驗。

有部分占卜師確實有自己的養牌習慣，相信有牌靈的存在，因此會將牌卡視為神明般供奉，或將牌卡拿去曬月光，以賦予力量。但比較起牌靈，我更相信牌卡本身就已具有自己的個性和能量，因為每位藝術家在創作牌卡時，必然注入了他想傳遞的生命態度，這便是解讀塔羅牌時要學會去「讀取」的訊息，而非透過外在力量「灌輸」其他意義在牌卡上。

而牌靈一說，多為占卜師運用通靈能力賦予塔羅牌更大的權力與力量，但我們是解讀塔羅牌的主人，若將塔羅牌視為比我們的意志更高的存在，反而意味了將命運交由未知的「他者」來為我們做決定。塔羅牌是幫助我們探索自己、認識運勢、反映內在世界的工具，因此所謂的養牌只需好好善待這項工具，即妥善收納、放置陰涼通風處、不折損，並定時清點張數，避免缺牌。

★定時清點張數，並用木盒或布袋妥善收納好自己的牌卡，放置於陰涼通風處，就是最基本的「養牌」方式。

💮 什麼是開牌儀式？是必要的嗎？ 💮

使用塔羅牌並沒有必要的開牌儀式，有許多占卜師一開封新的牌、確認張數無誤後就直接使用了，並無不妥。而最簡單的開牌儀式即是：確認張數、檢查牌卡有無破損，以及欣賞並觀察每一張牌，如此即可。另有許多研究魔法的占卜師會在開牌的過程中準備許多道具，最基本會準備「土、火、風、水」四元素的象徵物擺設於桌面：土元素通常是錢幣、水晶或海鹽；火元素多半是燃燒的蠟燭；風元素是以燃燒的線香或羽毛為主；水元素則是利用鏡子、貝殼或裝水的杯子。待靜心、拆封、檢查與欣賞完七十八張牌之後，開始進行「抽主牌」的流程。你可以選擇從二十二張大牌中抽一張，或是在二十二張大牌和五十六張小牌中各抽一張。抽主牌通常代表著定義這副牌的「調性」，也是你與這副牌卡的連結象徵。

古老的開牌儀式從靜心、冥想到數百次的洗牌流程，整個儀式下來超過一個小時是正常的。對占卜師來說，每個步驟都是為了強化塔羅牌的神聖與莊嚴。隨著時代演變，我們不見得有時間、空間能完成一整套繁文縟節的開牌流程，簡化儀式也意味著毋須藉由過多的形式來強調對塔羅牌的重視，但你可以添增對你個人別具意義的儀式。我看過有占卜師會在開牌時放上兔子布偶在桌上的特定位置，對他而言，那隻兔子布偶比任何的魔法道具都更能加強他在開牌過程的踏實感。因此，除了上述的介紹之外，你也可以自行創造屬於自己的開牌儀式。

切記，任何儀式都是為了營造自己對某個人事物的重視與尊敬，並不代表非這麼做不可。沒有彈性與可塑性的儀式稱為「規定」，好比許多臺灣人都有燒香拜拜的習慣，但並非得要燒香拜拜才能表示尊敬神佛，若是有敬神的心意，就應從日常生活中落實，而非只能透過燒香來彰顯敬神。

塔羅牌的架構

━━━✦━━━

完整的一副塔羅牌是七十八張：包含二十二張大阿爾克納（Major Arcana，簡稱大牌）和五十六張小阿爾克納（Minor Arcana，簡稱小牌）。小牌又可分為四十張數字牌和十六張宮廷牌。

無論是最通用普及的偉特系統塔羅牌、最古老的馬賽系統塔羅牌，或是堪稱最深奧的托特系統塔羅牌，都是同樣的架構與張數。

三大塔羅系統架構對照表

比較 系統	元素	宮廷牌角色	特色
馬賽系統	棍（Bâtons） 杯子（Coupes） 錢幣（Deniers） 劍（Épées）	隨從（Valet／Knave） 騎士（Chevalier／Cavalier） 王后（Dame） 國王（Roi）	最古老的塔羅牌系統。數字牌沒有人物圖案，只有元素和數字，與撲克牌相似，配色也非常簡單。解讀時可搭配生命靈數的概念。
偉特系統	權杖（Wands） 聖杯（Cups） 錢幣（Pentacles） 寶劍（Swords）	隨從（Page） 騎士（Knight） 王后（Queen） 國王（King）	將馬賽系統大牌的8號牌正義和11號牌力量對調順序，改成8號牌為力量、11號牌為正義，數字牌更增添了貼近現實生活的圖案象徵與人物故事，是現今最多人使用的塔羅牌系統。
托特系統	權杖（Wands） 聖杯（Cups） 圓盤（Disks） 寶劍（Swords）	公主（Princess） 王子（Prince） 騎士（Knight） 王后（Queen）	融合大量、多元的神祕學符號、密教主義與魔法儀式，更動了數張牌的名稱，並在數字牌下方命名主題，構圖抽象複雜，是最深奧的塔羅牌系統。

❧ 大阿爾克納 ❧

　　編制是從羅馬數字「I」到最後一張「XXI」，再加上編號「0」的愚者，總共二十二張大牌。牌義較為抽象，重視精神層面的探索，也指出重大事件，包含事件背後的心靈與潛意識的推力，在占卜上對當事人的影響較為深遠。

大牌蘊藏豐富的神祕學符號、元素、神話等豐富的原型象徵，
從魔術師到世界也可視為「愚者的旅程」。

0 愚者

| I 魔術師 | II 女教皇 | III 女帝 | IV 皇帝 | V 教皇 | VI 戀人 | VII 戰車 |

| VIII 力量 | IX 隱者 | X 命運之輪 | XI 正義 | XII 吊人 | XIII 死神 | XIV 節制 |

| XV 惡魔 | XVI 高塔 | XVII 星星 | XVIII 月亮 | XIX 太陽 | XX 審判 | XXI 世界 |

✿ 小阿爾克納 ✿

　　小牌由四元素所組成：火元素的「權杖」、水元素的「聖杯」、土元素的「錢幣」和風元素的「寶劍」，每個元素都有十個數字，包含 1 號牌（Ace ∕王牌）到 10 號牌。這四十張數字牌象徵的是日常生活、正在經歷的過程、心境感受，在占卜上通常能直接指出具體的狀況發展與實際行動方針。

　　另外，四大元素也都配置了四個宮廷角色為一家族，分別為隨從（侍者）、騎士、王后與國王。這十六張宮廷牌象徵的是角色的個性、生活中遇到的對象、情境狀態、人格面具等意涵。

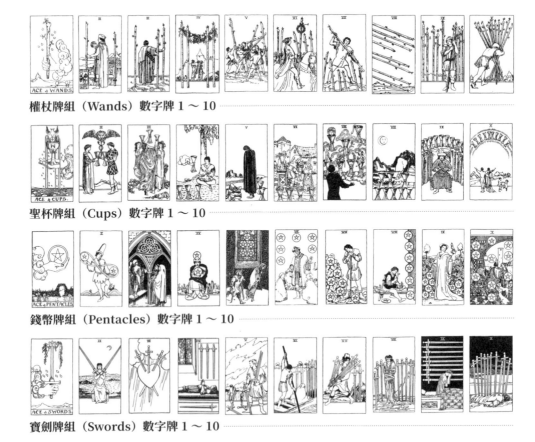

權杖牌組（Wands）數字牌 1 ～ 10

聖杯牌組（Cups）數字牌 1 ～ 10

錢幣牌組（Pentacles）數字牌 1 ～ 10

寶劍牌組（Swords）數字牌 1 ～ 10

權杖隨從　　權杖騎士　　權杖王后　　權杖國王　　　　　　宮廷牌權杖家族

聖杯隨從　　聖杯騎士　　聖杯王后　　聖杯國王　　　　　　宮廷牌聖杯家族

錢幣隨從　　錢幣騎士　　錢幣王后　　錢幣國王　　　　　　宮廷牌錢幣家族

寶劍隨從　　寶劍騎士　　寶劍王后　　寶劍國王　　　　　　宮廷牌寶劍家族

對塔羅初學者而言，小牌的畫風較為簡單，沒有太複雜的元素符號，牌義清晰明確，非常容易瞭解，但也有許多人是被大牌的多元寓意與象徵所吸引，因此在學習上並沒有規定必須從大牌或小牌開始學。不過大牌呈現的訊息較為豐富多變，有許多占卜師只用二十二張大牌進行占卜，也是足足有餘。

　　坊間另有「撲克牌占卜」，由於小牌的四元素配置與撲克牌的相似度非常高，法國人亦認為撲克牌的前身即為五十二張的法國塔羅牌。「♣ 梅花」對應權杖，「♥ 紅心」對應聖杯，「◆ 方塊」對應錢幣，「♤ 黑桃」對應寶劍；而人頭牌「J」對應宮廷牌的隨從與騎士，「Q」對應宮廷牌的王后，「K」則是對應宮廷牌的國王。剩下的「鬼牌」即為愚者的角色。

塔羅牌的源起與系統

塔羅牌始祖：維斯康提塔羅牌

　　塔羅牌的由來眾說紛紜。廣為人知的說法是：「Tarot」一詞源於義大利文中的「Tarocchi」，意指「王牌」與「勝利」，來自於名為 trionfi 的義大利紙牌遊戲。當時的紙牌遊戲也有教學的用途，教孩童認識文字、圖像與生活會接觸到的人事物，有時也會用於故事接龍遊戲。雖然當時的紙牌遊戲創作多元且張數不一，卻也能夠稍稍看見現代塔羅圖像創作的影跡，例如當時的星星牌，可能畫出一位高舉星星的女人、一位天文學家或跟隨伯利恆之星的賢士。

　　若要論起最早的七十八張塔羅牌始祖，必然公認是十五世紀（約於一四五〇年）義大利宮廷畫師班波（Bonifacio Bembo）為米蘭公爵（Filippo Maria Visconti）繪製的「維斯康提塔羅牌」（Visconti-Sforza Tarot），也是現存最古老的塔羅牌。由米蘭公爵與女婿兼繼承人斯福爾扎（Francesco Sforza）委託繪製，是贈送給斯福爾扎的妻子畢安卡（Bianca Maria Visconti）的家族婚事紀念。維斯康提塔羅牌是在木片上進行油畫創作，以金色的背景、細膩的花朵和藤蔓刻劃，表現出細緻奢華，圖中角色多以維斯康提家族成員肖像為本，並呈現米蘭文藝復興時期的貴族風情，是氣勢非凡的牌卡藝術鉅作。但在當年，塔羅牌尚只是遊戲牌卡，並未用於占卜一途。

★源於義大利的維斯康提塔羅牌，是歷史上最古老、留存最完整的塔羅牌。牌面上僅有圖案，沒有牌名與數字。被設計為家族聯姻的禮物，並非用於占卜一途。

★維斯康提塔羅牌的惡魔、
　高塔、寶劍 3 和錢幣騎
　士真跡已遺失，照片中
　的牌圖為後人重新繪製。

　　這副歷史悠久的維斯康提塔羅牌真跡，現今分散保存於世界各地，其中
三十五張在美國紐約的摩根博物館，二十六張在義大利的卡拉拉美術學院，還
有十三張則由義大利科雷奧尼家族私家典藏。而遍尋世界各地，能找到的僅剩
七十四張牌，缺少的牌卡為惡魔、高塔、寶劍 3 和錢幣騎士。現今重新發行完整
的七十八張版本，四張遺失的牌都是由後人重新描繪的。即便如此，維斯康提塔
羅牌依舊是塔羅收藏家公認最經典、最熱愛的塔羅牌之一。

　　也在十五世紀，羅馬天主教會公開禁止塔羅牌活動，並認為魔鬼會透過塔羅
牌奪取使用者的靈魂，這可能是因為塔羅牌被用於賭博遊戲，當時連同骰子、雙
陸棋也被禁止。再者，塔羅牌亦被視為與神溝通的媒介，危害教廷的地位，教會
更強烈譴責死神牌、惡魔牌與高塔牌，認為它們對人類靈魂具有威脅性。但禁令
並未讓塔羅牌因此消失，只是轉而地下化。即使紙牌遊戲隨著歷史的變遷遭逢了
抵制、焚燒、地下化與祕密化，都依然以各種形式流傳著，即使在禁牌令執行期
間，塔羅牌的蹤跡依舊出現在藝術家的名畫，甚至市集中。

★維斯康提塔羅牌中的數字
　牌僅由四元素與其所對應
　的數量堆疊而成。以右圖
　為例，左至右分別為：錢
　幣 1、杯子 3、棍 7 和劍
　10。爾後於法國發展為完
　整系統的馬賽塔羅牌數字
　牌亦沿襲此四元素。

🌺 歐洲最盛行的塔羅牌系統：馬賽系統塔羅牌 🌺

在十五世紀末，法國入侵米蘭之際，義大利塔羅牌隨之傳入了瑞士和法國，一五〇七年在里昂就有印製塔羅牌的記錄，而十六世紀開始，法國便開始創造自己的塔羅牌，再加上印刷業在此時期興盛，自始發展出了「馬賽系統塔羅牌」（Tarot de Marseille）。在此要釐清的是，坊間所說的馬賽塔羅牌並非指某一副塔羅牌，而是當時以同樣的標準規格所設計出的塔羅牌系統。在這個階段，塔羅牌被制定了明確的張數、名稱，也開始出現了編號。

馬賽塔羅牌承襲了維斯康提塔羅牌的雛形，保留二十二張大牌和五十六張小牌，其中數字牌的四元素也被制定下來：棍（Bâtons）、劍（Épées）、杯子（Coupes）和錢幣（Deniers）。宮廷牌的編制則是：隨從（Valet 或 Knave）、騎士（Chevalier 或 Cavalier）、王后（Dame）和國王（Roi）。

馬賽塔羅牌與維斯康提塔羅牌一樣的是，數字牌僅有「元素」和「數字」的組合，沒有任何人物的圖像會出現在數字牌中。現今留存最古老的馬賽系統塔羅牌，即一六六〇年諾布萊特（Jean Noblet）設計的版本，包括一七〇一年的多爾達（Jean Dodal）版本、一七六〇年的康佛（Nicholas Conver）版本，都是當今修復後重新發行最常見的傳統馬賽塔羅牌。

★馬賽塔羅牌的每一張大牌都被定義了明確的牌名，也有數字編號。其中最特別的是戀人牌的設計，強調了「舊愛或新歡」、「母親或愛人」的「選擇」意涵。

但在十八世紀前，都未有塔羅牌用於占卜的相關研究。直至一七八一年，法國神祕學家吉伯林（Antoine Court de Gébelin）在他的著作《原始世界》（Le Monde Primitif）中指出塔羅牌蘊藏古埃及人的智慧，並聲稱 Tarot 詞源來自埃及語的「Ta」（道路）及「Rho」（王者）兩字組合，意思為「王者之路」。

一七八九年，法國印刷商人、藝術家、同時也是追隨吉伯林的神祕學研究者艾特拉（Jean-Baptiste Alliette）設計的「艾特拉塔羅牌」（Grand Etteilla Tarot）問世，這是歷史上第一副設計用於占卜的塔羅牌，並認為塔羅牌應被稱為埃及智慧之神的《托特之書》（The Book of Thoth），他同時也在自己創作的塔羅牌中，融合了埃及神話故事、赫密士主義（Hermeticism）等神祕學奧義。

大約在一八五〇年間，法國神祕學家李維（Éliphas Lévi）出版的《高級魔法的教義與儀式》（Dogme et Rituel de la Haute Magie）將塔羅牌與猶太教哲學傳統「卡巴拉生命之樹」（Tree of life，Kabbalah）結合，將二十二張大牌與二十二個希伯來文字母、二十二條生命之樹的路徑相互對照。在一八八八年「黃金黎明協會」（Hermetic Order of the Golden Dawn）成立之前，將塔羅牌從紙牌遊戲帶往更深層的神祕世界，這些神祕學家功不可沒，也奠定了馬賽系統塔羅牌承先啟後的重要性，它保留了維斯康提塔羅牌的精華，也啟蒙了現代流通度最高的偉特系統羅牌和托特系統塔羅牌的創作。現今由歐洲出版商發行的塔羅牌，亦有多數為馬賽系統。

★馬賽塔羅牌的數字牌設計僅由四元素花色與數量組合，也是現代撲克牌的前身。由於數字意象非常明確，因此至今歐美有許多占卜師融入生命靈數概念來解讀馬賽塔羅牌。

全球最多人使用的塔羅牌：偉特系統塔羅牌

西元一八八八年，黃金黎明協會在英國成立，致力研究塔羅牌、占星術、卡巴拉、煉金術、魔法等神祕學文化。著名的「萊德偉特塔羅牌」（The Rider Waite Tarot）創作者亞瑟 · 愛德華 · 偉特（Arthur Edward Waite）便是該協會成員，在一九〇九年與插畫家潘蜜拉 · 柯曼 · 史密斯（Pamela Colman Smith）協力完成至今最盛行的偉特塔羅牌。由偉特講述，史密斯插畫設計，並在當年由萊德公司（William Rider & Son）出版，故名「萊德偉特」。

馬賽系統與偉特系統對照表

編號	馬賽系統	占星對應	偉特系統	占星對應
0	愚者	天王星	愚者	天王星
1	魔術師	水星	魔術師	水星
2	女教皇	月亮	女教皇	月亮
3	女帝	金星	女帝	金星
4	皇帝	白羊座	皇帝	白羊座
5	教皇	金牛座	教皇	金牛座
6	戀人	雙子座	戀人	雙子座
7	戰車	巨蟹座	戰車	巨蟹座
8	**正義**	**天秤座**	**力量**	**獅子座**
9	隱者	處女座	隱者	處女座
10	命運之輪	木星	命運之輪	木星
11	**力量**	**獅子座**	**正義**	**天秤座**
12	吊人	海王星	吊人	海王星
13	死神	天蠍座	死神	天蠍座
14	節制	射手座	節制	射手座
15	惡魔	摩羯座	惡魔	摩羯座
16	高塔	火星	高塔	火星
17	星星	水瓶座	星星	水瓶座
18	月亮	雙魚座	月亮	雙魚座
19	太陽	太陽	太陽	太陽
20	審判	冥王星	審判	冥王星
21	世界	土星	世界	土星

偉特塔羅牌最大的創舉，便是將馬賽系統的數字牌畫面加入人物故事，並將馬賽系統編制第八張的正義、第十一張的力量對調編號，改為第八張是力量、第十一張是正義。這樣的更動是為了讓大牌的排序更貼近靈數學（Numerology）與占星學（Astrology）的概念。

★上圖是馬賽系統，8 號為正義，11 號為力量；下圖是偉特系統，8 號為力量，11 號為正義。

大牌的每一張牌都有自己對應的行星或星座，而星座是依照黃道十二宮的順序排列，偉特認為正義既然對應天秤座，在星座排序上應該在對應獅子座的力量後面。而力量圖像上的「∞」符號，也恰好符合數字「8」的形象。另就靈數的意涵而言，靈數 8 象徵對目標的耐心與意志力，更符合力量要傳達的意涵；而靈數 11 宛如天秤兩端，其合併數 2 也意味著審慎思量與公平原則，更貼近正義的訊息。故將兩張牌的排序對調。

偉特塔羅牌的畫風對現代人來說更加清晰、具象，還融合了神話故事、靈數學、占星學、煉金術、卡巴拉，以及多元的神祕學系統，而讓現代占卜師更津津樂道的便是數字牌的設計。在過去的馬賽系統，數字牌的牌面如同撲克牌，僅由數字和元素組成，但偉特系統為之賦予貼近你我世俗生活的生命故事，可說是第一副「寫實主義」的塔羅牌。這得歸功於史密斯的細心繪製，當時偉特並未詳細

★偉特塔羅牌的人物刻劃寫實，象徵寓意更豐富。戀人保留馬賽塔羅「選擇」的意涵，融合亞當與夏娃的伊甸園故事，而每張牌的角落都可以找到史密斯的簽名。

★史密斯賦予四十張數字牌人物故事，是偉特系統廣受歡迎的原因之一，對許多占卜師來說，也能藉此凸顯占卜的中立性。如在錢幣 1 中，我們能從一隻手捧著一枚大錢幣，聯想到「掌握在手中的錢財」；從聖杯 3 中，看見三個女人舉杯跳躍，感受到「歡慶、愉悅」；在權杖 7 中，看見一個男子站在高崗上抵禦下方眾多權杖的攻擊，可以想像他正在「孤軍奮戰」；更能看見寶劍 10 中，一名男子被十把劍刺倒在地，認定「投降、死亡、結束」。「望圖生義」讓塔羅使用者能精確掌握牌義，也能透過清晰的圖像與內在展開對話。

描述一張張牌卡必須呈現的畫面，多數只是提及牌義，便交由史密斯自由發揮創作。如果你仔細觀察偉特塔羅牌，可以在每一張牌卡上看見史密斯的簽名。

在一九一一年，偉特個人也出版了《The Pictorial Key to the Tarot》一書，是世界第一本、也是偉特本人親自撰寫的塔羅牌解說書。只不過就現代人的角度來看，該書並未對牌義解說多做著墨，在占卜上的實用性不大，但能由此得知偉特本人如何看待這副塔羅牌，以及針對每一張大牌都有更為深刻的圖像和密教意義說明。

偉特塔羅牌乘載了深厚的神祕學文化底蘊，透過生活化的圖像呈現在你我面前。即使出版至今超過百年歷史，我們還是能夠從牌圖元素與其堆疊出的氛圍，連結到你我正在經歷的心路歷程。偉特系統現今已經發展成最受歡迎的塔羅牌系統，國際間有許多藝術家也受到偉特塔羅牌的啟發，投入塔羅牌創作。

🦋 最瘋狂的塔羅牌系統：托特系統塔羅牌 🦋

與偉特同樣身為黃金黎明協會一員的艾利斯特・克勞利（Aleister Crowley），在一九三八年，與插畫家芙烈達・哈利斯（Lady Frieda Harris）展開了「托特塔羅牌」（Thoth Tarot）的創作工作。托特塔羅牌涵蓋了克勞利畢生所學的東西方神祕學精華於其中，包括埃及神話學、占星學、卡巴拉、煉金術、脈輪、易經、地占術、魔法，以及富饒寓意的符號、幾何圖形，並融合了他創立的新興宗教哲學「泰勒瑪」（Thelema）。

托特塔羅牌雖於一九三八年便開始創作，卻耗時六年才完成，原因是受到經費限制而幾度停滯，再加上創作過程中克勞利不斷擴充神祕學的知識，並將其灌輸於作品裡，而哈利斯對於作品細節亦是精益求精，直至一九四三年才正式完成創作。然而，此時遭逢二次世界大戰的動亂，克勞利並未目睹他的作品出版問世，他在一九四七年逝世，而托特塔羅牌到了一九六九才正式首刷發行。

身為神祕學的愛好者，克勞利的風評相當兩極，言行也頗受爭議。童年時期與父親同為基督徒的他，將父親視為最好的朋友，卻在十一歲時遭逢父親舌癌離世，動搖了他的生命與信仰。從此之後，克勞利開始出現各種反叛的言行，變得粗魯，染上吸菸與性成癮，未成年便與妓女發生關係，而這種種行徑都是在反抗過去信奉的基督教教義。

直至成年後開始熱中於神祕學的他，曾到墨西哥、印度、中國、埃及等多國遊歷，對黑魔法、召喚惡魔、降靈術深深著迷，曾有傳聞說他在魔法儀式中讓女子和猴子交配，種種荒誕作為加上在黃金黎明協會造成的權力鬥爭，以及沉迷於

★臺灣將托特塔羅牌另譯為「直覺式塔羅」，但牌面富有大量色塊、幾何圖形和符號學等元素，其意涵之深，恐難以單憑直覺解牌，更需大量的宗教與哲學知識。

酒精、毒品和複雜的性關係，讓他被媒體稱爲「世界上最邪惡的人」，但在神祕學發展史上，卻也是「最瘋狂的天才」。

　　托特塔羅牌集結了克勞利對卡巴拉、占星、東西方文化與宗教、魔法知識與他的生命信仰於一大成。在牌卡架構上，依然維持二十二張大牌、五十六張小牌，共七十八張的編制（早期的托特塔羅牌曾有八十張版本，是因為多了兩張魔法師，純粹只是因為出版商為了補足兩張印刷的空缺，而收錄了克勞利的手稿），但大幅更動了數張大牌的牌名，也賦予數字牌牌名，並將宮廷牌角色改為公主、王子、騎士和王后，牌義也不同於偉特和馬賽系統。至今依然有許多熱中於神祕學與魔法的藝術家受到托特塔羅牌的啟發，創作出不同畫風的托特系統塔羅牌。而傳統的托特塔羅牌，無論是對新手還是行家而言，都是最為複雜、最需要花時間研究的系統。

★托特塔羅牌的世界銷量僅次於偉特塔羅牌，在臺灣使用托特系統的比率比馬賽系統高。對於熱中於東西方神祕學與魔法的人來說，托特塔羅牌在研究與使用上的價值極高。而「不使用逆位」與「每張數字牌都有名稱」的設計，對許多初學者來說依然占有優勢。除此之外，托特塔羅牌所傳遞的圖像氛圍與元素組成絕對不是親民易讀的。

榮格與共時性原理

————— ✵ —————

✿ 集體潛意識、原型與塔羅牌 ✿

回顧維斯康提塔羅牌到現今最盛行的偉特系統塔羅牌，許多學者將塔羅牌披上了隱含未知力量的神祕面紗，抑或視為傳誦著神祕學文化的知識寶典，而今日我們得以透過塔羅圖像探索自己的內在世界，與潛意識有更深的連結，就不能不提到榮格（Carl Gustav Jung，一八七五～一九六一年）的「集體潛意識」（Collective Unconscious）、「原型」（Archetype）與「共時性」（Synchronicity），這些理論賦予我們一把鑰匙——讓我們能夠借助塔羅圖像——開啟通往內在世界的大門。

榮格是瑞士精神病學家、心理學家，「分析心理學」的創始人，也曾經是奧地利心理學家佛洛伊德（Sigmund Freud，一八五六～一九三九年）的得意門生，他們曾親密如父子、摯友，後因各自主張的學說分歧導致決裂，即便兩人的關係有錯綜複雜的愛恨情仇，榮格依然不否認、也感激佛洛伊德在精神分析上帶給他的幫助與成就。佛洛伊德提出了「潛意識」、「自我」、「本我」與「超我」等著名的心理學理論，而榮格承繼了這些理論，卻朝著更深不可測的領域拓展，提出了集體潛意識，而此一概念正是他與佛洛伊德分歧決裂的主要因素，因為榮格認為人的內在運作除了個人經驗之外，更是受到「人類共有記憶」所影響：意即影響我們生命的，不再只是童年境遇與成長環境，在這背後還有超乎個人經驗的、**全人類共同擁有的「文化經驗」與「種族記憶」，稱為集體潛意識。**

集體潛意識是人類共有的「精神遺產」，乘載了人類世世代代生活方式所留下的印記，並由原型所構成。集體潛意識與原型都不會直接讓我們捕捉到它們的運作模式，但會透過「原型意象」顯現出來。

打個比方說，剛被主管責罵的你心情非常糟糕，回到家又被家人責備，跟伴侶吵架，你感覺到自己一無是處，可以清楚意識到此刻的挫折、憤怒或悲傷，而你已經沒有力量面對生活的種種壓力。但你此刻不會意識到的是，你正在經歷歷

史上無數人都走過的「英雄之旅」，或正在經歷跟某個神話故事的主人翁一樣的旅程，而這些故事就是組成集體潛意識的原型之一。直到你讀了那些故事、看了一部電影、讀了一本書，或是抽了塔羅牌，從中獲得共鳴，重新得到啟發或體悟，而這些文學或藝術媒介即是原型意象。

　　我們可以從榮格的心靈結構圖探知內在的運作機制。中間的「自性」可說是

榮格的心靈結構圖

外在世界
Outer World
在社會化過程中，被我認同且有助於我生存在這個環境／社會的特質。

人格面具
Persona

自我
Ego

意識
Conscious
在生活中扮演的角色。自己已知的想法、信念、情緒感受、思想，通常都與個人的性別認同有關。

自性
Self

內在世界
Inner World
在社會化過程中，被我拋棄、切割或認為不適用於我在這個環境／社會生存的特質。

陰影
Shadow

阿尼瑪／阿尼瑪斯
Anima ／ Animus

個人潛意識
Personal Unconscious
壓抑的情感、經驗、童年記憶，由「情結」組成，被否定的自己。可覺察。

★塔羅牌的圖像、蘊藏的故事與符號，是「集體潛意識」裡的各種「原型」意象，是協助我們去看見未知意識的工具。與牌卡產生連結，也等於與潛意識、心靈世界產生連結。

集體潛意識
Collective Unconscious
人類共享的文化與行為，世代傳承的經驗記憶，是無法覺察的。

我們的「神性」，或是我們偉大的「靈性」，祂是我們與生俱來的，是完整的、和諧的、平衡的，不會偏袒生命的光明面或陰暗面。榮格強調的「自性化之旅」便是自性不斷在幫助我們「整合內在與外在世界」的發展過程。

你在成長過程中建立起的**個性、態度、欲望與價值觀，都是「自我」**的一部分；而在社會化的過程中，面對家庭、職場、伴侶到人際關係，你都得扮演**不同的角色，那些是你的「人格面具」**，這些都是我們與「外在世界」互動得來的，也都是我們可以自行意識到的部分：「我是女生」、「我口渴了」、「我要被愛」、「我總是對人付出」、「我感到憤怒」、「我渴望幸福美滿的家庭」或「我認為世界上每個人都應該要待人溫柔」。這些能夠輕易以「我」為開頭的話語，或以「我」為訴求的思想，都是「意識」。

自我與人格面具都是我們認為「適合自己」生存於這個世界的原型之一，也都是「我接受的」人格特質；但那些「不適合自己」的呢？我們「不接受的」呢？就真的不見了嗎？我們可以發現，若要深入內在世界，即個人潛意識和集體潛意識，勢必得面對那些不被接受的自己。**以「陰影」為例，陰影就是你「很努力不想成為的那個樣子」**，如自私、貪婪、索取、情緒化，也有可能是依賴、懦弱、濫情、愚笨。但**既然是陰影，就表示它如影隨形，且是從你身上發展出來的，是你的一部分。**

通常會接觸到自己的陰影有兩種可能：其一，透過人際關係的相處。通常我們討厭的人身上那些讓我們厭惡的特質，往往就是我們的陰影。例如你可能非常厭惡自私的人，因為你從小就不被允許自私，或是你被自私的人傷害過。因此當你遇到自私的人，為了逃避面對自己的陰影，會盡可能遠離對方，或是竭盡所能否定、改變對方。**排除、隔離、否定到強制改變，都是我們逃避面對陰影的手段。**

另一種可能是，你的自我認知受到打擊。例如你可能認定自己是個獨立、不依賴的人，直到有一天有人對你說：「你不要再依賴別人了！」你不得其解，還因此大發雷霆，拚命想為自己辯護。當我們開始「往心裡去」，或許就可以從這部分給自己反思的機會。**畢竟陰影就是「自己看不到，但他人看得很清楚」。**

塔羅牌常常會揭示出我們的陰影，最直接的情況會是以**「逆位宮廷牌」**的形

式呈現；與陰影課題有關的大牌也不在少數，如女教皇、力量、吊人、死神、節制、惡魔、高塔、月亮和審判。

而比陰影更深層的是「阿尼瑪」和「阿尼瑪斯」。阿尼瑪是男性心中無意識的女性形象；阿尼瑪斯則是女性心中無意識的男性形象。我們與阿尼瑪、阿尼瑪斯的關係，可說是「我與另一個性別的我」的相處關係，這個課題往往會反映在我們的伴侶與婚姻關係。

通常會顯示「**性別能量相處課題**」的牌，最明顯的即為戀人與聖杯2，或是**牌組呈現與當事人的性別認同完全相反的性別能量**，也是值得留意的訊息（如自我認同為女性，但抽出的牌多為皇帝、戰車、權杖牌組或寶劍牌組等）。

而榮格提出的自性化之旅，即是在我們的生命過程中，不斷地整合意識與潛意識的過程。對於自性而言，每個特質與生命經驗都是中立的，沒有什麼特質應該要被讚頌或屏除，也沒有什麼生命經驗應該被歸類在獎賞或懲罰。因此當我們過度認同做人就應該要為人著想、為世界付出，我們的自性便會帶來自私自利或貪婪的人到我們身邊，他們的出現不是為了傷害你，而是要你「看見自己也有自私與貪婪」。除此之外，當你發現自己的生命似乎脫離不了某種「輪迴」的時候，自性也會讓你看見你的心靈結構——是什麼樣的文化所遺留下來的產物。

若要深入集體潛意識，你得開始對於「傳承」有更高的敏銳度，身而為「人」，「人類」究竟傳承了什麼精神給你？你的種族、你的國家到你的家族（不只是原生家庭，更包括你的祖先），他們都傳承了什麼樣的信仰給你？我有個朋友，在感情裡總是容易捲入三角關係，當她告訴母親這樣的經驗，意外得知母親在婚前其實是第三者；再進而得知母親是外婆的私生女；她發現自己的娘家在感情與婚姻中似乎都有類似的「模式」。這樣的發現如同你身體裡的病症，如果你不曾留意，它就會反覆發作，甚至越來越嚴重；但如果有一天你做健康檢查發現了這個病症的存在，就有面對、療癒或學習與之共存的機會。

通常我們能在神話故事、民間傳說、種族或家族歷史，甚至在夢境中找到原型的蛛絲馬跡，但這些發現往往不是單憑感覺或思考就能整合，而是我們**願意在這些看似與自己生活無關的故事中投入情感，並能為此賦予「個人意義」**。如果

神話故事之於你只是一個與自己無關的故事，如果種族或家族的過去之於你只是個毋須再提的過去事，那麼集體潛意識就算在你的心靈世界留下再深的印記，或以各種原型意象顯示在你的生命課題中，對你也不會有任何意義。

　　塔羅牌亦是如此，如果我們只是將塔羅牌上的圖像視為與自己無關的「他者」，僅僅把塔羅牌視為「能讓我趨吉避凶的紙牌占卜」，那麼深究集體潛意識、原型或陰影，對我們的生命也不會有任何幫助。**塔羅牌除了占卜一途，對於心靈還有一大貢獻，便是能幫助我們辨識出原型，並與自己的生命產生連結**，例如抽到女帝，除了知道愛與豐盛即將到來，也能對應到自己與母親之間的議題；抽到錢幣9，除了知道自己能過著貴婦般的生活，更能意識到自己總是如何在享受努力的成果。之所以能夠產生這些意識，不是藉由思考上的連結，而是對「共時性」有相當程度的「情感參與」。

 塔羅日記

　　學習塔羅牌的過程，除了不斷累積占卜經驗之外，最重要的是讓塔羅圖像融入我們的生命，因此你會聽到很多占卜師強調用「塔羅日記」強化與塔羅的連結，別忘了，強化與塔羅圖像的連結，就是強化你與內在的連結。

　　時間不拘，起床、出門上班前，或是睡前抽一張，這張牌可能象徵你的今日運勢、今日需注意的人事物，或是該用什麼樣的心態面對這一天，你可以在睡前回顧今天發生的事情、遇到的人、心情與體悟，並與抽到的牌卡做出連結。就以你習慣的方式來做塔羅日記即可，每天記錄抽到的牌卡記事與學習心得。塔羅日記提醒我們不再以慣性度日，每天抽到的牌卡都在幫助我們以新的思維看待每一天。

✿ 共時性原理 ✿

　　塔羅牌為什麼會準？為什麼能與生活產生共鳴？榮格在一九五二年發表的共時性原理，解釋了塔羅占卜的準確性。事實上，早在一九二〇年間，榮格就有了共時性的相關發現，當時受到《易經》與中國智慧的啟發，他開始思考：「巧合」的發生，是否必然出於某種因果邏輯？

　　簡而言之，共時性原理是「有意義的巧合」，舉個常見的例子：「說曹操，曹操就到」，這是我們都有過的經歷，你可能在咖啡廳跟某人討論你的朋友A，在此同時A突然出現了，但你並沒有跟他約好見面，A也根本不知道你會在這裡。以這個例子來說，「說者」與「到者」的意念同時發生，而你為這樣的巧合賦予了特殊意涵，例如「看來不能在背後說人壞話」、「我的召喚能力太強大了」或「我們的緣分真是命中註定！這偶然的相遇一定意味著什麼」，這就是共時性原理。而塔羅占卜的共時性有可能發生在「問卜者」與「抽出的牌卡」之間，即是：我剛好在想這一件事，就出現了這一張牌！

　　另一種情況是發生在「問卜者」與「占卜師」之間：占卜師透過直覺、對牌卡的理解，並融合自身經驗，回應了問卜者的問題；問卜者在頭腦或心智方面接收了占卜師的建議或解析，獲得了感受上的共鳴，也可能是思考上的收穫，這些都是共時性原理。因此，共時性原理僅需任一方當事人「為巧合賦予意義」即可成立。共時性原理說明了：個案的問題，往往也是占卜師的問題。

　　只要我們願意打開感知能力，對自己的生命與身處的環境有高度的情感參與，就能發現共時性無所不在。有可能你正在煩惱工作人手不夠，許久不見的好友就打來聊天，順道提到他要找工作；有可能你正在思考是否該向伴侶求婚，伴侶就告訴你她懷孕了；你可能正在思考某些生命議題，或是有某種人生體悟，剛好看了一部電影、與某個老師聊天，就得到了啟發或答案。

塔羅牌與生命靈數的關聯

＊

　　回顧最傳統的維斯康提塔羅牌，牌圖上尚未出現數字，也沒有正規排序，直到馬賽系統塔羅牌出現，才正式定義了大牌的編號順序。而神祕學家也陸續發現「牌義與數字序列的連結」，即從數字編號1～9皆能對應出與「靈數學」的關聯，例如：1號牌都有「開始」的意味、2號牌都與「合作」有關、3號牌都代表「社會化過程」……這就是為什麼當今許多使用馬賽系統塔羅牌的人也會整合生命靈數的意涵。

　　由此可知，塔羅牌義除了由大量的圖像故事與符碼組成之外，「數字」的象徵也是重要關鍵。為何魔術師是1號牌？節制為何編制在14的位置？為何是由三把寶劍來象徵傷心？塔羅牌與生命靈數融合會激盪出什麼樣的深意？又能帶給我們什麼樣的啟發？思考這些問題，除了能強化對牌義的理解，更讓我們對於充斥在生活中的數字有更強烈的敏銳度。

　　我喜歡把塔羅牌結合生命靈數一起運用。事實上，我接觸生命靈數的時間比塔羅牌更早，當我發現自己的「武器」似乎不如他人有力量，或根本不知道自己有什麼力量的時候，我接觸到了生命靈數，它給了我重新認識自己、檢視自己的機會，也看見了每個人都有不同的優勢、有不同的難關。這些陪伴我們一生的生日數字，彷彿蘊存著某種力量，透過世代傳承，累積在你我的集體潛意識中。誠如前文所述**如果只是把這些數字視為數字，那麼它就不會對我們產生任何意義，但若將數字視為如同塔羅圖像中的「符碼」，這些數字就能成為我們集體潛意識中的「原型」意象，幫助我們理解生命，並認識自己。**

　　接下來，我會用生命靈數的概念介紹每一個「靈數家族」所涵蓋的塔羅牌，並概述每一個家族的「共通性」，以及它們是如何展現自己的靈數能量。

靈數

魔術師家族

I 魔術師

X 命運之輪

XIX 太陽

　　靈數 1 的能量象徵開創、獨立與改變。帶來新的生命、新的機會、新的念頭與資源。由於 1 是全然純粹的能量，也意味著它的焦點只專注在「自己」身上，這樣的專注卻也為我們帶來「自信」與「自重」。

　　魔術師相信自己的信念會創造出他要的世界；命運之輪要我們把握機會成為自己渴望的改變；太陽帶領我們回到最純真的初衷與熱情。任何的行動與計畫之始，把「自己」視為最重要的，才能展開「開始」的第一步。

　　數字牌的 1 號牌意味著「由我開始」，10 號牌則是「由我擴大至全部的人事物」。

權杖 1
熱情與行動
之始

聖杯 1
愛意與接受
之始

錢幣 1
計畫與實踐
之始

寶劍 1
表達與進攻
之始

權杖 10
身負重任

聖杯 10
愛滿人間

錢幣 10
共榮共好

寶劍 10
消耗殆盡

靈數

女教皇家族

II 女教皇

XI 正義

XX 審判

靈數 2 的能量開創了「二元」的世界，即有了是非、善惡、對錯、好壞的「相對論」，也是整合、平衡的過程，這些都是陰性能量的展現，讓我們在亂世中不被影響，有自處、判斷的能力。

女教皇明辨是非、洞察一切，但從不批判，深知二元都有存在的必要；正義則是反思，讓我們思考過去的因是如何造就現在的果，現在的決定又會帶來什麼結果；審判要我們敞開接受來自內在的聲音，做出精神性的變革。2 讓我們跳脫出 1 的「自己」，思考生命的其他選擇。

數字牌的 2 號牌，都意味著「更多、更好或更不同的人事物出現了」。

權杖 2
機會更好
籌備力量

聖杯 2
看見異己
與之合作

錢幣 2
機會更多
學習兼顧

寶劍 2
聽見異議
抗拒抉擇

靈數

女帝家族

III 女帝

XII 吊人

XXI 世界

　　靈數 3 是世俗世界的構成，象徵我們與外界的互動關係。我們開始重視融入、付出給這個社會所能得到的回饋。在 3 的階段，得開始思考：有什麼是我能夠給予或表達的？而我又能得到什麼呢？

　　靈數 3 的能量聚焦在「付出與獲得」。女帝付出愛，深知自己付出愛的同時也獲得了愛；吊人付出身體、物質與時間的消耗，得到的是生命的智慧；世界融合兩者，付出愛與責任，經營生命的舞臺與穩定性。所有的 3 號牌都象徵社會化的學習。

　　數字牌的 3 號牌，都意味著「與社會、團體的互動關係」。

權杖 3
備受矚目
展現野心

聖杯 3
融入人群
享受美好

錢幣 3
融入角色
精進所長

寶劍 3
備受否定
展現脆弱

靈數

皇帝家族

IV 皇帝

XIII 死神

0 愚者

　　靈數 4 的議題在於「安全感」。我們建構安全感的方式往往是累積、掌握，控制一切都在計畫之中。靈數 4 鞏固了靈數 3 所創造出的世俗世界，由此可知靈數 4 的安全感建立在「我擁有的」。

　　皇帝保護自己擁有的權力與成就，卻也付出相對的努力與責任感；死神要你正視自己擁有的一切已不再適合你了，請重新建立你的安全感；愚者最終體悟到什麼都不去執著才是最安全的，因為獲得與失去不在命運，在於自己。生命的重量，反映我們緊抓多少。

　　數字牌的 4 號牌，都意味著「如何看待這個階段我所擁有的」。（靈數能量為 0 的愚者，被編制在靈數 4 的皇帝家族，是因其亦可被排列在大牌的第二十二張。）

權杖 4
珍惜擁有
展望未來

聖杯 4
質疑擁有
感到麻痺

錢幣 4
緊抓擁有
不願放手

寶劍 4
拒絕擁有
重拾平靜

靈數

教皇家族

V 教皇

XIV 節制

　　靈數 5 是「自由」數，但與我們認知的自由有很大的不同。這裡的自由更強調紀律、制度與節制的重要，因為真正的自由不是被欲望帶領，而是鍛鍊出強大的心靈能量，才能不輕易被外界與他人影響。靈數 5 強調的是：靈性渴望自由，這份渴望會讓我們學習自律與節制。

　　教皇是學習自由的第一步，當你說要「做自己」，就得先在人際互動中學著認識自己；而節制告訴我們，自由是能讓理性與感性、紀律與欲望交互流動，不被其中一方控制。靈數 5 的階段是成長的過程，而成長往往不是舒適的。

　　數字牌的 5 號牌，都意味著「追求自由與做自己的過程」。

權杖 5
透過競爭
渴望重視

聖杯 5
凝視執著
傷感後悔

錢幣 5
不願流俗
置身匱乏

寶劍 5
爭論對錯
只有自己

靈數

戀人家族

VI 戀人

XV 惡魔

靈數 6 的能量是「愛、關係經營與承諾」。這份愛不僅僅是個人愛意的傳達，更強調與他人的互動。因此所有的 6 號牌都有至少兩個以上的人物出現。靈數 6 讓我們看見愛的多重樣貌，以及經營任何關係可採取的態度。

戀人的愛，是從關係中看見自己，深知與伴侶的關係就是與自己的關係；惡魔的愛是世俗的愛，透過犧牲來滿足更大的需要。任何關係的經營都反映我們愛的態度。靈數 6 的愛不僅是愛情，更是我們如何愛人與愛這個世界。

數字牌的 6 號牌，都意味著「人際之間的依存關係」。

權杖 6
人氣支持
推動使命

聖杯 6
關懷付出
感受溫暖

錢幣 6
衡量能力
施受平等

寶劍 6
彼此陪伴
與傷同行

戰車家族

VII 戰車

XVI 高塔

靈數 7 是追求真理的過程，這個數字對世俗的一切產生質疑，試圖讓自性帶領意識面對生命的關卡。成功是什麼？真相是什麼？我要的究竟是什麼？過去累積的種種來到 7 的位置，像是在問自己：「你確定嗎？」

戰車遠離家園，踏上出征之旅，他在追尋屬於自己的成功之道；高塔把所有的虛假都瓦解，帶走社會附加在我們身上的一切，逼迫我們面對真實。7 號牌讓我們看見心裡的矛盾，在外界的期待與自身的渴望中探索奮鬥。

數字牌的 7 號牌，都意味著「問自己究竟要什麼、該如何做到」。

權杖 7
特立獨行
孤軍奮戰

聖杯 7
在夢境裡
尋找真實

錢幣 7
耐心等待
思量進步

寶劍 7
避開衝突
敷衍投機

靈數

力量家族

VIII 力量

XVII 星星

靈數 8 的能量是關於勇氣與展現力量。跨越靈數 7 的懷疑，靈數 8 更確定自己要什麼，用毅力與智慧達到目標。這個階段是「我們與內在力量的關係」。

力量牌用最溫柔的方式展現力量，溫柔不只是態度上的柔軟，更是我們願意接納內心的張狂、野性與欲望；星星的力量來自於內在的堅韌，在歷經高塔的毀滅後，反而更清楚自己擁有什麼，懂得重新灌溉生活。靈數 8 教我們更專注、更勇敢地面對欲望，不將恐懼排除在外，而是運用恐懼帶給我們的動力。

數字牌的 8 號牌，都意味著「要如何達到長遠的目標」。

權杖 8
積極樂觀
全力衝刺

聖杯 8
渴望意義
深入靈性

錢幣 8
務實工作
專注累積

寶劍 8
受害心態
渴望救贖

靈數

隱者家族

IX 隱者

XVIII 月亮

靈數 9 的能量又回歸到「自己」，這時我們需要獨處的時間與空間，好整理思緒，也象徵只有自己才能面對心魔，沒人可以幫助我們。這時候懂得自我覺察就格外重要，這也是修行沉潛、向內探索的最終階段，為了迎接靈數 1 帶來的新生。

隱者看似與世隔絕，但並非真正隱居深山修行，而是在每個場域都能成為默默前行的智者；月亮的朦朧教我們與恐懼共處，並鼓勵深入潛意識，看見自己是如何創造恐懼。

數字牌的 9 號牌，都意味著「獨自面對自己一手創造出來的結果」。

權杖 9
自我防禦
死守成就

聖杯 9
自滿快樂
感覺良好

錢幣 9
享受成果
愜意生活

寶劍 9
夢魘縈繞
焦慮等待

Chapter 3

大阿爾克納牌之旅

　　帶著你的天賦與對自我的瞭解,進入愚者的旅程,
這二十二張大牌教我們從「成為一個愚者」到「生命的圓滿」,
帶領我們認識自己的內在運作,以及自己正在創造的命運與關卡。

愚者之旅

編號為 0 的愚者,象徵一切的可能。他像是新生兒剛來到這世界展開冒險,在他眼中沒有任何危險,沒有任何思想束縛,沒有二元價值與責任,面對未知,他選擇縱身一躍。愚者的旅程也象徵我們的生命之旅。

愚者之旅可分為身心靈三階段,分別是:

◆ 身:1 ～ 7 號牌,反映世俗之旅,是我們與社會的關係、現實的考驗。

◆ 心:8 ～ 14 號牌,反映內在之旅,是我們與自己的關係、生命態度的考驗。

◆ 靈:15 ～ 21 號牌,反映靈性之旅,是我們與命運的關係、靈性發展的考驗。

身：世俗之旅

　　愚者誕生在世界上，起初像個小嬰兒，憑藉著無限大的想像力，透過嘗試學習，創造出他自己的世界（魔術師）；愚者漸漸認識自己，發展出直覺，建立起分辨是非善惡的觀念（女教皇）；在成長過程中透過母親學習如何愛與被愛，以及表達情感的方式（女帝），也透過父親認知到什麼是現實責任，培養在社會上生存的能力（皇帝）；進入了群體生活之後，愚者開始習得社會道德規範，並透過人際互動學習認識自己（教皇）；愚者開始渴望親密關係的連結，學習關係經營、尊重異己，並為自己的選擇付諸承諾（戀人）。最後，愚者確定了自己的目標，遠離舒適圈，努力去追求事業、野心與成就（戰車）。

心：內在之旅

　　愚者開始意識到，許多時候不是勇往直前就能解決問題，必須學會運用不同的方式，並以耐心與柔軟的態度面對問題，但要展現耐心與溫柔是非常需要勇氣的（力量）；歷經了連串的挫折，也享受到勝利的滋味，他必須給自己時間重新整理，讓心靈沉澱或自我進修（隱者）；直到愚者已整合了外在的經驗與內在的力量，開始迎接改變的機會（命運之輪）；但當命運把我們向上推的時候，更要小心翼翼，提醒自己適時慢下來，審慎思量每一個決定所帶來的後續效應（正

義）；進而體會到，生命有許多時候是身不由己的，人生常常得在停滯的階段省視內在的收穫，把無法動彈的不舒適感視為修練的過程（吊人）；當愚者覺醒，就是學會告別與放手的時候了（死神）；把不再適合自己的人事物清理掉，內心便能騰出空間，敞開心胸接受新的觀念，讓生命重獲成長（節制）。

✲ 靈：靈性之旅 ✲

　　欲望是靈性考驗的第一關，此時的愚者一味追求功名、利益與欲望的滿足，捨棄了靈性的提升（惡魔）；過度渴求社會形象、成就與外在的光鮮亮麗，而忽略內在的滋養，以致愚者變得不堪一擊，一點意外或突發狀況就把愚者過去的努力全盤摧毀（高塔）；一無所有的愚者意識到自己已經沒有什麼可以失去，這時反而更有信心與勇氣展開新生命，因為歷經高塔的教訓之後，他知道該怎麼重新起步（星星）；重新面對成長過程累積的恐懼（月亮），愚者終於來到了全方位的光明與成功，不再害怕，把生命的一切都視為禮物（太陽）；最終，愚者一生的歷練讓他更能清楚分辨什麼是來自自己的聲音、什麼是他人的聲音，勇於接受靈性的感召（審判）；愚者知曉了這一生的使命，接受一切，優游自在地徜徉在自己創造出的天地（世界）。

如何檢視自己的身心靈狀態？

在愚者之旅中，我們將 1 ～ 21 號的大牌分為身心靈三階段，而我們也可以透過這概念來檢視自己的內在狀態：

1. 首先，在 1 ～ 7 號牌 (魔術師到戰車)中抽出一張牌，這張牌代表你現在「需要展現出的個性特質」，也直接反映你此時的「現實境遇」。
2. 再來從 8 ～ 14 號牌 (力量到節制)中抽出一張牌，這張牌代表你現在「需要保有的態度與思想」，也直接反映你此時的「內在感受」。
3. 最後從 15 ～ 21 號牌 (惡魔到世界)中抽出一張牌，這張牌代表你現在「需要學習與前進的方向」，也直接反映你此時的「靈性召喚」。

這三張牌依序象徵身心靈狀態，是我每三個月就會進行一次的抽牌，除了用於調整與外界互動的方式與自我覺察之外，也提醒自己設定新的學習目標。

0

愚者 　占星對應▶**天王星**　　屬性▶**風元素**

靈數能量 0

桂冠葉與紅羽毛
桂冠葉象徵成功勝利。紅羽毛是追求新鮮事物的渴望。

太陽
照亮前方道路，象徵愚者前途光明。

黃色的背景
自信、充滿希望。

仰望天空
天真無懼、不在乎。

權杖
力量與武器，在此卻用來撐著行囊，象徵愚者的隨興與跳脫常規的態度。

花色的破衣服
不在意形象與外在名利。綻放的牽牛花意味著短暫的美麗。

行囊
沒太多包袱，表示不需太多準備。

白玫瑰
天真與純潔。輕捻的手勢象徵不知珍惜。

白雪靄靄的山峰
走過的崎嶇道路、人生曾經的歷練。

狗
忠誠、提醒與勸阻。警告愚者前方危險。

懸崖
危險、未知的領域。

愚者的靈數能量 0
跳脫體制、蘊藏潛能、投入過程

———————

　　愚者是 0 號牌，在二十二張大阿爾克納中沒有固定的排序。法國神祕學家吉伯林將愚者排在二十二張大阿爾克納的第一張，同期的神祕學家梅勒（Comte de Mellet）則是在希伯來字母、卡巴拉哲學與二十二張大阿爾克納之間找出對應的關聯性，並將愚者排在審判之後、世界之前，後期也有一說是排在大阿爾克納的最後一張。這些說法並沒有誰對或誰錯，但從愚者在歷史排序的不確定性中，我們可以發現一件有趣的事：它呼應了數字 0 象徵的多變且不可定義。

　　0 這個數字本身就已經跳脫出了「體制」，而跳脫體制意味著它不受到世俗所規範，就像剛出生的小嬰兒，不會因為房間貼著「保持安靜」的告示就忍住哭泣，肚子餓時依然會吵鬧，開心時就會笑。它是我們靈魂最原初的設定，沒有框架，不受世俗影響，更不在意他人眼光。

　　數字 0 加上任意數都會成為任意數，這象徵愚者擁有各種潛能。由於尚未建構出好或壞的二元世界觀，反而更能敞開心胸，接受生命的任何可能性。面對未來的機會與考驗，愚者不會說：「我準備好了！」因為根本不需準備，他會說：「遇到就知道了！」

　　0 就好比宇宙尚未形成之前的「混沌」，混沌裡蘊藏著各種生命潛能等待被創造，但潛能再多都不會自動展現出來，必須經過反覆的行動、體驗、自我修正，長時間下來才有機會淬鍊出成果。愚者憑藉著熱情與潛力驅動一切，只負責告訴你：「想做就去做吧！」但不會告訴你：「你會成功的！」因為結果不是愚者關注的，他在乎的是能否全心投入、享受這趟冒險所帶來的成長。

冒險精神、隨心所欲、自在流浪

　　愚者帶著輕巧的行囊展開冒險。身穿花色的破衣服讓他看起來像個小丑，但愚者不在意，與其在意他人的眼光，不如把焦點放在旅途中美好的人事物，如同手上的白玫瑰，以及眼前的未知旅途。

　　不顧小白狗的勸阻，愚者一意孤行地往前走，縱使前方是懸崖，從他的表情也看不見任何恐懼。難道他不怕危險嗎？不怕摔死嗎？或許愚者根本就不知道什麼是危險，甚至連死是什麼都不曉得。常常就是因為這份「無知」，我們才願意去冒險，卻也因為承認了自己的無知，才能讓經驗與智慧湧進生命。「傻人有傻福，天公疼憨人」就是指愚者的無知與傻勁，讓周圍的人從他身上感受到單純、真誠且開放的特質，因此願意給他機會。

　　在占卜上，愚者與自由、冒險、流浪、有趣的人事物有關。大多數的決策，愚者都很支持我們去行動、順著感覺走。在工作發展上，愚者會帶來全新的領域、職務改變，或是學習成長的機會；在感情問題裡，愚者的愛情觀是享受當下而敞開的，卻不帶有承諾與責任。就如同愚者輕捻著白玫瑰，擁有著美麗，卻不懂得珍惜與守護，畢竟珍惜與守護會帶來責任，而他並沒有想要為誰負責。可想而知，若我們問的是「需要穩定下來」的決策，如考試、投資、合作或婚姻是否順利等，就不是愚者能夠承諾的了，並不是說結果不好，只是提醒當事人：是否準備好要穩定下來了呢？求得穩定的首要犧牲就是自由，若你還渴望著隨心所欲、無拘無束的生活，「安穩」二字就無法進入你的生命。

　　靈數 0 就像一顆蛋，愚者象徵我們即將破蛋而出，準備認識這個世界，而在蛋裡面的生命不會擔心誕生之後會不會遭遇危險。靈數 0 也像一顆種子，愚者象徵即將發芽，種子在發芽時也不會害怕是否將面臨風吹雨打。我們只是如實地成長、綻放，接收生命即將帶給我們的養分，體驗這個過程。

危險、魯莽、受限

逆位的愚者意味著忽略了早已認知到的危險，堅持一意孤行，導致摔傷或失敗。或為了反抗某種體制與限制，卻讓自己身陷危險。正位的無知是可愛的、單純的，逆位的無知就成了魯莽與愚笨。他可能會大聲主張：「只要我喜歡，有什麼不可以？」滿足了當下的衝動，卻傷害了未來的自己。

問題		正位參考解析
工作	工作發展	賺的不是錢，而是歷練。接受改變，嘗試不同的學習。找到初衷與熱忱，不預設期待，反而收穫良多。
	求職運	熱情與機會成正比。潛力無窮，興趣成就一切。天真、單純是最大的武器。避免太穩定規律的工作性質。
感情	關係發展	穩定性不明確，有人還沒有打算定下來。適合沒有壓力的戀愛關係，把握當下，享受愛情帶來的美好。
	桃花運	有桃花，但多是不輕易承諾的玩伴（自己的玩心也重），相處起來開心愉快、輕鬆歡樂。不期不待，不受傷害。

問題		逆位參考解析
工作	工作發展	可能被視為「不受教」的。需提升危機意識，認清自己的位置與能力，並穩紮穩打。逃避責任反而是危險的。
	求職運	太過安逸放鬆、貪圖享樂，需要更積極。找工作以現實為考量，而非興趣，請正視自己的需要，而非喜好。
感情	關係發展	渴望回到單身的自在，卻不願意處理現有關係的問題，害怕嚴肅討論，以至於忽冷忽熱，讓人捉摸不定。
	桃花運	不敢冒險，也不願敞開心胸，以致桃花受阻。渴望被愛，卻消極被動，害怕被騙或被外界否定、嘲笑，否定真實的感情。

I

魔術師　　占星對應▶水星　　屬性▶風元素

靈數能量 1

無限大符號
沒有極限與終點，象徵生生不息、永恆。

權杖
權杖連接天地，象徵把不同的事物連結、彙整的能力。

紅色的披風
活力與熱情。達成使命的熱情與意願。

白色的長袍
純潔、任何可能性。

盛開的百合與紅玫瑰
紅玫瑰象徵生命，百合代表死亡。花朵盛開的情境象徵生命的豐富。

手臂
右手朝上，而左手朝下：右手接收，左手傳遞，是天與地的橋樑、上天與人類間溝通的使者。

銜尾蛇
代表自我摧毀與轉化再生。在煉金術中象徵無限循環。

祭壇上的四元素
權杖—行動的意願，寶劍—表達的智慧，聖杯—情感的流動，錢幣—物質的運用。

魔術師的靈數能量 1
展現潛能、專注目標、確立「我是誰」

    魔術師是 1 號牌，若不算愚者，魔術師是第一張大阿爾克納。1 數是起始，任何新的計畫、新的思維、新的生活等所有「新」的人事物，皆由魔術師拉開序幕。在我們身體裡的「潛能」終於能轉化為「現實」，憑藉的就是靈數 1 的專注、行動與創造力，因此魔術師鼓勵我們大膽展現自己擅長的、擁有的，積極創造你渴望的生命，成為獨一無二的存在。

    靈數 1 的能量不會隱藏自己的才華：一副好的音嗓，靈數 1 會大方展現在歌藝或演說，不會只是跟朋友唱歌而已；如果有好的文筆，靈數 1 會落實在文字工作或文學創作，不會只是寫日記給自己看；有好的廚藝，靈數 1 會開創餐飲業或出版食譜書，不會只是做菜給自己吃。1 數的能量是外放的、鮮明的，如果有展現才華的機會，魔術師絕不低調。

    靈數 1 也象徵「無中生有」的創造力，魔術師已萬事俱備──手上的權杖、祭壇上的四元素、盛開的花草，全都是他可以運用的資源，但在展現才華前，靈數 1 必須先定義「我是誰」。有了「我是」的明確定義，魔術師才能專注在目標，知道要創造什麼。若少了這一層自我定義，魔術師光有資源卻不知如何運用，就只能聽命他人的指揮。

    前文所提有關靈數 1 的人格特質，幾乎能套用在魔術師身上，他們有創意、特立獨行、能將想法落實，享受個人舞臺更勝於與人合作。靈數 1 的陽性能量在魔術師身上表露無遺：明亮、活力、綻放、自信、創造與生生不息。但靈數 1 的自信不是由外界的掌聲累積來的，而是他對自己全然地相信：我是什麼，就會創造出什麼。

創造力、自信表達、信念實現

魔術師是最受歡迎的塔羅牌之一。抽到魔術師，代表此時有任何想法或計畫都值得付諸行動。相較於愚者的虛無飄渺與不穩定性，我們在魔術師獲得了更肯定的答案。同一個問題，愚者會跟你說：「好啊，去試試看吧！」但魔術師的回答則會是：「是的！現在就去做！」

魔術師是1號牌，1數富有強大的自信，對自己做的每件事都是絕對肯定的，不需獲得他人認可。1數也象徵行動與創造之始，魔術師有豐富的資源，能恣意展現他的創造天賦，祭壇上的權杖、聖杯、寶劍與錢幣，代表建構自主生命的四大要件：行動、情感、心智與身體。魔術師是創造生命的人，懂得整合現有資源（在占卜上通常是指過去經驗、人格特質、人脈與環境），專注創造出自己要的結果。魔術師也提醒我們：信念是你我最珍貴的內在資源，信念是什麼，就會創造什麼樣的生活。我們可以透過檢視現有的生活、事業與感情關係，去看見自己正在用什麼樣的信念創造生命。

魔術師也是訊息的傳遞者，高舉的權杖是連接天與地、靈性與世俗之間的橋梁，將整理過的資訊與想法清楚傳達給外界，造就他們有清晰的思維與良好的表達能力，因此魔術師也擅長「表達」相關的工作，如媒體業、講師或作家。積極的個性也讓他們在業務開發、需要業績的工作上展現無窮潛力。

魔術師的自信、表達與創造力，讓他成為一個極富魅力的人。他們對目標的專注與熱情，很容易為他們帶來桃花。但在愛情裡，他們不是能夠給另一半安全感的伴侶，因為魔術師的能量是用在創造與開發，而不是穩定與維持，他們可能在關係確定之後就很快地失去熱情。魔術師的感情需要建立在共同的人生目標，例如兩人是工作上的夥伴，或有共同的愛好，能一起學習、鑽研、交流與成長，否則停滯、平淡的感情生活很快就會讓魔術師感到乏味。

譁眾取寵、分心、欺騙

逆位的魔術師不再專注於自己的目標,而會被外界影響,從一個主動創造生命的人變成回應他人生命的人。他看不見自己能創造什麼,只看見自己能從外界獲得什麼。這時的魔術師不相信生命是自己創造出來的,而把生命的主導權與責任丟給他人,也不再直率坦誠,甚至會透過欺瞞來達到目標。

問題		正位參考解析
工作	工作發展	嘗試新的方法,接受新挑戰。專注,並爭取新機會,未來將會有更大的舞臺能發揮。這是積極表現、學習的最佳時機。
	求職運	設定目標,大膽表現自我,侃侃而談,尤其適合業務、寫作、表演、行銷、媒體相關工作,亦適合創業、轉換跑道。
感情	關係發展	發展順利,可嘗試別於以往的相處模式,培養共同興趣,計畫共同目標,為關係帶來改變。培養創造新鮮感的能力。
	桃花運	展現對談戀愛的積極度,桃花運強。遇到互有好感的對象,表現大方與幽默感能讓感情升溫。能否聊得來最重要。

問題		逆位參考解析
工作	工作發展	想做的太多,但資源太少,因此只做到表面工夫。或一味跟著潮流走,而忘了自己適合什麼,一直在做沒有效率的事。
	求職運	缺乏自信或準備的方向有誤,導致面試時亂了陣腳。最重要的是對設定的目標不夠堅定,需要多參考他人給的方向。
感情	關係發展	缺乏新鮮感、情緒與刺激,兩人也沒有共同目標來維持彼此間的火花,開始為一成不變感到厭倦。
	桃花運	可能會遇到有魅力卻不願穩定下來的對象,要小心花言巧語,滿口是愛卻不承諾,對方可能光說不練,或有所隱瞞。

II

女教皇　　占星對應▶月亮　　屬性▶水元素

靈數能量 2

黑白雙柱
J（Jachin）是陽性之柱，B（Boaz）是陰性之柱，
是來自耶路撒冷聖殿之柱，象徵「二元對立」，
男女、陰陽、是非、善惡、理性與感性等。

頭冠
上弦月、滿月、下弦
月，象徵過人的直
覺，也是埃及女神伊
西斯（Isis）的頭冠。

藍色的長袍
理智、冷靜的外在。

Torah 卷軸
律法、知識、真理。
捲起的卷軸與被蓋住
的字母「H」，象徵
其中的意涵只有女教
皇知道（Torah 是猶
太教律法）。

帷幕的石榴與棕櫚
石榴是陰，也象徵子
宮；棕櫚是陽，如男
性生殖器官。在這指
對情感的渴望。

十字架
陰陽的調和，在心輪
的位置，象徵女教皇
敞開心胸，融合二元
對立。

帷幕後藏海洋
藏在背後的情緒、情
感、潛意識。

腳邊的月亮
代表被動的、感性、
想像力，卻被藍色長
袍蓋住，意味被壓抑
的潛意識。

女教皇的靈數能量 2
二元思維、平衡、觀察

　　女教皇是 2 號牌，是陰性能量的體現，也是大阿爾克納第一張出現明確性別的牌。愚者與魔術師並沒有明確的性別定義，而女教皇是女性，從此開始有了角色的性別劃分，別具意義，象徵世界的「二元性」自靈數 2 的階段展開。靈數 1 的魔術師先是創造了世間萬物，到了女教皇負責分辨世間一切的好壞、是非、善惡，包括陰與陽、剛與柔、理性與感性等的人格面具。

　　羅馬數字「II」是兩個 I 的結合，象徵兩個靈魂、對立面合而為一。女教皇融合了直覺與理性、精神與頭腦，二元思維並非只是為了批判或排除錯與惡，而是能看見凡事都有一體兩面。如果你找女教皇談心，不要期待她會站在你這邊、說你想聽的話，但她能提出不同的觀點，引導你將問題看得更透徹。位居黑白雙柱中間，象徵女教皇不傾向其中一邊，而是去「平衡」兩極之間的能量，因為她非常清楚二元的兩端都無法獨立存在，就像我們的個性不會只有光明而沒有黑暗、只有理性而沒有感性，世界更不會只有好人而沒有壞人。女教皇很清楚，如果要活得完整，就得接受二元的能量同存於我們心中。

　　靈數 2 的能量別於靈數 1 的大鳴大放，女教皇懂得觀察情勢，即使看透一切，也不輕舉妄動，掌握了他人的祕密，也不會張揚。外在世界再紛擾，女教皇也能獨善其身，稱職扮演細膩沉著的觀察者。有時我們會感覺到女教皇的冷漠，那是因為她必須非常客觀、中立地幫助我們釐清問題，幫助我們在社會各種不同的期許與情緒的波瀾中，找到屬於自己的「內在真相」。

　　靈數 1 到 2，是從放到收的進程，魔術師把他擁有的一切毫不保留地展露出去，女教皇則把所有感受與知識完全納進自己的心與腦。在這個時候，不需急著回應外界，不妨先停止行動，問問內心真實的想法，待情緒整理、消化。我們內在都有一個女教皇會引導我們找到「心的方向」。

智慧、覺察、內在的聲音

在女教皇的階段，我們得學習無為的智慧。唯有停止行動，才有時間與機會聽見內在的聲音。相較於魔術師的光明與積極，女教皇的幽暗與消極就顯得不被歡迎。在這急於回應外界需求的社會，女教皇的消極、回歸心靈常常與不事生產畫上等號，但女教皇的價值從來不在於外在作為，而是她能夠「認識內在」。這也意味著我們得允許自己不把追逐功名成就視為第一要務，才能展開內在探索與發展靈性的旅程。

女教皇提醒我們以向內覺察取代向外創造。向內覺察意味著培養「問自己為什麼」的能力，此時你需要的不是一個幫你出主意的人，而是一個能對你提出疑問、幫助你釐清思路的人，更有可能你自己就具有這樣的能力，只是不知道如何運用。尋求心理諮商或找一位治療師會很有幫助，也能透過靜心、冥想來放下理性，傾聽直覺。女教皇常在我們急著想做決定的時候出現，是靈性在提醒我們「暫緩」與「沉澱」，但並不是全然否定我們的想法，只是我們需要聽見內在最真實的聲音，挖掘出任何行為背後的真正動機。

整張牌中，顏色最繽紛之處是女教皇身後的帷幕，象徵藏在背後的熱情、對愛的渴望。意指這位冰山美人的心裡蘊藏著充沛的情感，但她是情感上的處女，不知該如何表達愛意，更別說是表達對性的渴望。因此當問卜者問的是感情相關的問題，女教皇顯示出當事人的壓抑與矜持。

也因為女教皇擁有高度的智慧與觀察力，如同她手中的卷軸蘊藏著豐富的知識與律法，當占卜的問題與學業、研究或考試相關，抽到女教皇是非常有利的。在工作上，女教皇象徵著穩定，卻也意味著當事人需要在自己的專業上更精進、展現細微的觀察力與耐心，以及臨危不亂的沉著度，此時不適合像魔術師一樣高調展現自我，反而應該低調行事，更能讓人看見你的成熟穩重。

膚淺、表面、批判

　　逆位的女教皇背棄了自己的直覺與智慧。她可能離開座位，開始行動，投入人際互動，但未經思考讓她變得膚淺，也被傳統的社會價值影響判斷，讓她失去中心思想。她不再平衡內心的二元，開始對外批判，譴責她認為的惡與非，不願探究更深的意義，更不願承認自己內心的黑暗。

正

問題		正位參考解析
工作	工作發展	發展穩定。展現出理智冷靜的特質，不被他人影響步調。這階段要鍛鍊內心的沉著與平靜，默默觀察，三思而後行。
	求職運	不適合「外向」的工作，適合從事公職、諮商、品管等需透過考試或專業度高的工作。
感情	關係發展	關係穩定，但趨於平淡，雙方都不知道如何表達愛與內心真實的感受，或相處模式宛如柏拉圖式的戀愛。
	桃花運	單戀的可能性高，也因為害怕受傷而不敢示好。太過被動，導致對方對你印象不深。你可能會喜歡上不想談戀愛的人。

逆

問題		逆位參考解析
工作	工作發展	情緒起伏影響工作表現，可能會把私事帶到辦公室裡，導致容易出錯，或把焦點放在批判他人的失誤，而非自我反省。
	求職運	會以感覺、喜好來找工作，而非取決於能力或需要，導致求職受挫。可能自尊心太強，無法接受能力被懷疑。
感情	關係發展	因過度在意伴侶的感受，因此放大對方的一言一行。神經質與焦慮的個性可能會讓伴侶感到壓力。
	桃花運	不甘寂寞而不斷認識人，或容易被溫情呵護打動，但可能在不夠瞭解彼此的狀況下就急著投入關係，因此帶來失望。

III

女帝

占星對應▶**金星**　　屬性▶**風元素**

靈數能量 3

十二顆六芒星皇冠
六芒星意味陰性與陽性融合，以及十二星座特質。

球形權杖
球形象徵地球，意味著女帝擁有掌握生命萬物的能力，懂得落實，並擁有成就。

橘紅色的靠枕
熱情、生命力、徹底放鬆、享受生活。

金星符號
對應維納斯女神。象徵著愛與美、女性魅力、愛情與美好的人事物，因愛而付出，享受愛與性的歡愉。

森林與水流
流動的生命力。在自然中享受。在此也指出女帝是大地之母。

有果實的寬鬆長袍
果實象徵多產。身穿寬鬆的衣服代表輕鬆舒適的生活態度。

麥穗
生機、生產、豐收，代表物質與金錢上的富足，也象徵計畫執行順利、時機已經成熟，可以收成了。

女帝的靈數能量 3
分享、社會化、享受美好

　　女帝是 3 號牌，與靈數 2 擁有截然不同的能量，是放鬆、樂觀、喜歡與人分享的，這樣的女帝顯得更平和且容易親近，懂得在人際關係中創造喜悅的能量、體驗生命的美好。這是靈數 3 最成熟的狀態，忠於自我，不會讓自己太過勞累，知道什麼時候該善待自己、照顧好身心靈。女帝懂得享受，但不放縱；外向，但不魯莽；給予愛，但不委屈犧牲。

　　靈數 3 開始強調與「群體」的關係，也就是社會化的開始。靈數 1 展現的一切都只關乎自己，靈數 2 開始觀察我之外的人事物，而靈數 3 則開始將自己融入群體。這裡的群體涵蓋家庭、職場、人際圈到整個社會。我們可以想像，一個人越能夠在眾多群體生活中如魚得水，就象徵他越懂得適應社群，懂得拿捏人我之間的親疏遠近，懂得禮數與人情世故，這些是每個人都需經歷的社會化過程。

　　靈數 3 的人格特質幾乎能套用在女帝身上：圓滑、熱情、大方、享受表達、品味生活的美好。可以想見，女帝對「美」是堅持的，有些女帝會把美體現在外表，穿戴講究有品味；有些女帝會強調經營內在的美麗；有些則會展現在對藝術的天賦或鑑賞能力。對女帝來說，任何光明的、充滿生命力的一切都是美的，和樂融融的家庭與工作氣氛、陽光普照的一天、精心烹調的美食、與三五好友共享大餐、歡愉的約會或性愛……全都是生命之美。

　　女帝享受著大地的豐饒、生命的美好，也勢必會珍惜、善待她身處的環境。她分享自己擁有的一切，包括她的愛，任何人只要敞開心胸接受她的分享，女帝便能獲得滿足。如同我們分享自己的擁有給予家人或愛人，當他們接受的同時，我們在那當下便獲得了「分享」的滿足。人與人之間透過純粹的分享而建立起的情誼，取代對彼此的期待與索求，是靈數 3 最嚮往的人我關係。

愛、孕育、敞開

　　女帝也是受歡迎的一張牌，和魔術師一樣具有創造力，又掌握了女教皇的智慧，懂得傾聽內在的聲音。女教皇象徵的是女性原型，是陰性能量的陰性展現：收斂、神祕、聖潔的面向；但女帝象徵的則是「母性原型」，是陰性能量的陽性展現：溫暖、照顧與愛，是世代傳承下來集體認同的母性形象。

　　女帝坐在心形的石椅上舉起權杖，彷彿施了魔法，為周圍的環境注入活力，同時孕育出無數的生命。她是大地之母，孕育出的萬物都是她的天下，但她不會把一切都視為己有，而是讓每個生命都成為自己的如其所是。女帝要告訴我們的是：生命的豐富與美好不在於我們能掌控、獲得多少，而是能否以敞開的心胸允許每個生命以獨一無二的姿態綻放。女帝是我們內在最渴望的母性原型，滋養孩子長大，允許孩子分離，讓孩子以自己的方式發展，而不輕易將自身的期待與匱乏加諸在孩子身上。

　　在女帝身上，我們看到靈數 3 更為高階的發展：愛無所求。但什麼樣的人格特質能夠做到這一點？女帝之所以能純粹地給予愛，是因為她有高度的自我價值，不會為了滿足所愛之人而犧牲自我，也不會為了顧全大局而委曲求全。她非常清楚自己在當下能給什麼、不能給什麼。如果你的需求超出她的能力所及，她會溫柔地拒絕你：「我想你一定很難過，但我現在無法用言語安慰你，讓我為你盛一碗熱湯好嗎？」

　　女帝追求的不是功名成就，即使她看似擁有一切。她能夠欣賞每個人的獨一無二，並接納萬物，愛人的同時，也愛著自己。這張牌帶來的往往是一段充滿愛與歡笑的關係，或是放鬆愜意的工作場合、一段能享受生活的珍貴時刻。女帝是母性的原型，也是少數幾張象徵懷孕生子的牌，讓身體與心靈都放鬆下來，空出一些時間、空間去迎接新生命的到來。

任性、以愛之名、放縱

逆位的女帝不再輕易給予，從正位的因愛付出，變成為了擁有愛而付出。自我價值低落，渴望付出的一切能被認同或感謝，也可能以愛之名向他人情緒勒索。這時的女帝可能只重視欲望的滿足，變得濫權、任性，認為自己有絕對的理由可以揮霍、放縱，或一味耽溺於感官享樂，過於懶惰。

正

問題		正位參考解析
工作	工作發展	發展穩定，需要花時間與同事經營關係。女性主管緣較強，也容易被照顧，在這裡做人比做事更重要。
	求職運	以大方、熱情的態度爭取機會。跟美、藝術、吃喝玩樂有關的工作尤佳。滿意公司的待遇與福利，工作需要多與人互動。
感情	關係發展	充滿熱戀的感覺，充滿愛、舒適、穩定，享受付出的過程。共同享樂有助感情發展，也可考慮孕育新生命。
	桃花運	桃花運強，多打扮有助魅力提升。多展現熱情、健談、照顧他人的一面，容易在社交場合中遇到喜歡的類型。

逆

問題		逆位參考解析
工作	工作發展	只想輕鬆偷閒，做事態度慵懶。可能在一個不適合自己發展的環境，也不願委屈自己從中學習成長。
	求職運	並未積極找工作，或是面試態度隨興、太放鬆。只想找自己有興趣、有熱情的工作，對於到來的機會東挑西揀。
感情	關係發展	付出、分享過多，但伴侶不見得需要，因此感到犧牲、委屈或熱臉貼冷屁股，可能會因此對伴侶發怒或變得極為冷漠。
	桃花運	吸引來的多是重視感官享樂的玩伴，而不願踏入穩定關係。只想享受關係的美好與自在，但拒絕被要求與期待。

IV

皇帝

占星對應▶**白羊座**　　屬性▶**火元素**

靈數能量 4

牡羊頭
對應白羊座，富有衝勁，行動
力強，積極有野心。

皇冠
皇冠上鑲有藍寶石與
紅寶石，象徵著富裕
與尊貴。

鬍子
歷練累積，也代表不
善溝通、不輕易表達
真實感受。

眼神往右
注意著外界的變化，
提防著他人的入侵。

右手持權杖（安卡）
古埃及的符號，象徵
生命、力量與健康。

紅色披肩與長袍
同魔術師象徵熱情與
生命力，在這裡更是
使命與責任。

山谷與流水
光禿禿的山谷象徵現
實險峻，流水象徵缺
乏情感的滋潤。

王權寶球
寶球象徵物質世界，
手握寶球代表支配的
權力。

石頭寶座
冰冷堅硬。不舒適。
緊繃，無法放鬆。

鐵靴
時時處於備戰狀態，防禦心強，隨
時可出征。

皇帝的靈數能量 4
務實、保護、穩固根基

皇帝是 4 號牌，和靈數 3 一樣，都是強調社會化的數字。靈數 3 重視的是該如何融入社會，但靈數 4 重視的是「我如何能在社會中生存」；靈數 3 在意的是人的情緒感受，但靈數 4 在意的是人的「現實需求」；靈數 3 擅長處理人情，靈數 4 擅長處理「事情」。皇帝的焦點放在：我該怎麼把事情做好？我的能力能為我帶來多少收穫？我的資源能否滿足愛人與家人的需求？

靈數 4 是務實的。在皇帝的眼中，內在就算有再豐富的感受、再多的潛力，若無法轉換成外在的能力來處理現實生活的問題，那都是沒有用的。皇帝必須理性地去區分什麼有用、什麼沒有用，或是思考如何將沒有價值的想像力轉化成有價值的思考。出自於對生存的焦慮，靈數 4 懂得觀察現在「擁有」什麼會是最安全的，通常是錢、穩定的工作、專業或成就。他會鞭策自我，獲得能夠被社會需要的能力。「如果無法成為一個有用的人，就等著被社會淘汰。」是皇帝常會說的話。

靈數 4 認為靈數 3 的感性是不可相信的，依靠情感會讓人變得脆弱，必須抓住外界的資源才能活得安穩，才有力量能保護自己所珍視的人事物。皇帝追求的是看得到、摸得到、能確切掌握在手中的擁有感，沒有一隻手是空閒的，雙手都握有權勢的象徵。皇帝要一切都在掌控與計畫之內，從工作流程到合作細節，日常生活乃至家人與伴侶的需求，都得全盤掌握。

一個成熟的皇帝絕不會在不瞭解敵人之前就衝出去打仗，他會保護家人、團隊與領土，但不莽撞行事害自己失去擁有的一切。若追求的是安穩體面的生活，就先得沉住性子，在社會上磨練，累積實力，直到有足夠的金錢、地位與專業，就有資本能做自己想做的事，也沒有人能夠欺負他或看不起他。靈數 4 教我們的是看重自己所擁有的人事物，並累積足夠的力量來保護他們。

權威、紀律、責任

　　皇帝是「父性的原型」。女帝教我們愛與被愛、享受生活、在最放鬆的狀態才能如實做自己；但皇帝卻用厚重的盔甲掩蓋自我，因為在社會體制中，太忠於自己、凸顯自我經常會造成他人的麻煩，是任性的、自私的，而皇帝是重視紀律的人，如果要在社會上生存，就得懂得適應這個社會的生存法則。

　　靈數 4 渴求安全感的特質反映在皇帝身上，他喜歡的工作環境必須有明確的制度、教育訓練、權責分工，任何清楚的「規則」都會讓他感到安心。皇帝也會自行建立工作秩序，透過歸納分析釐清任務的輕重緩急，從混亂中整理出人人都能遵從的標準作業流程。他習慣在固定的時間做固定的事，從工作到日常生活都有既定的行程表，或許重覆作業在他人眼中是乏味的，但皇帝知道此乃奠定基礎、累積專業、獲得權威並成為領導者的必經過程。皇帝認為有權威才有影響力，說出來的話才有人願意聽，願意跟隨他的腳步一起前進。

　　女帝創造的是令人放鬆、愉快的環境，而皇帝營造的環境則充滿紀律與責任，是有壓力、受局限且不舒適的，因為人一旦舒適了就會安逸、失去戰鬥力，沒有戰鬥力就無法生存。要成為作家，每天就要有萬字產出；要成為頂尖業務，每天至少要拜訪百名客戶；皇帝鞭策自己，也會鞭策身邊的人，為的是不讓夥伴成為拖累他的絆腳石，他時時刻刻都在累積力量與資源，警惕自己缺乏什麼、要為將來準備什麼。在外人看來，把自己貢獻給社會與事業的皇帝是不快樂的，但皇帝認為，能在社會的遊戲規則下懂得自律與掌控，才有資格擁有快樂。

　　事業、成就、財富與權威是皇帝的目標，所以要務實計畫，要戒慎恐懼，要步步為營累積力量。皇帝好像沒有停下來的一天，容易感覺到匱乏、被侵略，因此無時無刻都在思考如何更強大。縱使皇帝在事業上無往不利，但在感情上卻顯得太過專制，缺乏柔軟與溝通的彈性，這往往是他們的致命傷。

專制、濫權、見利忘義

逆位的皇帝不再讓人信服。他濫用權力達到目標，沒有足夠的經驗，也缺乏嚴謹的組織能力，空有頭銜，變得只會虛張聲勢，破綻百出。他也可能哪邊有利益就往哪邊去，被人形容忘恩負義。有時也象徵當事人抗拒這個位置的重責大任，只想做簡單的工作，拒絕承認他的影響力。

正

問題		正位參考解析
工作	工作發展	工作運強。被賦予重責大任，有升官加薪的機會。過程辛苦，但是值得，讓人看到你的認真投入與企圖心。
	求職運	求職運好，能找到合適且長久的工作。多強調能為公司帶來的產值。工作是為了賺錢、成就自我，而非只圖穩定生活。
感情	關係發展	穩定，但僵化，缺乏柔性溝通，被慣性支配，責任多於愛情。能在事業上有所交集則會更密切，或有一方願意支持輔佐。
	桃花運	積極追求、展現對關係的承諾與責任感，有機會進入穩定關係，但當事人或許著重在工作發展，對感情經營相對被動。

逆

問題		逆位參考解析
工作	工作發展	太心急求表現，有可能根基不穩就想做大事，但能力不足、應變能力不夠，備受質疑。需要多花時間沉潛，並低調學習。
	求職運	缺乏進取心，拒絕競爭性太強的工作環境。只想找一份可以餬口的工作，讓人覺得沒有活力。
感情	關係發展	可能是讓人備感壓力的感情關係，像是在跟老闆相處，而不像談戀愛。也可能是虛有其表的門當戶對，缺少真情交流。
	桃花運	無心追求感情，把時間都放在事業或賺錢。或是設定對象的條件像是在找員工而非伴侶，讓人望之卻步。

V

教皇

占星對應▶**金牛座**　　屬性▶**土元素**

靈數能量 5

三重冕與白垂帶
「3」代表身心靈合一，具有精神性與崇高的理想。白垂帶遮住耳朵，使之不受外界干擾。

柱子刻紋
金牛座符號，也有說法是女性的子宮。象徵陰性能量的接收。

手勢
接收神的意旨。靈性的成長。象徵以強大的精神力傳遞祝福。

法杖
物質、精神與道德，三方面的落實。宗教信仰的權威。

十字架
融合精神與現實。

紅袍
生命力與使命感。

寶座
神聖莊嚴的殿堂，用來舉行儀式、教會活動，或是婚禮。

兩名信眾
迷途。玫瑰花紋的信眾代表求知若渴，右邊百合花紋的信眾代表虛心若愚，禿頭則象徵現實的壓力。

THE HIEROPHANT

鑰匙（教宗牧徽）
開啟外在世界與內在的大門。一把開啟人生智慧，一把開啟宇宙奧義。

教皇的靈數能量 5
內在的成長、教學、認識自己

教皇是 5 號牌。靈數 5 是強調自由的數字，但教皇強調的卻是順服於體制，並在體制中學習成長。每一個靈數所對應的大阿爾克納都是當事人的功課，當靈數 5 的人停止追尋外在的自由，願意向內探索，會發現真正的自由不是表面的無拘無束，而是擁有不被他人影響的瞭然於心。靈數 5 最終追求的精神自由，讓他成為了能傳道授業的教皇，受世俗枷鎖而煩擾的人們，也將教皇視為心靈導師。

靈數 4 強調的是鞏固外在的所有，將個人擁有的金錢、事業與權威視同自我價值；但靈數 5 則是將自我價值建立在個人的修行、品性與充實生命。在教皇眼中，金錢與物質雖然必要，但絕非最重要的，如同《小王子》（*Le Petit Prince*，Antoine de Saint-Exupéry，一九四三年）裡的經典名言：「真正重要的東西，只用眼睛是看不到的。」教皇認為最重要的是我們的內在精神，以及生命種種的體驗與學習。

充實的生命不是一味地追逐外界的美好，而是我們的心願意順服於更高的意志，將所有的悲歡離合與世事變幻視為豐富生命的禮物。如果我們要從任何生命經驗中學到教訓、獲得成長，就得對發生在自己身上的一切說「我願意」，願意接受現況已經不在我們的理解與掌控範圍，也意味著我們接受了自己不是那麼萬能偉大，承認自己的無能為力，才有向他人學習、獲得成長的可能性。

靈數 5 追求做自己，但不瞭解自己之前，就把做自己奉為信條，很容易變成任性。因此，教皇要我們先認識自己，包括未開發的潛力，全都是「自己」的一部分。如果我們把焦點放在「阻礙我做自己的人事物」，就會像圖中的兩位信眾一樣，受盡世俗壓力之苦，因為放眼世俗的一切都是限制與阻礙。教皇支持我們把生命的阻礙視為幫助自己成長、做自己的必經之路。

授予、互助、師長貴人

如果皇帝是嚴父，要我們無條件地融入社會、適應生存法則，在壓力與各式挑戰中形塑自我，那麼教皇就是慈父，教我們的是道德禮儀、如何在社會期待與自己的目標中取得平衡點。皇帝會說：「你要有錢、有權力，才能在社會上生存！」教皇會告訴你：「只要不違背自己的內心、不要犯法，你做什麼都好。」

教皇在馬賽系統塔羅牌原名為「The Pope」，也就是「教宗」，拉丁文原詞為「Papa」，即「父親」之意，而在偉特塔羅牌名為「The Hierophant」，源自古希臘語「ta hiera」和「phainein」兩字的結合，即「聖顯者」之意。這樣的演變淡化了傳統教宗牌指向特定宗教權威的意涵，偉特的教皇更廣大地指向所有神職人員、精神領袖，以及能帶給大眾知識、引導靈性啟發的老師。

教皇重視內在的修養勝過外在的武裝，但無疑也是強調入世、社會化的牌。這張牌是首次出現兩個以上角色的塔羅牌，教皇坐在高位，為下方的兩名信眾指點迷津，呈現「上對下」的關係。因此當教皇出現，通常指出我們需要放低姿態，聽從專業人士、主管或長輩的建議，接受貴人的提拔；有時是我們具備專業知識與經驗可以授予他人。教皇裡的上對下關係建立在雙方都意識到彼此的需要上，是宗教、社群與教學場合裡常見的階級關係：信徒們需要上師的開導、社團或公司需要顧問的意見、學生需要老師的知識。反過來說，無論是神職人員、公司顧問或任何領域的老師，皆需要有能夠授業、解惑、指導的對象，他們的使命才能有落實的機會。這樣的階級關係是建構在互助上，而非單方面的壓迫。

教皇重視傳統與社會關係，當我們徬徨無助的時候，教皇往往會建議我們透過傳統儀式來安定心靈，如拜拜、祭改，或者從事公益活動，在助人的過程中展現心中的美善。在感情中，象徵能幫助彼此心靈成長的良好互動，或是受到長輩祝福的佳偶與傳統的婚姻儀式。

質疑、反抗、先發制人

　　逆位的教皇會問很多「我為什麼不可以」，從自願遵守體制的人，變成了質疑體制者，將他人的協助視為管束，反抗任何形式的權威。他只相信自己的經驗與力量，不相信有誰能為其帶來生命的成長。有時會先發制人，在被看出弱點之前，搶先告訴他人應該要怎麼做。

正

問題		正位參考解析
工作	工作發展	發展穩定，但不利於創新。有貴人相助，也同時是他人的貴人。依循舊有的方式做事，發揮傳統價值，聽取長輩的建言。
	求職運	求職運順利，容易被主管賞識。必須表現出端莊、有禮與重視紀律。如果是教育、文化、以人為本的相關事業更加適合。
感情	關係發展	相處像家人一樣契合，也像是心靈伴侶。比起情人，更像是相知相惜的知己。受到長輩祝福。象徵適合步入婚姻。
	桃花運	是年紀較長的人，可以帶來心靈上的啟發與安全感。或在教學場合相識、長輩介紹牽線，相處越久越有好感。

逆

問題		逆位參考解析
工作	工作發展	當事人可能瞧不起沒能力的主管，導致階級關係不和諧。能突破局限與不合時宜的體制，但也可能被視為眼中釘。
	求職運	透過非正統的管道取得工作機會，可能靠人脈關係通融，但並非真心喜歡這份工作，也要留意自視甚高的態度。
感情	關係發展	兩人交集需建立在共同的責任上，缺乏心靈的交流與默契。也可能承受長輩的壓力，導致無法在關係中親密自在。
	桃花運	不知道自己要什麼感情而不斷嘗試，有可能捲入複雜的感情關係之中。可能需要花錢去相親或透過聯誼才能認識對象。

VI

戀人

占星對應▶**雙子座**　　屬性▶**風元素**

靈數能量 6

大天使拉斐爾
（Raphael）
療癒天使，伊甸園生
命之樹的守護者，協
助療癒，並且健全身
心。紫色的衣服象徵
慈愛與靈性。

知善惡樹
原本有五顆果實，夏
娃已經吃下一顆。象
徵感官世界的開啟，
也是俗稱的禁果。

蛇
象徵智慧，但是對伊
甸園來說是惡魔的入
侵，也象徵外界的誘
惑，以及人類對發展
自主性的渴望。

太陽
有太陽出現，皆象徵
明亮的未來與祝福。

生命之樹
火焰對應十二星座，
也象徵欲望之火。

雲朵
溝通、訊息傳遞、想
法觀念的交流。

遠方的山峰
兩人旅途的終點，需
要長時間一起邁進。
山峰坡度象徵面對未
來考驗所需具備的靈
性成長。

男人與女人
伊甸園的亞當與夏娃。

戀人的靈數能量 6
愛、結合、接納異己

    戀人是 6 號牌，靈數 6 的符號即是六芒星：陽性三角和陰性三角的融合。在這個階段，我們得開始學會與異己相處，對人格特質完全不同的他者給予尊重、理解，甚至愛與承諾。這時我們有機會邂逅與自己互補的伴侶或合作夥伴，因相異而彼此吸引。如果說靈數 2 是用二元論的觀點看待這個世界，即陰陽、對錯、光明與黑暗，靈數 6 則是將這兩極的能量融合，且意識到彼此的不可分割性。靈數 6 提醒我們在愛情與人際關係中，將他人視為自己的一部分。

    靈數 6 的課題是關於「愛自己」。當我們獨處的時候，可以舒服任性地做自己，但愛自己的課題往往是需要透過他人才能完成的，透過與他人的互動、溝通與磨合所激盪出的各種思想與情緒，才讓我們有機會照見自己的另一面，才有機會學習如何愛自己。所以你一定聽過，伴侶關係是一面鏡子，對方展現的都是你不會展現的那一面。

    如果你平常壓抑著自己的自私，那麼你就會吸引自私的伴侶；如果你習慣壓抑自己的憤怒，那麼你的伴侶就會是個愛生氣的人；如果你擅長壓抑自己的情緒起伏，那麼你就會引來情緒表達非常直接的人。靈數 6 的能量不是為了讓生活變得更好，而是「更完整」。因此戀人會帶來一個與我們截然不同的個體，參與我們的人生，完整我們的生命。當我們把自己的某部分隱藏起來，就會由另一個人代替我們表現出來。愛自己，若只是愛你本來就認同的人格特質，是很容易的；但愛自己的困難之處，便是去愛自己不認同的特質。

    尋求認同、排除異己與傷害，那些是頭腦的工作，但靈數 6 的能量在於心，而不是腦，唯有心才能去接納與自己不同的人事物。戀人牌義表面是與異己結合的過程，事實上是「與自己的另一面和好」的旅程。當我們願意與立場不同的人溝通，願意理解與尊重，那便是出於強大的愛，更是對自己的愛。

吸引、合作、對選擇負責任

　　戀人牌圖中呈現的是我們熟知的亞當與夏娃的神話故事。神創造了亞當與夏娃，讓他們在伊甸園快樂地生活，但告誡他們伊甸園中知善惡樹的果實是不能吃的。某日，夏娃受到撒旦化身的蛇誘惑，吃下果實，之後也讓亞當食用，他們便受到了神的懲罰；另有一說，是夏娃吃下了禁果之後，徬徨地望向大天使，亞當則是無助地望向夏娃，而大天使閉上眼睛不予回應，僅為他們祝福。

　　戀人牌與我們認知的戀人有很大的不同。這對戀人沒有擁抱或親吻，反而保持一段距離；這對戀人有各自的課題，夏娃需要面對食用禁果後將遭受的後果，亞當則需面對自身的無能為力。這些一點都不浪漫的未來，卻是戀人牌要凸顯的，邀請我們直視關係裡會有的誘惑，信任問題與距離帶來的不安。在這張牌裡，亞當與夏娃是有距離的，卻沒有誰要離開對方。

　　靈數 6 闡述的是關於愛與結合，但當我們決定與某人邂逅、進入關係或合作之始，往往不是出於愛，更多的是熱情、性吸引力與現實條件。戀人的愛在面臨考驗之際才會出現，如同牌圖中的亞當與夏娃面臨生命的重大轉變：他們將被逐出伊甸園，攜手共度辛勞的人生，也將更加意識到彼此的重要性。通常戀人出現在感情關係時，指出當事人與他的伴侶正面臨人生的抉擇或考驗，透過溝通、尊重與陪伴，在過程中淬鍊出更堅定的愛；在事業上，象徵良好的合作關係，懂得在工作夥伴身上看到自己缺乏的特質，能夠彼此欣賞、學習。

　　感情會有磨合期，工作有適應期，與主管溝通也需要培養默契，戀人帶我們走進這些生命階段，也教我們懂得為自己的選擇負起責任。無論是伴侶、工作或生活模式，都是自己選擇的，無論好壞，都得接受每個選擇帶來的任何發展與學習。漸漸地，你會發現自我認知越來越多，能責怪的人越來越少，這就是戀人帶給我們的成長。

誘惑、比較、失和

　　逆位的戀人被外在的刺激誘惑，不再將重心放在原有的關係中。他們可能拒絕面對感情關係會經歷的波動與磨合，不願站在對方的角度思考，以至於放棄溝通，開始冷戰或產生爭執。無論是愛情或工作，逆位戀人意味著常常觀望是否有其他更好的選擇，心始終定不下來，因為猶豫不決而錯過，或決定之後又反悔。

正

問題		正位參考解析
工作	工作發展	工作面臨選擇，但都帶來不同的成長，無關好壞。有合夥、合作的機會。需要與人配合，從他人身上學習自己沒有的。
	求職運	選擇機會多，也能靠人脈找到工作。需要慎選，確定志向，並展現穩定度與責任感，否則容易給人善變的印象。
感情	關係發展	面臨重要的發展或考驗，但能攜手度過難關，需將承諾與責任帶進關係中。兩人可能將進入磨合期，要學會包容與接受。
	桃花運	桃花運強，舉手投足都充滿魅力，亦可透過朋友介紹。需注意自身心性是否穩定踏實，避免太過浪漫與理想化的愛情。

逆

問題		逆位參考解析
工作	工作發展	常感覺到孤立無援，難以融入職場人際關係。也可能是因為個人意識太過強烈，不懂換位思考，導致溝通與合作受阻。
	求職運	每個工作都可以嘗試，但都沒有最想做的。求職方向太廣又不切實際。害怕選擇，且給自己太多退路。
感情	關係發展	留意因爭執而導致變心，或有第三者介入的可能。太過渴望改變對方，或兩人想要的相處模式不一樣。
	桃花運	桃花多，但選擇困難，當事人還沒準備好步入穩定關係，覺得每個選擇都不夠好。也要注意介入他人感情的可能。

VII

戰車

占星對應▶**巨蟹座**　　屬性▶**水元素**

靈數能量 7

**八芒星皇冠與
桂冠葉**
八芒星象徵太陽、目
標。桂冠葉象徵成
功。

護胸甲
神諭的保護。傳說護
胸甲裡面有十二顆被
賦予不同部落力量的
寶石，象徵戰士的保
護性。

鷹翅太陽圓盤
為埃及統治之神的符
號。

**林伽與約尼
（Lingam and
Yoni）**
印度神祇符號，象徵
陰陽調和。

星星的布幕
投射出理想、光明的
前景。

月牙肩甲
一邊是笑臉，一邊是
哭臉，象徵戰士須能
控制情緒，偉特認為
是烏陵與土明（Urim
and Thummim），
最早古代祭司用以知
曉天意的占卜工具。

方形
土元素的象徵，追求
穩定的物質。

城堡與河流
遠離家園出征，也象
徵戰士的堅定決心。

人面獅身
不同方向與顏色，象徵需要透過意志力駕馭
方向，也是埃及神話「斯芬克斯的謎語」，
寓意須瞭解生命的法則，才能駕馭牠們。

戰車的靈數能量 7
思考、多慮、懷疑

———————

　　戰車是靈數 7 的能量。靈數 6 教我們用心，接納不同，焦點放在與他人的關係；靈數 7 則教我們用腦，把力量收回到自己身上，設定目標，評估資源與能力，焦點放在「與自己的關係」。許多人認為戰車一旦確定目標就會衝鋒陷陣，甚至是有勇無謀的，但靈數 7 具有理性與多思慮的特質，讓戰車不會只顧衝刺，更懂得留意自己的每一步是否走在正確的道路上。

　　戰車從愚者還是初生之犢開始，踏上了魔術師到戀人的旅程，是時候將一路以來的體驗與學習統合運用，開始闖出屬於自己的成功之道。儘管許多占卜師將戰車詮釋為英勇殺敵的武將，但更多時候靈數 7 是將力量運用在找尋生命的目標與答案。他離開靈數 3（女帝）的舒適圈與靈數 4（皇帝）的物質支配，宛如剛出社會的年輕人，離鄉背井另闢天地，建構自己的生存法則。

　　靈數 4 的皇帝教我們要成功就要累積財富地位、獲得社會認可的一切，靈數 7 的戰車彷彿在問：「成功難道只有單一標準嗎？」但這時的戰車只是存疑，尚未有答案，他必須透過行動，在反覆的希望與挫折中壯大意志力，力圖證明成功之道不是有權有勢的人說了算。

　　戰車因為靈數 7 的關係，收斂了衝勁與攻擊性。靈數 7 好思考，而思考與懷疑恰是相伴而生，他對事懷疑，對人也懷疑：「這是正確的道路嗎？這方法是有用的嗎？」或是「我能相信他嗎？我又是值得被相信嗎？」戰車知道自己不能像愚者一樣不顧一切地投入，他不是過去那個能任性放飛自我的孩子了。戰車體現了靈數 7 最成熟的狀態，即不因懷疑而停滯，就算未來不確定能否成功、路上會出現什麼樣的敵人，仍堅定前進。當前方道路的困難與危險都被排除了，向前走每個人都會，但當道路與目標都充滿不確定性，向前走是非常需要勇氣的。戰車讓我們學著與焦慮和不安同行，這便是勇敢的開始。

出征、找尋意義、堅定

戰車是愚者之旅第一階段的最後一張牌，作為世俗之旅的最終站，意味著透過身體力行找尋生命的意義是永不停歇的旅程：出社會找工作，離職，換工作；步入愛情，進入家庭，或離開愛情；進修或退休。當我們願意離開某個舒適圈，進而積極打造新的生活圈，需要的是對「未知的意義」有強烈的憧憬，這正是戰車的驅動力，讓我們去投入與冒險。

那麼，愚者的冒險與戰車的冒險有何不同？愚者不預設立場，不在乎這趟冒險是否會有意義，憑藉著熱情與好奇心求一場體驗；而戰車是經歷了各種教訓的愚者，知道冒險本身就意味著有危險，也知道任何的體驗都會帶來程度不一的傷害，因此他會做好準備，把傷害降至最低，如同他身上的盔甲與裝備，他已經有了長期作戰的心理建設。戰車會在冒險過程中反思這些經歷對自己的意義，哪怕物質利益終無所獲，至少能培養出新的思維，才能有所成、變得更加堅強，這讓戰車的冒險更像是「有意圖的出征」。

戰車前方的人面獅身朝著不同方向席地而坐，一黑一白象徵二元對立，反映戰士內心理性與感性的拉扯，他必須透過對目標的堅定，讓人面獅身齊步前進。戰士雙肩月牙上的笑臉和哭臉，意指戰士的情緒起伏是需要受到控制的，不能讓情緒影響行動。戰士的下半身幾乎與方形的石座融為一體，象徵野性與欲望受到嚴格的約束，為了達到目標，必須懂得克制欲望，他不會輕易放過自己，要壓抑才不會失控。戰車的續航力源自於堅定的程度，此時是將焦點放在成就自我的重要階段，對於情愛或太豐沛的情緒，戰車都敬而遠之。

在感情問題方面，戰車可能過於理性矜持，或者將專注力放在事業與個人發展。在伴侶關係中，他會以務實的態度為關係負責，可能會讓伴侶感覺到更多的是需求被照顧，而非感受被關心。

意氣用事、衝動、白費力氣

　　逆位的戰車缺乏驅策人面獅身前進的耐心與意志力，過於躁進，意圖掙脫石座，在團體中被視為意氣用事的麻煩製造機。由於不懂得從過去的經驗中汲取教訓，以致待在原地打轉、沒有成長，或把力氣放在錯誤的地方，費盡了心力與資源，卻遲遲沒有達到目標。

正

問題		正位參考解析
工作	工作發展	工作發展順利，事務繁雜，工作滿檔，充實而有成就。未來會有更具挑戰性的任務，展現果決與堅毅，一步步朝向成功。
	求職運	積極行動帶來機會，每次的求職都要做好萬全準備。展現面對挑戰的勇氣、自信與個人優勢，讓人印象深刻。
感情	關係發展	兩人相愛，但容易有摩擦，或有一方太忙碌。學習表達脆弱、表達需要被支持，適時示弱有助於關係親近。
	桃花運	桃花運強，多往外走，別害怕主動。有機會在旅遊、出差或工作上遇到投緣的對象，也可能是不打不相識而擦出火花。

逆

問題		逆位參考解析
工作	工作發展	缺乏鬥志，容易放棄，工作能力不被信任。容易讓心情影響到事情，或在關鍵時刻猶豫不決，把表現機會讓給他人。
	求職運	工作方向需要重新設定，正在尋找的工作性質可能完全不適合自己，也要小心被煽動從事不利的投資或合夥事業。
感情	關係發展	兩人在意的點完全不同，時常爭吵，彼此脾氣都很硬。生活在同個屋簷下會吵得更激烈，需給彼此獨處的時間與空間。
	桃花運	過於膽怯，就算遇到心儀的對象也沒有行動，對於追求者也看不上眼。若處於曖昧關係，顯示為始終在原地踏步。

VIII

力量

占星對應▶**獅子座**　　屬性▶**火元素**

靈數能量 8

無限大符號
對應數字 8，也是力
量的編號，象徵多變
與無限的可能。靈數
8 象徵野心與堅強。

花圈
呼應無限大符號。從
頭環繞到下半身，指
頭腦與身體的融合。

手勢
沒有武器，徒手觸摸
獅子最危險的部位，
意指展現勇氣的強烈
決心。

女子的姿勢
自然彎下腰，呈現運
氣功的姿勢，溫和地
展現力量。

純白的衣裳
象徵完全純淨，不帶
有任何預設觀點與批
判。

獅子的嘴巴
象徵獸性與危險。

遠方的山峰
登上山峰是一趟漫長
的旅程，憑藉著溫柔
與耐心，才能一步步
達到目標。

人與獅的連結
獅子降服於女子，意
味著兩個對立象徵的
融合。

力量的靈數能量 8
勇氣、耐心、韌性

———————

　　跨越靈數 7 的自我懷疑，靈數 8 已經確定自己要什麼，現在需要的是堅定地達到目標。許多人會問，靈數 7 和 8 在塔羅牌裡都象徵對目標的堅持，要如何區分這兩數的差異？靈數 7 要的是找自己，靈數 8 要的是「突破自己」。

　　靈數 7 的堅持是基於渴望找到意義與答案，他會反覆丟問題給自己，戰車行進得慢是因為需要不斷地自我思辨；靈數 8 的堅持是基於想要獲得成果，他不會懷疑自己設定的目標。既然有了目標，那就去完成，過程中有任何狀況發生就去面對、去解決。以創業為例，戰車在創業的過程中會思考如何實踐企業理念；力量則會著重在如何長久經營、突破現況，如何做得更大更好，而在這過程中，靈數 8 會賦予力量許多苗壯的機會，培養韌性，應對挑戰。

　　靈數 8 的目標設定是長遠的，有耐心地一步步破關前進，喜歡扎實地行踏，並藉由困境與恐懼引領其成為一個有地位、有能力的人，畢竟沒有困境，何來突破？沒有恐懼，又何來的勇氣？靈數 8 知道生命的本質就是會不停地出現新的挑戰，所以死守在原地是危險的，要跟著世界一起變化前進。靈數 4 渴望安全感，所以會遵從規則、體制，建立安全的堡壘，為的就是不讓危機發生；靈數 8 是 4 的倍數，會採取更積極的態度來建立安全感：變得更強大、更有力量，就算有困難與挫折出現，都能用足夠的韌性面對。

　　這個世界越是張牙舞爪，我們就越需要變得強大與勇敢，但靈數 8 的強大是由內在散發出來的，而非外表的逞凶鬥狠，或證明自己的能力贏過他人。靈數 8 透過力量教我們的是：勇敢並非沒有恐懼，而是能夠與恐懼共存；強者不會把敵人鬥垮，而是能化敵為友。在現代社會，普遍認知的力量似乎都仰仗外在的光鮮亮麗、氣勢凌人，但真正的力量是能夠放下武裝，因為他不害怕自己會受傷，就算受傷了，也有力量能治癒自己。

剛柔並濟、馴服、理解

　　力量牌是欲望、恐懼、愛與理解的總和。圖中的女子並沒有用任何武器馴服獅子，她只是溫柔地撫摸牠的嘴巴，而獅子就完全臣服於她。在這裡，獅子是你我恐懼的化身——有攻擊性、未馴化、野蠻的；女子則是陰性力量的化身——溫柔、包容、愛與慈悲的。有時這張牌指出我們內在的狂暴才是自己最大的恐懼，你害怕憤怒，害怕欲望失控，害怕傷害到自己與他人，但力量要你接納這些本能，練習表達欲望與情緒，讓這些能量適時釋放，你才有機會學習如何運用。馴獸師要訓練一頭獅子，不能永遠將獅子關起來，必得放獅子出閘。

　　我們面對恐懼的人事物，會採取的策略往往是驅逐、否定、打壓與歧視，然而如此只能讓他們暫時消失，甚至強化對立。人們害怕異己會擾亂生活秩序，所有的應對手段都是為了不讓其出現在生活中，但圖中的女子很清楚，恐懼的人事物不會有消失的一天，與其迴避恐懼，不如讓自己變得更有力量，降低恐懼的殺傷力。

　　抽到力量，表示你已經具備充足的勇氣面對恐懼，縱使你知道最後的大魔王是自己，而你也已在追求目標、成長茁壯的道路上，現在的你需要運用溫柔與陰性的智慧面對挑戰，與恐懼同行。無論是與伴侶的關係、職場上的挑戰，力量提醒你硬碰硬是沒有用的，真正的力量來自於願意理解、對話與傾聽。你之所以恐懼，是因為缺乏經驗與理解，當你知道的越多，恐懼就越弱。

　　敞開心胸理解異己是非常需要勇氣的，你可能會先承受對方的情緒與質疑，這時你需要展現耐心與溫柔，讓敵人對你卸下心防，如同牌中女子，並沒有要改變獅子的天性，獅子卻願意臣服於她。這一類的狀況常常發生在當你用力說服、企圖改變一個人，你會反對、貶低，甚至攻擊對方，帶來的往往是反效果，直到當你願意理解、接納對方，反而能為這段關係帶來和諧與改變。

恐懼擊潰、自不量力、蠻橫

逆位的力量缺乏溫柔與耐心，尚未理解獅子的天性就急著要馴服牠，反而被獅子擊倒。抽到這張逆位牌，表示你可能自不量力，企圖改變一個不可能被改變的人事物，拒絕理解、溝通與傾聽，渴望被關心與溫柔對待，卻又不甘示弱。為了掩蓋自己的恐懼，表現得蠻橫專制，或過度暴露情緒、放縱欲望。

正

問題		正位參考解析
工作	工作發展	是具有挑戰的舞臺，訓練自己的多變性，展現內在的彈性，而非證明自己的強悍。能有機會被重用、提拔，獲得成就感。
	求職運	預想面試時的各種局勢，展現決心，表達出面對挑戰的堅定，勝券在握。別被情緒與感覺影響，成功機率大。
感情	關係發展	發展順利穩定，也能長久經營。象徵彼此接納與互補，因為理解而願意配合對方的步調。
	桃花運	持續出擊，不輕言放棄，多點耐心去理解對方，讓對方被感動。並非天雷勾動地火的互動，有可能是不打不相識。

逆

問題		逆位參考解析
工作	工作發展	接手困難的任務，但自信心不足，可能會被恐懼與焦慮擊垮，還沒準備好要獨自面對，需要他人協助指導。
	求職運	目標設定太艱鉅，或遇到強勢的面試官，工作越找越沒有信心。有可能缺乏準備，導致被刁難。
感情	關係發展	伴侶可能是脾氣不好或強勢的人，需要低聲下氣。因為自覺沒有力量，就算不情願，也會依附在伴侶身邊。
	桃花運	由性吸引力展開的關係。害怕步入關係之後會看見彼此最醜陋的一面，因此對愛情抗拒，寧可停留在曖昧狀態。

IX

隱者

占星對應▶**處女座**　　屬性▶**土元素**

靈數能量 9

六芒星光芒
兩極能量結合而成的
光芒，陰陽、上下、
男女、水火，是溫和
的光亮。

權杖
是權力，也是智慧的
象徵，這邊用來作為
支撐的力量。

藍灰色的背景
理智、平靜的氛圍，
象徵隱者遠離塵囂。

冰雪山峰
隱者攀上山頂，也意
指高度與孤獨。

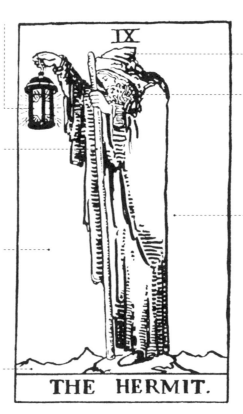

頭巾
與世隔絕之意。頭巾
蓋住了耳朵，代表毋
須理會外界的嘈雜。

鬍子
象徵歷練。蓋住嘴巴
的鬍子同皇帝牌，也
代表沉默、說出口前
會先思考。

姿勢
筆直站立、小心翼翼
的姿態，顯示出謹慎
思考下一步，不輕易
行動，也為他人照亮
道路。

隱者的靈數能量 9
獨處、回歸、整理

走過靈數 1 到 8 漫長旅程的愚者，到靈數 9 的階段已經成為一位「智慧老人」。此刻，他停止為世俗奮鬥，不需要再面對恐懼，也不再對外警戒，只需要好好地與自己相處。這張牌的背景極為簡單，不存在其他人，只有隱者自己、手持的燈座與權杖、腳踩著的地面，意味著隱者只需要專注在自己身上，沒有其他要考量的人事物，不同於女教皇睜開眼睛對外警覺，隱者閉上眼、低頭內省，沒有邁開步伐前行，只是聳立在高山上，享受著寧靜。

靈數 9 雖為 1 至 9 的最後一數，卻不象徵著終結，而是象徵著「回歸」。經歷了生命的種種考驗，我們不斷在應對外在的人事物，你把時間和空間分配給事業、伴侶與家庭，幾乎不曾停下來過。靈數 9 提醒你回歸，回到你的心裡面，那才是你的歸屬之處，停止再往前，停止再回應外界。「沉默」在此時格外重要，只有當你停止回應外界，才有機會回歸到自己的心裡面。

靈數 9 的能量是個接受體，他們對外在環境相當敏感，即使靈數 9 在一個沒有人說話的空間，也能輕易感受到氛圍與氣場的變化，接收到來自四面八方的思想與情感，這讓靈數 9 的腦無法休息。非獨處的時候，靈數 9 總是習慣去扮演「這個環境期待他扮演的角色」，以至於缺乏與自己相處的時間和空間。一個成熟的靈數 9 會表達出獨處的需求，清理並過濾不屬於自己的觀點，只有回到一個人的時候，才可以摘下面具，重新整理自己的思維。

靈數 9 帶有靈數 2 和靈數 7 的特質，我們可以把隱者想像為女教皇和戰車的結合，是內省、專注、沉默的，同時也擅長思考、對生命提出質疑。不同的是，女教皇透過外在事件獲得內省經驗，隱者則是向內回溯、整理過去；戰車透過行動證明自我，隱者已經擺脫世俗的眼光，不需再證明自己是否成功或值得被愛，他完全停止行動，只是靜心思量未來的每一步。

牌義說明
脫俗、智慧、謹慎思考

隱者的精神是脫俗、超然的。他的原型是「智慧老人」，是歷經了世俗試煉的愚者。他不回應任何入世的問題，畢竟入世的問題意味著企圖從外界獲取些什麼，舉凡愛、金錢、工作機會等任何欲望的滿足，隱者都會跟你說：「孩子，那些都是身外之物啊！」隱者反而會支持你「遠離世俗」，抽離身處的情境，好讓心境與欲望不再波濤洶湧，思緒才能更清晰真實。

經歷了魔術師到力量的考驗，生命推動著我們成長，但精神的成長速度時常跟不上身體前進的速度，社會化的過程麻痺了我們真實的感受與自我覺察的能力，使得身心分離，而隱者提醒我們：獨處，不再聆聽外在的聲音，才能留意到心是否需要休息，留意生命給我們的提醒。此時，你得以自我檢視：目前的工作狀況是否需要調整方向？如何才能更專精？感情關係是否需要停下來思考下一步？如何讓關係更好也能保有自在？無論是進修、尋求平靜、遠離吵雜的環境或一個人的旅行，隱者總會在我們的生命需要「清靜」的時候出現。此時寂寞感難免，隱者卻給了我們獨立思考與內省的寶貴機會。

除了遠離人群，隱者也要我們放下對社群媒體的依賴，只跟自己相處，你需要習慣靜謐，甚至無趣。隱者喜歡投入書籍、知識、思考或靜心，他會花時間反省過去的慣性是否需要改變，但不會跟人討論，因為答案已經在他自己的心裡面。他雖然靜止不動，但並非採取坐姿，意味著他隨時可以邁開步伐，現在的他只是非常謹慎地思考著：最適合我的下一步該怎麼走？

隱者像是能夠自給自足的獨居老人，他也會參與服務社群的活動，但不融入社交場合。這個智慧老人的原型常常被誤認為指路人，但隱者不會主動為他人指路，如同靈數9的精神領袖魅力，當他本身能做到不被外界俗事影響思緒判斷，遇事從容而冷靜，自然能散發出吸引他人追隨的智慧之光。

不甘寂寞、憤世嫉俗、多事

逆位的隱者不甘寂寞，無法面對獨處的時刻。他渴望融入人群，卻可能會變成被社會遺棄的老人，無法接受年輕人的思維觀點，變得憤世嫉俗，不斷嘮叨埋怨。逆位的隱者有可能走下山，主動為他人指路，但會被認為多管閒事或過於刻薄。若有人不聽取他的建言，會讓他惱羞成怒。

問題		正位參考解析
工作	工作發展	謹慎行事，思考後果。你被期待做事更細膩、專業度更提升。適合獨立作業，學習時間管理，檢視手邊任務的輕重緩急。
	求職運	慢慢來，避免操之過急。需要時間確定自己的方向、沉潛學習。適合上課、進修，若是需要獨立作業的工作較有機會。
感情	關係發展	一方需要更多的獨處，現階段不適合依賴這段關係，相處只求自然，互動性不能太強。有時指出這段關係需要沉澱。
	桃花運	現在追求的是內心的平靜，因此對談感情興趣缺缺。就算寂寞、渴望陪伴也只是暫時的，真正被需要會嫌麻煩。

問題		逆位參考解析
工作	工作發展	任務目標不夠明確，需要與他人溝通、討論，導致花費時間和力氣在與人開會、釐清工作方向上，常感覺到浪費時間。
	求職運	沒有方向的求職，不知道自己適合什麼工作，害怕空窗期，所以病急亂投醫，但很快就會對新工作產生失望。
感情	關係發展	在關係裡感覺到寂寞、被忽視，不知道該如何與伴侶溝通。因為看不清兩個人的未來，情感慢慢變淡。
	桃花運	不知道自己要什麼樣的感情，且用高標準審查每一個人，到處認識新對象，但都沒有足夠的好感。

X

命運之輪　占星對應▶木星　　屬性▶火元素

靈數能量 10／1

四角落的星座
以左上角為起始，順時鐘依序為水瓶座、天蠍座、獅子座和金牛座，象徵風（智慧）、水（情感）、火（行動）、土（物質）四大元素，也對應《啟示錄》的四活物。

輪盤
內圈是創造力，中圈是轉化，外圈是物質世界。

人面獅身像
平衡與鎮壓的力量，控制著輪盤的轉動，象徵宇宙變遷有其法則，任何的轉變都是好的轉變。

蛇
埃及的邪惡之神堤豐（Typhon），能將人帶入地底與黑暗。

阿努比斯神（Anubis）
死後世界的守護者，通常會被描繪為胡狼頭的男性。

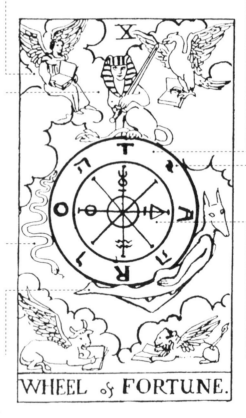

外圈符號
R 是指 rota（輪），O 是指 orat（說），T 是指 tora（律法），A 是指 ator（哈托爾女神）。四個希伯來字母「י」、「ה」、「ו」、「ה」，代表上帝之名。

中圈符號
上方為水銀，右方為硫磺，左方為鹽，下方為水溶劑。

命運之輪的靈數能量 10 ／ 1
機會、命運、順著流走

命運之輪是 10 號牌，從這裡開始的大阿爾克納牌皆融合了兩個靈數的能量：靈數 1 帶來新的機會與目標，靈數 0 則蘊藏著未知的潛能、不在計畫與體制之內，我稱這兩數能量的合併為「轉捩點」。可想而知，命運之輪帶來的改變並非意料之中，卻能夠為生命開啟新的篇章。

歷經靈數 9 沉潛多時的內省之旅，靈數 10 彷彿在提醒我們：「出發吧，還有很長的路要走呢！」個位數字的靈數旅程已經完結，靈數 10 帶領我們邁向二位數字的新里程碑。在隱者的階段，我們已經累積了足夠的智慧，確立了新的方向，命運之輪的出現是為了推動我們前進，那就敞開心胸接受任何改變生命的可能性吧！這時候無論是你的工作、人脈或桃花都有眾多機會，拋下預設立場，好好把握每一個緣分，你的生活將開始不同於以往。

由於靈數 0 的作用，讓生命更添增了變化多端與無常：你可能未錄取渴望已久的工作機會，卻在另一間公司邂逅了你的結婚對象；你可能因為國際疫情而取消了期待的旅遊，卻在同時間獲得了高酬勞的接案機會。有句諺語說：「塞翁失馬，焉知非福。」生命若要有「得」，必會先讓我們經歷「無」，我們不可能一味追求擁有，而不學習失去。當靈數 1（創造）與 0（未知潛能）的能量運作流暢，當我們能體悟到生命的變化不是只有好與壞的二元分立，面對新的挑戰，便能有愚者的樂天加上魔術師的積極，不執著於過去，相信順著流走反而會有意料不到的收穫，這都是命運之輪給我們的學習。

靈數 0 與任意數加總都會成為任意數。在命運之輪裡，與靈數 0 加總的是靈數 1，意味就算生活再瞬息萬變、計畫改不上變化，我們都能採取靈數 1 積極、正向與專注的態度，讓自己變得更強大之外，也能變得更靈活且富有彈性。這也是一張有利於需要隨機應變、危機處理與公關操作的牌。

牌義說明
改變、接受、最好的安排

　　命運之輪是第一張沒有人物的大阿爾克納牌，圖像中盡是各種神祕學符號與神話生物所組成的輪盤。生命的轉變並非人為可以全盤控制，正如「命運」的組成，有「命定」，也有「運數」，而命運之輪教我們的是：當不可預期與無常發生的時候，我們能否正面看待，把危機化為轉機，把任何生命經驗都轉化為讓自己成長的養分？

　　命運之輪有「否極泰來」的意思，但否極泰來的前提是「相信，並且願意改變」，如果沒有這樣的態度，即使好運來臨，就連抓住都嫌費力。通常抽到命運之輪代表已有足夠的能力去迎接新的改變，你已經準備好讓自己接受好運降臨。你沒有看錯，接受好運也是需要準備的：你得相信自己值得，相信自己做的任何決定，相信此刻生命的安排，相信自己有力量承受好運的代價。命運之輪指出你即將踏入新的感情、新的事業或展開新的生活，這張牌除了提醒你把握每個良機與緣分之外，也在問你：「你準備好了嗎？」

　　「一切都是最好的安排。」是我們常聽到的一句話，而這個態度就是命運之輪的中心思想，但我們常將這句話倒因為果，當意外發生，沉浸在失去或挫敗的傷痛中，就告訴自己：「這就是最好的安排吧！」然後兩手一攤，不再抗爭與努力，偽裝豁然，卻限縮了自己的可能性，這並不是最好的安排。最好的安排是相信這一切的發生都有其意義，也許要我們學習改變、面對自己或修正行動方向。

　　相信一切都是最好的安排，不代表要宿命地接受擺布，而是看見命運的種種安排中所蘊藏的機會，而且能把握時機展開行動。生命的轉捩點不僅是帶來生活型態的改變，更包括性格的改變，只是當生命在改變的當下，我們很難會感覺到如魚得水，因為此刻要去學習的東西實在太多，卻也能讓我們不再死守過去的執念，信任生命會一步步推動我們走向嶄新人生。

反覆不定、宿命、尚未成熟

　　逆位的命運之輪可能卡在不上不下的狀態，好不容易前進了兩步，卻又被推回原點，覺得生活就是這樣了，因而意志消沉。過度相信自己的原生環境已經破壞了發展的潛能，放棄努力；也可能急著想改變，但時機尚未成熟，所以一踏出去就摔傷，進而不再堅持與冒險。

正

問題		正位參考解析
工作	工作發展	將面臨工作內容或環境變化，嘗試新的可能，打開心胸去接受。不斷學習。若有出差或調動的機會，可放膽爭取。
	求職運	有許多面試機會，把握每一次能學到東西的機會。會找到真正適合自己的工作，但舊有的工作方式不再適用。
感情	關係發展	一方的生活轉變，也會帶來關係改變。以積極的態度創造更多回憶。透過旅遊或共同計畫未來增進感情。有閃婚的可能。
	桃花運	有桃花對象，宛如宿命的結合，卻也要敞開心胸、主動積極。把握每一個緣分，也有友誼昇華為愛情的可能。

逆

問題		逆位參考解析
工作	工作發展	有身不由己的受困感，麻煩的考驗接踵而來，原本預期的工作進度延宕。也可能收到的指令太雜亂，無所適從。
	求職運	拘泥在舊有的工作經驗，因此猶豫不決、分析太多，導致機會流失，最後可能因為找不到適合自己的而選擇將就。
感情	關係發展	不上不下的停滯階段。認為應該能夠更好，但受到大環境或現實因素等限制，導致所有的改變都還不是時候。
	桃花運	對於認識新對象不夠積極，臣服於宿命。可能會邂逅到「一開始就知道不會有結果」的人。有享受短暫戀愛的可能。

XI

正義　　占星對應▶**天秤座**　　屬性▶**風元素**

靈數能量 11 ／ 2

石柱
同女教皇與教皇，兩根柱子代表二元性，但在
這裡都是灰色，象徵中性觀點。

帷幕
象徵智慧與靈性，也
用以區隔世俗社會與
神祕世界。

皇冠
中間鑲有四方形的藍
色寶石，象徵身心靈
的平衡、中立而清晰
的權威。

綠披肩與袖子
自然與和平的顏色，
代表最終的決定須忠
於自然法則。

右手舉劍
象徵決心，筆直的寶
劍也代表不偏不倚的
決策。

左手持天秤
感性層面的平衡。古
埃及正義女神瑪亞特
（Ma'at）用來衡量
人死後心和羽毛的重
量，如果心的重量大
於羽毛，象徵執念過
重，就會遭受懲罰。

紅色長袍
強烈的使命感。

右腳外露
強調理性客觀的行動準則。

正義的靈數能量 11 ／ 2
決定、衡量、互相

正義是 11 號牌，合併能量為靈數 2，意味著「兩個不同的能量互相制衡」。看到這張牌，你可能會想到圖像相似且同為靈數 2 的女教皇，但女教皇是純 2 的能量，把感知到的一切都放進心裡，強調的是無為而治；正義的靈數 2 則是由兩個靈數 1 所組成，更賦予了積極、熱情與落實的力量。女教皇知曉一切，但不做決定，而正義指的卻是在決定過程中思考著如何做到互利或互讓。

正義女神的雙手都持著與靈數 2 有關的元素——天秤與寶劍。天秤有兩端，用以放置兩個不同的物件衡量輕重，先有衡量，我們才能做出決定；而寶劍象徵裁決，但雙面刃意味著傷人同時也會傷己，也暗指做任何決定有一利必有一弊。即使正義女神考量得再周全、再符合大眾期待，還是無法做到人人滿意。

靈數 2 在正義裡也發揮了「平等」的作用，但平等與「互相」是對等的，彼此都有付出與獲得，或各自都有犧牲與退讓。這裡的平等並非透過量化所得的結果，例如花一個小時認真做家事，小孩與大人的勞累程度與成效都不一樣，但他們同樣都花了一個小時做家事，雙方互相都付出心力，也都有失有得，就構成了正義的平等。

告別靈數 1 不停向外拓展生命經驗的動力，靈數 2 要我們慢下腳步，留心自己要創造什麼樣的生活。當靈數 1 前進的時候，遇見另一個靈數 1，象徵出現了另一個需要衡量與決定的重大事件，如與企業合作、進入婚姻或買房等，你會發現這些重大的生命經驗都需要「簽訂契約」，而訂定契約就表示得為自己的決定擔起現實責任。靈數 2 反映出了下決定或簽約前的小心謹慎，你會發現天秤衡量的不見得只是「實質得失」，也可能是心理的「無形價值」，例如要犧牲多少自由才能換來未來的安穩、要投注多少心力才能獲得更大的成就感，而在衡量決策的過程中，我們也能有機會去重新省視自己對「合理」的定義。

因果、規則制度、理智權衡

　　一說到正義，許多人都會聯想到符合「公平公正」的判決、一個人「應該」要受到什麼樣的獎賞或懲罰，而所謂的「公平公正」與「應該」都脫離不了以律法、道德價值作為衡量基準。雖然制度和法律是正義的一部分，但正義要探討的不只是賞或罰的二元結果，而是帶領我們去思考因果關係：種瓜得瓜，種豆得豆；種是因，得是果；我們不能求種豆得瓜、求無因而生果。

　　若占卜時出現正義，並非表示該問題的結果會是好的，但會是「合理」的。上一階段的命運之輪不斷給我們機會去豐富生命的可能性，正義則是立下規定：「要吃飯之前，你得先工作。」正義除了體現在個人生命的因果關係，也指出我們需要明確的「規則與制度」，並加以遵循，從國家的律法、公司規定到婚姻契約等，都能讓我們知道做什麼會受到懲罰、做什麼能穩定現況、做什麼能獲得更多。抽到這張牌，意味著此時需要照規矩來，並提醒自己得更自律、誠實、審慎行事。

　　雖然「一分耕耘，一分收穫」，但耕耘也得在合適的土壤裡種植合適的農作物，才可能有收穫。正義要我們對自己的耕耘有更高的覺知與責任感，即知道自己正在做什麼、會帶來什麼效應、該如何為可能的結果負責任，這些都是在做決定前要考量清楚的。此時你可能面臨重大抉擇，例如該留在公司發展，還是出國念書，你得理智權衡兩者對你的重要性、利益得失，以及對未來的影響。

　　我們常以自己的標準來衡量命運待我們是否公平，正義要我們停止抱怨，並認知到：你現在的生活，是過去的努力所累積的成果；而未來的命運，取決於現在行踏的每一步。努力不是值得驕傲的事，但努力可以讓我們有飯吃，而我們常常努力錯方向，卻一廂情願地認為生命應該要給我們更多的回饋。正義提醒我們：你此刻已經獲得你應得的，未來也會是如此。

不公、急於決定、感情用事

　　逆位的正義不再以公平為原則，即使自認公平，也可能只是合理化自己的情感偏好。此時無法思考周全，只想快速做出破壞性的行動，好讓心裡好過一點，卻可能帶來無法承擔的後果。抽到這張逆位牌，表示當事人可能在一段關係中感到不平衡，一心求感受上能被彌補，而非理智思考自己的得失與未來決策。

正

問題		正位參考解析
工作	工作發展	需要謹慎思考，每一步都得權衡利弊，而此時專業能讓人信任。合作、簽約都能順利。可能需要法律專業人士的支援。
	求職運	有多少準備就有多少機會。需衡量對工作的期待與自身能力，有捨才有得，否則對兩者都可能感到不滿意。
感情	關係發展	兩人關係平穩和諧，但過於強調互相、平等，缺乏激情、任性與浪漫。也象徵適合步入結婚，或重視好相處勝於愛。
	桃花運	有緣分，但發展緩慢，因為有太多衡量與猶豫不決，設下太多的限制與條件，或太依賴對方的回應來決定下一步行動。

逆

問題		逆位參考解析
工作	工作發展	不平等的工作待遇，或是工作上出現人際糾紛。打從心裡不認同公司或主管，對工作夥伴有諸多批判。
	求職運	求職運不穩定，有可能面試了許多關，最後卻無疾而終。或是公司的要求不合理，勿輕易接受。需要沉潛，等待時機。
感情	關係發展	發現兩個人要的不一樣，有可能考慮結束關係。或是兩人為同一個目標所付出的心力完全不同，自覺一廂情願。
	桃花運	渴望被愛、被關心，但外在表現得太高冷，以至於難以親近。遇到喜歡的人會主動表白，但有可能太急而讓對方有壓力。

XII

吊人

占星對應▶**海王星**　　屬性▶**水元素**

靈數能量 12 ／ 3

T 字形樹木
樹木象徵成長的過程，T 字交叉口象徵生命的
選擇。此樹也對應神話故事的世界之樹。

黃色的鞋
與頭部的顏色呼應，
都是神聖、樂觀與自
信的光輝。

被綁住的右腳
「右」對應理智與邏
輯，「被綁住」象徵
理智邏輯已經不是行
動方針。

紅、黃、藍
是世俗世界中的三原
色，象徵吊人還在人
世間，並沒有離開，
也意指不需要遠離世
俗。

雙手被綁住
什麼事都沒辦法做，
或代表無為。

倒吊的姿勢
得以用新的角度看事
情，雖然不能動，卻
有所收穫，代表在物
質與行動上雖無法得
到滿足，卻獲得精神
上的滿足。

頭部
倒過來的頭髮像火焰
在燃燒，散發出來的
黃光象徵著清晰與開
悟。

吊人的靈數能量 12／3
配合、豁達、累積無形獲得

　　吊人是 12 號牌，合併能量為靈數 3。在說明女帝時提過靈數 3 象徵社會化的過程，然而社會化往往是一趟試煉之旅，因為在此過程中必須不斷丟掉自我，好融入群體關係。告別正義一切都得依循合理、平等、可靠的制度，吊人更貼近現實人生，在不知為何而奮鬥的過程中累積無形的獲得，有一天回過頭來發現自己在這過程中是成長最多的。

　　這次靈數 3 要讓我們學習的不再是透過散播愛與美好來融入社會，而是在進退兩難的停滯期學習接受自己的無能為力，離開女帝「要什麼有什麼」的寶座，開始去體驗吊人的「要什麼沒什麼」。不妨想像自己如吊人般被懸吊在樹上，口袋裡的東西全都掉出來了，就能得知這顯然不是一張能夠擁有有形獲得的牌，除了動彈不得的無力感之外，有時也直指漏財或遺失物品。

　　靈數 3 的吊人，是靈數 1 和靈數 2 兩股截然不同的力量進行整合的過程。不妨想像一下：當一個樂於展現創造力的魔術師，進入一個充滿女教皇的工作環境，會是什麼心情？吊人可能指出現實中難以適應卻無法馬上離職的工作、無法割捨的感情或家庭牽絆，這次靈數 3 要我們在「受困」中學習成長。但靈數 3 樂觀豁達的天性，讓他不執著在被懸吊的不舒適感，總是能想辦法找出讓自己開心的方式，以新的思維適應環境：「既然無法改變外界，那就轉換看待這一切的眼光，就當自己正在演戲吧，演一個我不熟悉的角色也很有趣！」在順境的時候，正向思考不是難事，但能在逆境中保持豁達，是靈數 3 最成熟的展現。

　　靈數 3 是個強調感性大於理性的數字，他會停留在一段外界看來不合適的關係或環境，絕不是出自理性因素，若你問他為什麼不離開，他無法給你邏輯清晰、正當合理的原因，但這就是他蛻變的歷程，正如同毛毛蟲進入蛹期，牠不知道自己即將變成什麼，就讓自我消融在蛹化的過程中。

犧牲、接受限制、顛倒思維

上一張正義象徵的是付出即獲得的因果關係，是理性的、需要思考周全的時刻，但在吊人的階段，理智和邏輯都不再管用，我們無法確定自己的付出會有什麼回報、未來能否依照計畫發展，縱使如此，依然願意待在原地，將自己交託給身處的環境，端視這一切的經驗會為自己帶來什麼改變。

吊人不是一張受歡迎的牌，指出此時的我們「想做的事很多，能做的事很少」，無論是事業或感情問題，都要我們學著「接受現況」，臣服於此刻的受限，並從中學習。這是生命的必經過程，但吊人提醒我們用積極的態度看待「受限的環境」，不急著擺脫，反而能思考是不是自己太心急、想控制的太多了。此時，你甚至會懷疑命運在跟你作對，事實上是你在跟命運作對。吊人提醒我們：越是渴望改變某個人事物，他就越有力量限制你。

世俗眼中的吊人是消極軟弱的，但對他而言，是認清了現階段毋須有所作為。發光的頭部和祥和的表情象徵他的開悟，正是因為接受了現階段的限制，領悟到即使做再多，任何人事物都不會因為他而改變，有了這般釋然才能夠擁有這份開悟。解讀吊人得用「顛倒的思維」看待身處的世界：你討厭的人，其實擁有你最欣賞的特質；你認為自己犧牲許多，其實你有從中受益與成長。一言以蔽之，即「吃虧就是占便宜」。吊人除了邀請我們以顛覆的視角看見另一個自己，更能讓我們重新認識生命，打破自己的理所當然。

吊人象徵現階段的停滯，進退兩難，無法說走就走，或是個人的資源、時間和空間被剝奪。我們的人生都會經歷這樣的過程，這時不妨去思考：自己為何停留在這個位置？為何走不了？停滯階段真的是一無所獲嗎？人的犧牲感來自於被迫接受，但若能像吊人一樣換位思考，將會有新的觀點與意想不到的成長。吊人階段所培養出來的韌性與耐心，也將帶領我們迎接蛻變。

徒勞無功、沒有方向、靈性傲慢

逆位的吊人不接受局限，力求突破，但此時宜耐心累積，等待時機，若奮力掙扎，容易徒勞無功。他可能靜不下來，忙得不知所云，渴望離開現在的關係與環境，卻不知道自己還能去哪裡，透過忙碌來逃避痛苦；也有可能自視高人一等，自認為較有智慧或有靈性，而批判他人要成長與改變。

正

問題		正位參考解析
工作	工作發展	感覺停滯，發展受阻，是磨練耐心與抗壓性的過程。為了自己的理想而堅持，意識到自己的局限而學習成長。
	求職運	這時找到的工作都不是自己喜歡的，也不是自己想做的，但或許是需要做的，是必經之路。
感情	關係發展	關係停滯。當事人不斷在包容、學習接受，但並非無所獲得。學習重新省視自己言行背後的動機，找到平衡的方式。
	桃花運	較多是單戀、單方面付出，或還沒有本錢談戀愛，有可能時間太少或經濟不穩定，吸引到的對象也穩定不下來。

逆

問題		逆位參考解析
工作	工作發展	花太多時間在做沒效率的事情，或是瑣事太多，導致沒時間專注在正事上。請表達出需要分擔工作的必要。
	求職運	亂槍打鳥，嘗試各種可能，但都沒有適合的。現階段宜找一份能維持生計的工作，花時間思考自己適合什麼。
感情	關係發展	覺得自己是付出或包容較多的一方，因為不平衡，所以過度強調自己的犧牲，渴望得到伴侶的重視，卻換來反效果。
	桃花運	由於不知道自己真正要的感情關係，結識到的多半為爛桃花。可多認識人、拓展人際關係，但不宜太快發展感情。

XIII

死神　占星對應▶**天蠍座**　屬性▶**水元素**

靈數能量 13 ／ 4

旗幟與白玫瑰
黑色的外圍（死亡）襯托白色（新生）的純潔。這裡的玫瑰象徵再生的種子。

穿盔甲的骷髏
死亡的象徵。黑色盔甲意味強大、堅硬、嚴肅與沉重，不帶任何武器，卻令人心生敬畏，也隱喻殺死我們自己的不見得是他人的武器。

遠方的太陽
太陽位於畫面右邊，也就是東方，象徵日出，也是充滿光明的嶄新開始。

雙塔
通過二元對立，接受一生所有的好壞都有其意義。

和諧的背景
生命感。河流象徵冥河，相對於前景的乾涸，通過冥河後盡是生意盎然。

白馬
白色是最為純淨的顏色。眼露凶光象徵以強迫的方式讓人面對新生。

四個角色
面對死亡的不同態度：投降、抗拒、崇拜與好奇。

死神的靈數能量 13／4
新生、摒除舊習、追求新目標

　　在上一張靈數 3 的吊人中，我們習得無為的智慧，讓我們變得謙卑，並有了足夠的開悟，看清了局限住自己的念頭與習氣，現在是時候面對死神的課題了。死神是 13 號牌，合併能量為靈數 4，這個強調「穩固、安全」的數字卻是由兩個「積極、活躍」的數字所組成，意味著我們得開始向前走，以嶄新的方式重新累積生命的穩定性，不再墨守成規、因循守舊。

　　靈數 4 的議題始終與安全感有關，皇帝建立安全感的方式是保持警戒、強化權勢、擁護手上的資源，但同樣是靈數 4 的死神卻說：「你寧死不肯放手的，正是最容易殺死你的。」此時我們死守的人事物，無法再支撐你我生命的安全感，這正是學習告別的時機，無論是告別一段感情、一份工作或某種生活模式，與其成日活在害怕失去的恐懼中，不如早些學會放手，讓生命得以繼續推進。生命的消長與得失是不斷流動的，一味地鞏固擁有，緊抓的一切終會變成淹沒自己的沼澤。靈數 1 負責讓新的人事物進入生命，靈數 3 要我們更敞開地享受，它們都為靈數 4 的一成不變注入鮮活與流動的契機。

　　若能夠欣然接受死神帶來的學習，便能像牌圖中的教皇，知曉蛻變雖痛苦，但將帶來新生；或是像那抬頭仰望死神的孩子，對死神充滿好奇，不預設任何立場；唯獨象徵靈數 4 的皇帝已死去、靈數 8 的力量女神不願面對，這兩個數字都代表對生命的掌控能力，但在更高大的權威面前都只能屈服。

　　放下過去，並建立新的習慣，兩者必須是並行的，如同減肥不能只是斷食，還須搭配新的飲食與生活習慣，才能讓身體穩定運作。靈數 4 的務實性要我們每天訂下改變的目標，今天做到昨天做不到的事，明天要做到今天沒做到的事，哪怕只是早半個小時睡覺或起床、多運動十分鐘，每天累積一點點改變，我們就已經走在蛻變的道路上，新生的「安全感」也能日漸扎實。

告別慣性、接受失去、蛻變

象徵改變的牌很多，但為何死神的出現總是讓人害怕？因為人們期待的改變是擁有更好、累積更多，這樣的改變推動我們走向豐盛；而死神帶來的改變卻是失去、離別、終止，這樣的改變會把我們推向匱乏與迷惘。我們害怕分手、害怕離職、害怕獨立、害怕轉換到新的環境，因為這世界總是教我們如何追求更多更好，卻沒有教我們如何接受失去。

很多時候我們知道這段感情或這份工作已經不再適合自己，但在新的擁有尚未到來之前，寧可繼續得過且過，也不願讓自己落入空虛，而死神的課題在於下定決心告別某種慣性，以及對某個人事物的執著，因為你發覺自己越來越沒有力量，過去支撐你、保護你的一切都已經不再能依賴，如今唯有放手，才有辦法重新學習照顧好自己。這時候你需要釋放悲傷，或做某些有「儀式感」的行動，告別過去。你會發現死神帶來的不是突發意外，而是一步步演變的，正如同肉身總會一步步走向衰亡，是無法掌控的必然過程，但智慧與心性該如何發展，這些「看不見的一切」反而是我們可以選擇與主導的。

死神不全然只把你推向匱乏，有時是你已經計畫好要向前走，死神只是來推你一把。在占卜時，這張牌也代表你即將接下「新角色」的責任，例如步入家庭、成為一個母親或父親、成為主管或創業者，但死神也指出你還沒準備好，眷戀著現有的舒適，說服自己還不需要前進。這張牌最凶悍的不是死神骷髏，而是那匹眼神凶悍的白馬，牠的到來彷彿在告訴你：「你休想再這樣下去！」

但若我們只有「丟掉」而沒有「追求」，生命只會變成沒有方向的浮木，或又被過去的感情與習慣給牽絆。死神的目的是提醒我們對於想成為什麼樣的人、過什麼樣的生活有更高的覺知與責任感，因此我們也得對新的生活付諸行動，而非只是計畫，這時候的「結束」才有可能帶來「蛻變」。

捨不得、活在過去、討價還價

　　逆位的死神常常不斷喊痛，卻又不放掉手上的刺人玫瑰，缺乏正位長痛不如短痛的決心，捨不得曾經擁有的美好，即使現況不如往昔，依然讓自己停留在不適合的關係與環境，可能過於懷舊、活在過去，甚至更用力抓緊手上的資源，以討價還價的方式求取身邊的人事物不要離去。

正

問題		正位參考解析
工作	工作發展	面臨到裁員、不得已的轉換或讓人不舒服的變動，如約聘到期或合作終止，也可能自行離職，都在提醒我們需要改變了。
	求職運	需要時間休息，思考自己真正適合的道路，改變對工作的態度，重振能量。可鼓起勇氣跨出舒適圈，踏上新的領域。
感情	關係發展	感情發展到了僵局，或是將面臨分離，也可能兩人需要溝通，談一談這段關係的未來轉變，改變彼此對愛情的態度。
	桃花運	出現有吸引力的對象，但不見得適合自己，容易帶來強烈的失落感，可能是一時的性吸引力，後續發展需要謹慎面對。

逆

問題		逆位參考解析
工作	工作發展	因為狀況還不至於太糟，或還沒找到未來的方向，所以不敢跨出去。花太多時間做心理建設，導致錯失最佳的改變機會。
	求職運	求職運不穩定，因為缺乏積極性，讓人感覺到決心不夠、熱情不足，或是執著於某一間公司或職務，不願接受新的機會。
感情	關係發展	感情出現危機，但不願面對，不願改變依賴的習慣，說服自己沒這麼糟糕。也有可能刻意改變態度，想讓對方當壞人。
	桃花運	與前任的關係尚未斷乾淨，或是還在情傷中，即使出現有好感的對象，也難以全心投入。比起愛，更需要陪伴。

XIV

節制　　占星對應▶**射手座**　　屬性▶**火元素**

靈數能量 14／5

大天使米迦勒（Michael）
帶來勇氣與力量的天使，幫助我們
遠離負面能量，讓我們獲得安全感。

頭上的光亮
是煉金術中黃金的符號，
象徵終極的目標。

紅色的翅膀
對生命的熱情與積極
的行動力。

白色長袍
純淨的力量。溝通交
流的過程需把自己掏
空、拋下觀點。

遠方的皇冠
象徵目的，或是長期
的目標。蔓延的小路
代表需要花時間的長
遠旅途。

方形與三角形
方形代表土元素（穩
定），三角形代表火
元素（行動）。

聖杯與水流
互相傾倒，一滴都沒
有漏出來，象徵情感
上的全然接受。

**右腳踏進水裡，
左腳踩在陸地**
右腳對應理智邏輯，
進入水的感性領域；
左腳對應情感直覺，
接觸陸地的務實性。

節制的靈數能量 14／5

靈活的思維、充實自我、自律的自由

　　節制是 14 號牌，合併能量為靈數 5。靈數 5 的主題是關於如何做自己、追求自由，並充實生命的精彩。節制接在死神之後，我們剛歷經了失去、結束一段關係，卻也更清楚自己渴望什麼樣的生活，對感情與工作願景更加明確。過去的牽絆不再有影響力，前方的道路因此更為明朗，此時當重新學習拼湊自我，不再緊抓過去的傷痛，敞開心房與外界連結。

　　靈數 5 的能量是躍動的，如同教皇，懂得把生命的種種經驗轉化為讓自己成長的養分，不一味抑惡揚善，尤其節制已經通過了死神的課題，體悟到沒有什麼是永遠不變的，善或惡都不是恆久的，因此不能永遠站在同樣的立場。抽到節制，提醒著我們：得培養能夠接納不同意見的開放度，開啟更廣闊的視野，當未來遇到任何問題的時候，能運用更靈活的思維來面對。

　　靈數 5 是最喜歡透過旅行增廣見聞的數字，別於多數人的旅行是為了紓壓與喘息，靈數 5 樂在旅行的過程中深入不同文化，會對異己產生好奇，喜歡探索，並產生思想的碰撞，這些經驗能讓他們感受到生命是豐富、自在的，而非固著、狹隘的，因此節制也有「旅行、文化交流」的意涵。除了靈數 5 本身就象徵多元觀點的認知之外，圖中相互傾倒水流的聖杯，以及分別踏在陸地與湖泊的雙腳，都強調了節制充實自我的方式，即允許他人的思想與自己的進行融合，這麼做並不會失去自我，反而能讓自我更趨於完整。

　　靈數 1 重視行動與目標達成，靈數 4 強調每一步都要走得踏實穩健，兩數的結合和緩了靈數 5 的躁動、強化了靈數 5 落實「自由」的能力。透過教皇學到的自由是得先認識自己；而節制則教我們務實上達到自由的途徑即是自律：培養規律的飲食作息、運動習慣；培養專業，並反覆練習；培養溝通能力，並持續對話；這些看似「約束」的自律行動，才能帶領我們實踐真正的自由。

變通、中庸之道、文化交流

　　歷經死神帶來的傷痛，我們已經學到教訓，領悟到執著與堅持的不同。執著是執念固著，會讓人卡在追求目標的半途，為一個放不下的人事物或不願改變的觀念而停下腳步；堅持是堅定而持續地朝著目標前進，過程中若出現困難，會學習變通、傾聽，並調整步調。

　　節制的圖像有許多「二元調和」的象徵：兩個聖杯的水相互傾倒，代表情感面的表達交流；大天使胸口的方形與三角形符號，是務實與行動的統合；對應感性的左腳踏在土地上，意味將生命力灌溉進現實生活中，因此在靠近左腳的位置長滿了鳶尾花與葉子；對應理性的右腳伸進水中，是將理性思維融入感受性的汪洋，因此在靠近右腳的位置開拓出了一條悠長可行走的道路。眾多的調和象徵填滿了整張牌面，都強調「中庸之道」的重要。

　　人們都以為中庸是無趣的，但要真能達到中庸之道是非常需要智慧的：理性不能過了頭，感性也要剛剛好；敞開心胸接納他人的意見，也不能少了自己的堅持。人往往會偏向陰或陽的某一端，因此需要透過與「不同世界的人」連結、對話到涵容，激發出自我的更多面向，讓生命多了更豐富的可能。這也是為什麼節制與「旅行」有關，與文化背景不同的人相處，是最直接能夠彰顯二元衝突的，卻也是學習新生活態度最有效的方式。

　　抽到節制意味著現在是需要溝通的時候，對象可能是你的伴侶或工作夥伴，你們是互補的、值得彼此交流學習的。你大可坦率表達自己的想法，但也得坦然接納他人不同的感受與觀點。節制不會因為想法被否定而感到挫折，亦不會因被認同而驕傲，他是謙虛的，對不同的思維產生好奇，並願意持續溝通。雖然戀人也有溝通的意涵，但戀人的溝通是為了理解彼此的相異，尊重雙方的能與不能；節制的溝通是為了長遠的共同目標，進而調整心態與做法。

極端、宣洩、渴望被理解

逆位的節制帶我們走向極端。抽到這張逆位牌，顯示出此時只想解決情感需求，而非解決實際問題，或用情緒宣洩的方式取代與他人溝通。過度在意自身感受是否獲得重視，渴望被理解，但缺乏傾聽與理解他人的意願，導致關係僵化、破局，也可能過度防禦，不願付出真心交流，或對不同文化背景的人有敵意。

正

問題		正位參考解析
工作	工作發展	發展順利，出差過程中獲得良好交流與合作機會。展現溝通、調節能力，開放的心態能帶來穩定的成長與康莊大道。
	求職運	求職運佳。與面試主管或合作對象相談甚歡，展現專業，也不忘表現個性。工作性質與旅遊、教育或文化相關最適合。
感情	關係發展	相處愉快，雖意見相左，但能坦誠維持穩定互動，也能從彼此身上學到東西。適時抒發感受能為關係帶來提升。
	桃花運	有適合的對象出現，對方也有發展的意願。對於彼此的差異感到有吸引力。積極而溫和的行動能讓關係穩定。

逆

問題		逆位參考解析
工作	工作發展	不聽人言，執著於自己的做事方式，以致只能做好一半的工作，或表現時好時壞、起伏不定，讓人難以信任。
	求職運	只求短期的利益，忽略長期發展。雖有機會，但給人不穩定的感覺。小心背離初衷，開始賺快錢，卻不是長久之道。
感情	關係發展	與伴侶難以溝通，只能維持表面的和諧，一深入問題就會吵架。雙方都在發洩情緒，而非尋求解決問題的辦法。
	桃花運	追求激情勝過穩定踏實的感情，要小心流連於情場而忘了怎麼去愛。害怕愛了就會失去自己而不願投入。

XV

惡魔

占星對應▶**魔羯座**　　屬性▶**土元素**

靈數能量 15 ／ 6

倒立五角星
是頭下腳上的象徵，意味著被欲望
主導，心智與理智都被掩蓋。

黑色的背景
精神上的黑暗。深入人
性的原始本能。

手勢
右手手掌有土星的符
號，土星是限制與壓
力之星。

牧神潘（Pan）
掌管樹林、田地和羊
群的神，喜歡吹笛，
用笛聲蠱惑人心，生
性好色，貪圖享樂。

火把
喚起熱情，也象徵煽
動慾火。

鎖鏈
鎖鏈看似套住男女的
頸子，其實可以輕易
取下，象徵兩人已被
物質欲望誘惑，寧可
被囚禁，也不願意重
獲自由。

祭壇
四方形的祭壇，指物
質世界可以將人囚禁
住。

男人與女人
對應戀人的亞當和夏娃。在這裡他們長了角和
尾巴，象徵獸性。亞當的火焰，象徵熱情與欲
望；夏娃的葡萄，象徵創造與魅力。

惡魔的靈數能量 15／6
放大的欲望、追求利益、大膽的行動

　　惡魔是 15 號牌，合併能量為靈數 6。靈數 6 的主題是關於愛與結合，但靈數 1 和 5 卻是強調目標達成與充實自我價值，當這兩數結合在一起，會激發出強大的動能，迫使我們對「渴望得到的一切」產生行動。靈數 1 的即知即行加上靈數 5 自由狂放的靈魂，讓靈數 6 更忠於自身的欲望，這時他人的感受已經不再是靈數 6 得優先顧及的，反而「我的感受與獲得」才是最重要的。

　　為了讓欲望能獲得滿足，此時的靈數 6 願意赴湯蹈火，甚至做出違背初心的抉擇。靈數 1 和 5 的結合讓我們更直接地接收到外界刺激，即物質與感官誘惑，顯然精神性的成長與智慧已被拋諸腦後，現在要追求的是權力、成功與利益。這張牌出現通常是要我們面對內心的黑暗與匱乏，有可能是對愛的占有欲、性慾，以及對金錢、身分地位的欲望，雖然靈數 6 指出這些欲望往往來自於過去不被愛的匱乏感，但靈數 1 和 5 並沒有要深入這一塊，反而直接推動我們設法滿足欲望，甚至為了達到目的而激發出前所未有的膽量。

　　人性的黑暗面似乎是我們避之唯恐不及的，卻每天都在現實生活上演。你可能為了家計，選擇了一份高收入卻要每天加班的工作；你可能為了增強自己的魅力，開始穿得性感、控制體重、練身材；或是你為了群體和諧，強迫自己扮演團體中的開心果。這些「為了」無非是欲望與利益，包括為了在社會生存，多多少少得學著如何工於心計，這都是選擇，無關對錯。

　　在戀人中，我們提過靈數 6 的課題是關於愛自己，但同樣也是靈數 6 的惡魔強調的卻是追求利益、為欲望付出行動，這難道也是愛自己的一環嗎？若要愛自己，便不能只愛著自己認同的那一面，連自己的黑暗面和不為人知的欲望也要一起擁抱。惡魔讓我們看到自己的另一面，那不是溫柔、接納與奉獻的一面，而是充滿城府、算計、癡狂的一面。

各取所需的關係、交易、壓力與束縛

惡魔是愚者三階段之旅「靈性之旅」的第一張牌,是開啟靈性大門的第一關,卻是二十二張大阿爾克納「最世俗」的一張牌,意味著若要活出靈性,就得接受自己也有惡魔涵蓋的種種面貌,因為靈性本就包含愛與恨、光與暗。上一張節制是愚者「內在之旅」的最後一張,意味著我們已經把二元「合而為一」,現在到了惡魔,應該很清楚靈性與社會化是不可分割的。

惡魔指出我們得犧牲自己的一部分,換取某個欲望被滿足,即是「與魔鬼交易」。你犧牲與家人的相處時間,賺取更多金錢;或是犧牲自己的原則,換得伴侶的重視。義大利電影《願望咖啡館》（The Place,二〇一七年）敘述常駐在咖啡館裡的一名神祕男子能幫助人們達成願望,來咖啡館的人們帶著各種願望到他面前,只要完成指定任務,願望就一定能達成。這部電影雖沒有使用塔羅牌,卻生動呈現出惡魔的主題,考驗我們在「欲望」面前願意付出多少代價。

吊人的犧牲不求實質的回饋,但惡魔的犧牲有明確的目的,如犧牲休息時間趕報告會被主管賞識、花錢買名牌可以提升社會地位,為了滿足欲望,他願意承受壓力與磨難,即使過程憤恨不平,但未達目的不會罷手。如同牌圖中牧神潘下方的男女,明明能夠輕易掙脫鎖鏈,但他們卻沒有這麼做。

在感情問題裡,惡魔指出因欲望而結識的關係、強烈的性吸引力,或是各取所需的愛情。在事業上,你可能會被誘人的薪資待遇吸引,或追逐挑戰與成就感而甘願受制於人,享受鬥爭、扮演壞人、操縱他人來達到目的。在惡魔的階段,即使內心有千百個「我也不願意」,卻不會掉頭就走,因為離開就輸了,就代表自己是無能的,是被拋棄的或不被愛的。當我們拚命遠離這些標籤,就落入了惡魔為世俗打造的權力遊戲,而我們得時時留意自己是不是在遊戲裡上癮了。如何能夠接受欲望,但不被欲望控制?是惡魔的一大課題。

逆位說明
解放、投入生命、當下的精彩

逆位的惡魔中，倒五角星轉正，回到由精神層面來主導生命，原本被束縛的男女也掙開鎖鏈，不再被自己的欲望束縛，從權力鬥爭的遊戲中脫身。但逆位的惡魔並非沒有欲望，有時甚至更投入於感官享樂，因為他一心追求自由，從傳統觀念中解放自我，無視於世俗的體制規範，故能全然投入熱愛的人事物中。

問題		正位參考解析
工作	工作發展	競爭性強，具有優勢，業績成長。願意卑躬屈膝、努力不懈，可受到主管賞識。同儕氣氛緊張，要小心過勞與鬥爭。
	求職運	工作機會多，重視外在展現，強調自己能給予的，拿出積極與野心，對於優渥的工作條件要審慎衡量自己的能力。
感情	關係發展	感情建立在各取所需。又愛又恨，糾纏不清，被對方某些條件所牽制。因不甘心而不願放手。有第三者的可能。
	桃花運	透過玩樂或在輕鬆氛圍下結識對方，積極展現魅力，彼此都被外在條件吸引。關係起伏不定，需衡量自我能力。

問題		逆位參考解析
工作	工作發展	工作表現良好，但過於自我，是他人眼中的麻煩製造者。隨心所欲，有時為達目的不擇手段，樹敵眾多。
	求職運	適合有挑戰性的工作，展現專業與才華，受人景仰，但要注意高高在上或難配合的態度。
感情	關係發展	嬉皮式的戀愛觀，不綑綁彼此。愛的時候很濃烈，吵起架來也很激烈，雙方都非常主張做自己。有時指出開放式的關係。
	桃花運	遇到不受局限、不輕易承諾的對象，有可能是短暫的激情。強調曾經擁有勝過天長地久。

XVI

高塔

占星對應▶**火星**　　屬性▶**火元素**

靈數能量 16／7

皇冠
統治與成就、物質與財富被擊落，也象徵
對體制的挑戰、對權勢的羞辱。

著火的窗
象徵身心靈受到重大
的磨難，火燒也象徵
痛苦掙扎。

閃電
擊中塔頂的閃電像是
箭頭，也是火星的符
號♂，象徵破壞力。

黑夜與烏雲
象徵在黑暗中停滯。

火花
左邊有十二道火花對
應吊人，右邊有十道
火花對應命運之輪，
意味著精神上需要徹
底改變的必要性。一
共有二十二道火花，
象徵二十二張塔羅大
牌。

墜落的兩人
有一說法是戀人牌的
男女在歷經惡魔的誘
惑之後，終將遭到懲
罰；另有一說是左邊
的臣子自己跳下來，
右邊的國王手勢則象
徵屈服。

塔
對應《聖經》巴別塔的故事。警告世人勿自作
聰明，並以語言阻擋人類溝通。

高塔的靈數能量 16／7
誠實面對、打破誤認、深刻反省

　　高塔是 16 號牌，合併能量為靈數 7。靈數 7 好思考與懷疑，對於生命的任何經驗都會設法找到其中的意義，但往往是用腦分析，而跳過用心感受。在高塔中，靈數 1 和 6 賦予了靈數 7 勇於面對內在的勇氣，不再以抽離的方式看待自己的傷痛，能夠深刻感受實實在在的失望、挫折、憤怒與悲傷。

　　對靈數 7 而言，誠實面對內在的感受是非常需要勇氣的，畢竟他們太擅長用理智淡化自己的情緒，長期下來就誤以為自己是個情緒平緩的人，就像同為靈數 7 的戰車嚴格控制情緒展現，快樂不能太多，怒氣不能太強，悲傷也不能太滿，因為過多的情緒會讓他失了分寸。但靈數 7 是個「求真」的數字，他們求真實、要真相、渴望看得通透，卻看不清自己的真面目。編號 16 的高塔，像是為了釋放戰車的壓抑，透過外在事件的發生，逼迫靈數 7 面對無法再掩蓋的情感，也打破了靈數 7 對自我長期的「誤認」。

　　抽到高塔，你得開始質疑自我長期建立起來的形象，即「我可能不是自己想像的……」，後面你可以接上對自己的任何形容，如堅強、獨立、不需要感情，也可能是溫柔、大方或無私。這張牌會帶來「突發事件」，讓你不得不對自我產生懷疑，因為「求真」的靈數 7 會揭穿我們的武裝與假面具，即使你以為自己的武裝不曾傷害到他人，卻也騙了你自己。這是讓你深刻反省自我的絕佳時機：你欺騙了自己什麼？你需要面對什麼？

　　靈數 7 要我們看見，在你我努力營造的社會形象、身分認同被摧毀之後，真實的自我是什麼樣貌？你可能會發現自己的貪婪、驕傲、自私或無能，或是過去拚命隱藏、不讓他人發現的另一面，但靈數 1 的堅定加上靈數 6 對他人與對世界的愛，教我們不帶批判、溫柔地接住自己。意外打擊與突發狀況是生命對我們的慈悲，目的是教我們卸下武裝、拆下面具，重新活出「真我」的樣貌。

意外、崩毀、停止自我證明

在惡魔中，我們不斷滿足社會期待和自我欲望，證明自己是一個有能力、有魅力或有錢有勢的人，但高塔隨即打破我們對自我的認知，要我們停止自我證明。在《聖經》巴別塔的故事中，人類自作聰明建造了通天塔，證明自己的才能與上帝同等、與神同高，卻忘了自己是人，而非神，上帝因此將高塔摧毀，並賦予人類不同的語言，好讓人類彼此無法繼續溝通、合作建立高塔，讓人們回歸「本分」，即成為自己，不再設法成為不是自己的樣子。

要我們「結束、改變」的牌都讓人害怕。死神的結束是意識能夠預料或計畫的，高塔則是突發意外帶來的震撼。在占卜中，高塔象徵「基礎」不夠扎實穩固，如同牌圖中一道閃電就能把高塔摧毀。在感情上，指出伴侶間的小問題引爆大災難，其實是長期隱忍與缺乏溝通所導致，也可能是這段感情充滿謊言、自我欺騙與虛假，讓人無法再說服自己接受現況；在事業上，可能你的工作環境是不可靠的，或你已無心工作，導致錯誤頻頻，將有麻煩發生，要你謹慎面對。

高塔之所以夾帶著強大的破壞力，是為了打破我們長期固著的信以為真。圖像中的「陽性結構」被破壞，代表我們長期建立起的尊嚴或性別認同被瓦解，需要重新建構。若你更有意識地面對高塔帶來的變革，會發現這些意外發生都來自內在靈性的召喚。你有可能「突然」決定結束一段看似穩定的感情、離職或離開現有生活，這些決定往往只是靈光閃過，連你自己也很意外會做出這樣的決定。但是，這並非完全不可理喻，因為你內心深處知曉這段感情、這份工作或生活模式有狀況，即將引爆，而你的第六感在保護你。

如果對應人格特質或建議，很可能既火爆又極端，破壞力強大。這張牌也建議我們釋放憤怒與悲傷，當情緒的磚牆崩解之後，回到遼闊的草原，才能靜心與自己和平共處，到那時候就不需要再努力證明什麼了。

已知的不可逆、有限的補救、不坦誠

　　抽到逆位的高塔，代表已意識到問題即將引爆，但來不及脫身，該面對的還是得面對，現階段能做的就是把必然的傷害降到最低。也有可能你對生命的一切都感到憤怒，但尚未發生足以推動你離開執著監牢的重大事件。逆位的高塔也指出你拒絕用真實的感受回應問題，而你的不坦誠將使狀況持續惡化。

正

問題		正位參考解析
工作	工作發展	小心警訊，有重大改變或無法控制的意外降臨。被革職或轉調，自尊瓦解與挫折感侵襲。這時需要低調、沉澱、反省與革新。
	求職運	求職運不穩，需要更努力積極。正視內在需求與動機，可能會被刁難或刺傷。小心被騙，或是被公司的表象給蒙蔽。
感情	關係發展	爭吵、謊言、壓抑爆發。忍無可忍或突如其來的意外為關係帶來重大改變或分離，需自我反省，而非反省對方。
	桃花運	可能只是一夜情或遊戲，避免投入太深，要小心介入他人家庭或感情。承諾空泛、謊言、不負責任的關係。

逆

問題		逆位參考解析
工作	工作發展	打開敏銳度，發覺危機，立即補救，有挽回的可能。需要從態度上徹底改變，謙虛是非常重要的。
	求職運	注意公司是否可靠，或小心不合理的待遇。思緒混亂，要花時間沉澱，並接受想做的與能做的是不同的。
感情	關係發展	及時發現問題，需要長時間溝通，但有可能傷害已經造成，得花更多時間消化與療傷。重新思考自己要什麼樣的關係。
	桃花運	渴望冒險與刺激，小心吸引來危險情人，也有可能你主動投入危險，或是傷害他人。把遊戲規則說清楚是上上策。

XVII

星星

占星對應 ▶ **水瓶座**　　屬性 ▶ **風元素**

靈數能量 17 ／ 8

星星
天狼星,光明與希望,宛如北極星能
協助我們確認位置,也象徵羅盤,告
訴我們方位。其他七顆分別為七大行
星:日、月、金、木、水、火、土。

朱鷺之神
埃及的聖鳥,可以對
抗蛇、殺死瘟疫。

女人
裸體的女人象徵什麼
都沒有,回歸到最純
淨的狀態。凝視著湖
面提醒我們對潛意識
的觀照。

草地
大地最自然原始的狀
態,只有幾株草冒出
新芽,萬物復甦,重
新生長。

湖水
潛意識的象徵。將水
倒入湖裡,意味著重
新建構潛意識、重新
養成新的習慣。

流水
以右手(意識)直接
將水倒入湖面(潛意
識),而左手(潛意
識)的水流則灌溉了
大地(意識)。

腳
如同節制,意識與潛意識達
到中庸的概念。

獨立、期許與願景、距離感

星星是 17 號牌，合併能量為靈數 8。靈數 8 追求永續的成長茁壯，不安於現況，因此將目標設定得遠大，以過人的耐心、毅力朝著目標前行。而靈數 1 的獨立加上靈數 7 的抽離特質，讓靈數 8 更能心無旁騖，毋須理會外在紛擾。經歷了高塔的衝擊，過去築起的華麗高樓瞬間夷為平地，讓我們認清過去的信念所建立的一切根本是不可靠的，星星提醒我們找回內心的平靜，回歸自我，不再仰賴社會價值、他人的愛與認可。

經歷了死神、惡魔到高塔，我們應該體悟到把希望放在他人身上是危險的，不僅限制了彼此的自由，更耗弱了自己的心力。我們對未來的願景往往都囊括他人的生命，如與愛人結婚生子或環遊世界、與家人長久扶持等，但即使是再親近的人也是獨立的個體，每個人渴望的美好未來都是不一樣的輪廓。靈數 1 和 7 都強調獨善其身的重要，這兩數的組合在建議你，把對未來的希望與目標放在自己身上，這時你需要樹立「個人的願景」，而非與某人的未來。

星星要我們規畫的未來願景，更像是對自我的期許，期許自己能成為什麼樣的人，期許自己能過著什麼樣的生活，期許自己能在感情關係中注入什麼樣的品質。當我們開始朝新的願景前進，用心灌溉我們的小日子，知道自己缺乏什麼、需要什麼，就主動朝著那方面穩定經營。星星的課題很簡單，只是現代社會的人我關係太過緊密、依附性太強，讓簡單的事情變得複雜。

靈數 1 和 7 提醒我們與人拉開距離，更要與自己的情緒拉開距離，遠離情感牽絆，才能完成靈數 8 的功課，即務實地建構對未來的理想、不屈不撓地前進。雖然靈數 8 象徵著豐饒，但星星的靈數 8 是由 1 和 7 所組成，因此更著重在內在的富足，而非外在的擁有。星星之所以能達到平靜自在的境界，不是因為他擁有很多，而是他需要的很少。

平靜、充滿希望、灌溉生命

如果說從死神到節制，是學會放手才能讓自己更好，那麼從高塔到星星，就是扎扎實實地砍掉重練，一切都重新開始。死神與高塔都象徵結束，但後面分別續接的都是有「流水」象徵的牌，差別在於節制的流水是雙向交流，是兩個不同個體彼此溝通學習，但星星的流水是流向草地與湖泊，意指我們能夠更有意識地看見自己正在創造什麼樣的生活，也已經懂得讓過去的情感經驗轉化成灌溉生命的泉源。

「一無所有，就沒什麼好失去了。」是星星的精神。高塔帶來毀滅，一切萬象更新，經歷痛定思痛，朝向更踏實的理想與目標邁進。從星星之後，所有的人物都是裸體姿態呈現，跨越了對物質欲望的執著，我們回到初衷，一切的付出都是最純粹、不求回報的，同時也是滋養自己的過程，漸漸地發現不執著於擁有便能活得更自由。星星的美好雖然有距離，卻讓我們願意為憧憬而努力，歷經苦難重新萌芽的過程，反而讓我們更自信堅強。

由於星星強調的是在荒蕪與平靜中重新滋長，在占卜中，就不會給我們精彩刺激、五光十色的繽紛生活，更別談在戀愛中的悸動與甜蜜、在事業版圖中不斷突破，這些充沛的情緒與高度的積極性都與星星無關。相反地，星星在感情中往往趨於柏拉圖式的戀情、靈魂伴侶或遠距離關係，也可能是以仰望的態度看待愛戀的對象，把他放在遙不可及、如偶像般的位置；事業上，星星通常不求功名，卻帶有強烈的使命感。

星星的出現，要我們相信自己已經走在正確的道路上，現在只需要想像力與自信把未來的藍圖畫得更大更美，並一步一腳印朝此方向行動。生命的燈塔不是某個人或導師，是你對未來的願景、對自我的期許。哪怕大家都說你走得很慢，那也沒有問題，能依循著自己的速率是很有勇氣的。

恐懼希望、不敢期待、緬懷過去

星星逆位後，光亮變得微弱，很可能是你太專注在過去的負面感受，不相信自己有力量能重新開始，不敢期待未來有更好的可能，告訴自己不懷抱希望就不會落空。或是故意把目標設得太遠大、太困難，自覺不可能成功，自然也不會太努力。有時代表緬懷過去的光鮮亮麗，拒絕重新開始。

正

問題		正位參考解析
工作	工作發展	工作發展穩定，不強求功名利祿，堅持做好本分與初衷，善待工作夥伴。平靜、冷靜的工作態度會引來合適的機會。
	求職運	求職運順利，但要避免過度商業化的工作。訴說對未來的理想與抱負，強調過去的經驗如何幫助自己成長、確立方向。
感情	關係發展	柏拉圖式的感情，互動不多，但是能舒服自在地相處。平靜而喜悅，需要建立共同目標，是充滿理想、有願景的感情關係。
	桃花運	有對象，但缺乏互動機會；關係遙遠，卻帶來朦朧美。有可能當事人現在只重視內在的寧靜，不強求感情。

逆

問題		逆位參考解析
工作	工作發展	看不到未來性，工作常會有許多無法確定的事，或是遇到畫大餅的主管，終究只能靠自己。處理好心情，才能處理好事情。
	求職運	求職運不穩定。太好高騖遠或太理想化。有可能一心想發展新的事業，急於展開新生，但力量不夠、地基不穩。
感情	關係發展	相處時間太少，或感覺人在心不在。拒絕獨立，因為覺得獨立了就不需要談感情了，也象徵彼此關係是需求勝過愛。
	桃花運	過度愛自己，以致目中無人。需要被崇拜或被認同，不輕易配合他人。也可能標準太高且不願妥協。

XVIII

月亮

占星對應 ▶ **雙魚座**　　屬性 ▶ **水元素**

靈數能量 18 ／ 9

月亮
由新月與滿月所組成，象徵月亮的變化多端。月亮蓋住了太陽，意指被夜晚所籠罩，看不清真實的樣貌。

女人的臉龐
代表著未知的情感。中世紀的人們相信發瘋之人的靈魂都會飛到月亮上，而發狂的行為「lunacy」便是源自於月亮的拉丁文「luna」。

露珠
十五滴露珠，是滿月的數字，露珠也象徵情感滋潤。

雙塔
是最後一次二元象徵的呈現。道路從雙塔中間通過，意味不需選擇，而是穿越。

狗和狼
狗象徵馴服，狼象徵獸性，兩者對著月亮吼叫象徵恐懼，以及對未知事物與陰性特質的害怕，因為它們都是捉摸不定且無法控制。

湖水與鰲蝦
潛意識的恐懼冒了出來，但尚未爬到陸地上，也意味月亮把恐懼給映照出來了。

月亮的靈數能量 18／9
靈性提升、感應力、置身未知

　　月亮是 18 號牌，合併能量為靈數 9。靈數 9 追求的是智慧與靈性的提升，在隱者的階段，我們透過獨處來放鬆、沉澱，因為能夠全然地與自己相處，所以不會感到寂寞，但隱者把焦點放在精神與智慧的修養，尚未深入靈性領域，到了 18 號牌，靈數 1 和 8 共同擁有的積極性與突破性，帶領我們進入月亮的混沌與潛意識。

　　靈數 9 是靈性最強的數字。在星星的階段，我們已經決心不再沉迷於物質世界，現在來到了要深入潛意識、提升靈性的時候，這不是光靠靜心打坐就能做到的，而是要把自己丟在未知、幽暗與恐懼的世界，讓大腦失去作用，靈性才有辦法運作。在月亮的微光下，一切都是朦朧的、不清晰的，狼與狗對未知感到恐懼與敵意，因而吠叫，呼應靈數 9 為現實生活帶來的茫然與迷幻，這時我們的思考能力相對退化，只能透過感知與過去的經驗來釐清現況，但往往只會創造更多的恐懼。靈數 9 的能量也符合月亮的象徵，既多變又充滿想像力，這時迷惘的我們不妨多接觸神祕學、夢境或藝術治療。

　　隱者的能量是純粹的靈數 9，那時的我們可以隱蔽、沉思、進修或學習，但同樣是靈數 9 的月亮卻涵蓋了 1 和 8 的能量，擴展了靈數 9 的格局，讓我們從精神性的思考進一步提升至靈性的體悟，也意味這是一段「令人不安」的過程，因為要修好靈性課題，會先接觸到的都是我們無法理解的生命經驗。

　　你可能會在此時開啟你的「敏感體質」，開始對環境、接觸到的人或事件有強烈的「感應」，理智、邏輯則不再管用，但這是靈數 9 的禮物，提升靈性能使我們以更宏觀的態度看待生命，看待自己正在經歷的考驗，因此在月亮裡的靈數 8 正是在提醒我們：不要逃避這階段所產生的「不舒服」，過去一直在壯大自己的身心，而現在則是訓練靈性變強的時刻。

牌義說明
感受充沛、回溯創傷、釐清內在

　　月亮是深入靈性世界的重要關卡，但深入靈性也意味著必須穿越「傷痛與恐懼」。在牌圖中，朦朧的月光讓氛圍變得曖昧不明，前方若是出現黑影，分不清是人在走動，還是樹被風吹動。在幽微的月光下，肉眼無法看清現實，此刻我們的理智已派不上用場——無從分析，無法控制，焦慮與恐懼隨之湧現。

　　因為看不清楚前方的路要怎麼走，也不確定他人是怎麼想的，多走一步或多說一句話都得擔心自己會不會陷入險境，此時正是進退兩難的局面。你可能無法信任現階段的感情，對工作環境或家庭關係充滿不安，因此你會期待伴侶、公司或家庭成員能給你具體承諾，希望他們能處理你的恐懼，但當你把焦點放在他們的言行，就容易忽略了觀照自己內在的情緒運作。

　　月亮是愚者之旅最後一張出現二元論象徵的牌，意味這是我們面對「陰影」的最後關卡。你可能變得敏感又多夢，長久以來壓抑的情緒、負面回憶與傷害可能都會在此時湧現心頭。月亮要提醒你的是：別花力氣去處理讓你受傷的人事物，而是釐清自己如何面對傷痛與恐懼。來到大牌的最後階段，我們都已經有足夠的歷練與學習，可以用更成熟的態度對自己的創傷經驗負起責任。既然此時理智已無用武之地，就學著把豐富的感受性轉化為療癒自己的工具，透過藝術創作、療癒書寫、夢境記錄與解析，都可以帶領自己重新省視過去的創傷。你會發現，重新「看清楚內在運作」比起看清楚外在世界更能賦予自己力量。

　　在占卜中，月亮指出現階段不適合行動與抉擇，因為此刻的我們對情勢、對他人的認識並不充足，光憑感受主導一切可能會出錯，甚至被欺騙。在跋前躓後、無法辨明真相的狀態下，不妨先釐清自我、向內探索。要能夠無懼、能掌握力量，先決條件是要「看得夠清楚，瞭解得夠深入」，對自己更是如此。

逐漸明朗、步步為營、過度理智

逆位的月亮意謂前方的道路可能逐漸變得清晰可見，或是埋藏已久的祕密終將被揭開，而你依然「一朝被蛇咬，十年怕草繩」，帶著過去受的傷，不願卸下心防。即使沒有危險，也步步為營，否定感受與情緒能為生命帶來轉化。你害怕靈性啟蒙會讓自己與世俗失去連結，因此小心翼翼地看待玄祕之事。

問題		正位參考解析
工作	工作發展	帶入太多感情在工作中，情緒影響效率。需要時間釐清資訊，避免讓流言蜚語干擾判斷。
	求職運	憑感覺找工作，而非經過審慎思考。缺乏自信，害怕被否定，導致表現綁手綁腳。需要沉澱與面試練習來累積自信。
感情	關係發展	受外在環境的影響，產生不信任，過於沒有安全感，不自覺的情緒勒索。避免把情緒丟給對方處理，表達脆弱而非依賴。
	桃花運	曖昧機會多於穩定關係。會遇到猶豫不決的對象（或自己猶豫不決）。會讓你重新面對過去的傷害。

問題		逆位參考解析
工作	工作發展	可以看清楚未來的難關而做好事先準備。有小人，但不足以造成威脅。想遠一點，準備多一點，需要用點心計以求自保。
	求職運	有機會找到適合的工作，請展現出善於發現問題、解決問題的特質。面試不能太放鬆，需要多一點準備。
感情	關係發展	看清楚阻礙關係的問題點，一心求理智溝通、討論解決辦法，但有可能缺乏同理心，使月光的朦朧浪漫變得冷漠無情。
	桃花運	有機會，但要慢慢來，避免太快展露全部情感。想把自己的黑暗面一次攤在陽光下，考驗對方的誠意，但要注意反效果。

XIX

太陽

占星對應▶**太陽**　　　屬性▶**火元素**

靈數能量
19 ／ 10 ／ 1

太陽的光芒
十條彎曲的光芒加上十一條直線的光芒，
再加上一條黑色的彎曲光芒，等於二十二
條光芒，對應二十二張大牌。

太陽的臉龐
平靜、慈祥且專注。

紅色的旗幟
象徵熱情與成功。

雛菊與紅羽毛
雛菊象徵純真，紅羽
毛是活力的來源，與
愚人頭上的桂冠葉對
應。

向日葵
四朵向日葵象徵土、
水、火、風四元素。
花朵朝向小孩，象徵
旺盛的活力。

裸體的小孩
象徵無憂無慮、純粹
與智慧。雙手打開象
徵接受一切。看不出
小孩子的性別，代表
打破二元選擇。騎馬
卻沒有馬鞍，也不用
手控制牠，意味著全
然信任、視動物為夥
伴。

牆
保護。用以區隔過去
與現在。

白馬
純潔，在這裡是溫馴的野性。

太陽的靈數能量 19／10／1
活力充沛、信任未來、發光發熱

　　太陽是 19 號牌，合併能量為靈數 10，再合併至個位數字所得為靈數 1。可想而知，太陽牌融合了魔術師的積極與自信、隱者的歷練與智慧、命運之輪的變動性且懂得掌握機會，也包括了愚者的天真與無懼，這些靈數能量匯集成了這張充滿活力、最為積極正向的太陽。

　　在上一張月亮的階段，靈數 9 帶領我們回溯恐懼的生成，跳脫二元思維，重新穿越恐懼，現在再度回到靈數 1，因為認清了所有的恐懼都是幻象，所以已經無所畏懼了。此時的靈數 1 徹底拋開過往的束縛，凡是想做的、渴望的與熱愛的都大膽行動，對於尚未到來的生命經驗懷抱著信任，全然敞開，即使受傷也沒關係，因為傷口會痊癒，但錯過的美好無法重來。在這個階段，任何體驗都沒有好壞之分。對靈數 1 而言，美好不是外面的天氣是否晴朗，而是他總能用滿滿的元氣活出生命的精彩，內在的生氣勃勃更勝外在的陽光普照。

　　太陽是靈數 1 發展至最成熟的體現，他會對生命的機會說「是！」、「好！」、「來吧！」，並把生命視為一座巨大的遊樂場，而生活中大大小小的挑戰宛如各項遊樂設施。這並不是說太陽只需玩樂、不需辛苦工作，而是能在充滿挑戰的生活中創造出玩樂的品質與動力，能像孩子般愛笑、容易感到開心，喜歡認識新朋友、體驗新鮮的事物，這一切都是忠於靈魂而非欲望的行動。

　　這時候的靈數 1 把目標放在分享光與熱，使自己與身邊的人、所到之處都充滿喜悅與活力。雖然靈數 1 強調展現自我，凡事「以我為出發點」，讓這個數字容易被貼上以自我為中心的標籤，但太陽本身不正是以自我為中心的存在嗎？太陽散播的光與熱能賦予萬物生命力，但它不是為了延續大地生命而發光發熱，只是很單純地成為自己，做自己該做的與能做的。當每一個人開始發展內在的太陽，不僅是活出自己，也在無形中照耀了他人的生命。

樂觀、成功、心胸開闊

　　太陽要我們展現的是樂觀。雖然前面提到的某些牌也涵蓋了樂觀的意涵，但「樂觀」二字可說是太陽的靈魂，這份樂觀讓他不畏懼困難與挫敗、不執著於是否會失去、不拘泥於單一的成功價值，這份樂觀讓他能夠在各種生命經驗與緣分中獲得成長與意義。

　　雖然有些人可能會覺得他太過樂觀，認為他是個不經世事的孩子，才能夠如此天真豁達，但已經來到靈性之旅的最後階段，太陽不同於愚者是以無知取勝的初生之犢，他展現出來的是飽經世故後的大智若愚，正能量是用在自己身上，進而帶動身邊的人，不會到處奉勸世人要樂觀積極、正向思考。虛假的樂觀正向只是逃避問題的武裝方式，但太陽的光與熱會把所有隱藏的問題、看不見的角落都照亮得一覽無遺，內在的黑暗也獲得了光亮與溫暖，而照耀我們的並非他人，正是你願意接納自己的心胸。太陽不會說：「一切都會變好的。」他會聚焦在：「現在一切都看得一清二楚了！我知道要怎麼做了！」

　　在占卜上，太陽指出光明的前程，事業發展順利，正向處理困難，而且危機都能化險為夷，熱情與溫暖的特質也能在職場上獲得正向的人脈關係，以及更多的機會與資源。在感情問題裡，通常指出兩人美好的未來，即使吵架也能快速化解，一起從事戶外活動也有利於關係升溫。特別的是，若問曖昧關係的發展，多半指出兩人相知相惜，但不見得能往伴侶關係發展。

　　許多人把太陽指向巨大的成功，但靈性之旅的成功往往不是個人的豐功偉業，而是他珍視生命所賜予的一切，包括呼吸到的空氣、能運作的身體、他人的關愛，乃至過去的種種經驗，都造就了自己的成長，擁有這一切難道不是成功的人生嗎？由此可知，太陽的快樂與幸福來自他的心胸開闊，能接受各種形式的愛，能看見所有生命經驗、身邊的人們都用不同的方式在愛著我們。

逆位說明

刺眼、延遲的光明、隱憂

逆位的太陽從溫暖的陽光普照變得銳利刺眼，代表你可能太過直率，或是正能量爆棚，因而不經意地刺傷他人。有時是指「太陽升得比較慢」的狀況，意味著保持耐心與意志力，光明還是會到來。逆位的太陽依然保有光明與熱度，卻多了一分緊張不安，意味享受美好生活的同時，也擔心一切會不會突然消逝。

問題		正位參考解析
工作	工作發展	發展順利，保持真誠與熱情，設定的目標能達到。在工作中散播溫暖、分享成就，搞定人情就能搞定事情。
	求職運	求職運佳，受人愛戴。自己有沒有興趣最重要。適合從事需要互動、展現個性，或是與小孩、娛樂有關的工作。
感情	關係發展	感情發展順利，就算交往已久，也持續保有愛的感覺。有懷孕的可能。多接觸戶外與大自然有助於兩人關係發展。
	桃花運	是兩小無猜的感情，情誼建立在共同的愛好上，不一定會發展成伴侶關係，但情誼純真，令人感到愉悅、滿足。

問題		逆位參考解析
工作	工作發展	發展穩定，但可能缺乏積極性與熱情，對於工作本身沒有太多想法，但喜歡工作的氣氛與環境，安逸卻缺乏成長性。
	求職運	求職動力較低，面試時容易被當下感受影響，而忘了提出重要需求。雖可找到穩定的工作，但不見得是自己有興趣的。
感情	關係發展	愉快，但沒有進一步的共識；像好朋友一樣，但缺乏激情。或是太安逸，缺乏危機意識，導致說話不經大腦，引發衝突。
	桃花運	不缺玩伴，缺的是承諾的動力與責任感。寧可成為永遠的朋友，也不願因抓太緊或期待太深而破壞關係。

XX

審判　占星對應▶冥王星　屬性▶水元素

靈數能量 20／2

大天使加百列（Gabriel）
傳遞天界訊息的天使長，負責轉生，讓靈魂
進入女性的身體，使女性受孕，也掌管生死。

紅十字旗幟
紅色十字象徵對人類
的肉身救贖，搭配白
底，象徵醫護、救助
苦難。十字也有平衡
身心靈的意味。

遠方的山峰
象徵未知的來世。

灰藍色的地表
看似泥濘的地面或水
面上乘載著棺木，象
徵人生在世所累積的
情緒、欲念與複雜的
思想。

號角
傳遞福音／審判。今
世的績業將會得到回
報。喚醒沉睡的人，
讓人們得到重生的契
機。

被喚醒的亡者
象徵接受審判的態度
都是一致地欣喜。前
景的三個人與後景的
三個人，連結成陰陽
融合的六芒星形狀。

棺木
象徵世俗的監獄。

審判的靈數能量 20／2
傾聽所有聲音、放下批判、擁抱過去

　　審判是 20 號牌，合併能量為靈數 2。凡是靈數 2 都象徵「他人的聲音」進入了我們的生命，我們不再只考慮自己，任何言行之前都會先傾聽他人的想法。這時的你可能特別在意他人的聲音，或是外界對你的評價。你可能會想知道在老闆眼中自己是什麼樣的員工；在另一半眼中，自己又是什麼樣的伴侶。審判的課題，即是接受他人和世界對你的意見，可能跟你對自己的認知是不一樣的。

　　高塔之後，穿越了星星、月亮與太陽的旅程，我們都在學習重新活出自我，終於來到了靈性之旅的最後階段，卻要重新把焦點放在他人身上？過去，我們都曾因太在意他人而失去力量，但此時我們已經有足夠的智慧與心性，明瞭沒有人能阻止他人發表意見與評價，但可以選擇是否要以這些評價來束縛自己，也就是尊重對方有他的觀點，而我們可以選擇採納或拒絕。一個成熟的靈數 2，懂得敞開心胸傾聽他人的意見，也能非常清楚區分他人意見與自我認知，要能不把兩者混淆，需要有高度的自我接納。

　　在這階段的靈數 2 很清楚，傾聽他人的意見並不影響自我認同，如果你對他人的批評產生憤怒或挫折，意味著你也用同樣的話批評過自己。在靈性之旅的最後階段，審判要我們重新去擁抱「那個曾經被自己丟掉的不夠好的我」，才能真正踏上「重生」的旅程。審判的重生，並非大破大立的改變，而是學會如何「把自己愛回來」。如果我們不允許他人對我們有批評、不允許在他人眼中有另一個版本的我，我們是無法愛自己的。尊重他人有自成的思想與感受模式，不求他人的理解與認同，這是對自己的慈悲。

　　靈數 0 鼓勵我們敞開心胸，擁抱生命的各種可能。在 10 號牌命運之輪，我們抓住外在的機會，迎接生命的轉振點；到了審判，我們回歸內在，用心傾聽所有進入生命裡的「聲音」，並覺知到這些聲音都是來自靈性的召喚。

過去的課題、復活、精神上的蛻變

「審判」二字讓人直觀聯想到天堂或地獄，但牌中的亡者只是從棺木中被喚醒，比起在正義可能面臨的判決，審判反而沒有判處任何人。在我們的認知裡，墮入地獄就得經歷反覆輪迴之苦，那是因為我們用陳腐的思維面對反覆發生的課題，始終不得超生；而天堂，即是我們接納新的思想，用新的態度來破關斬將，終於不再被過去制約。因此審判出現的目的，是把上天堂或下地獄的決定權交給你：同樣的課題再次出現，你這次會如何面對？

審判是「總驗收」的時刻。過去我們用心盡力的、勇敢面對的，會接收到福報；但舉凡我們忽略逃避的，也都會變成要「重修」的功課，就是所謂的「因果業報」。牌圖下方的人們欣然接受大天使傳遞的佳音，無論是努力而得的善果，或是得重新面對過去的課題，大家都歡欣鼓舞地接受。因為所受的因果業報是為了讓靈魂變得更完整，是源自生命的愛，我們得以用新的態度來完成未竟之事、修正生命道路，這是多麼值得慶幸的重生機會。

審判通常會引發特定事件，讓你重新面對過去，你不需要大刀闊斧做出重大抉擇，反而得接受自己的業報，不再去想著「如何不讓這課題再出現」，而是「如何讓這課題不再困難」。可能過去的工作會重新找上你，或是過去的戀人會再次出現在你的生活中，曾經的後悔與缺憾，現在你得到了修補的機會。你得記得：他人與外界如何待你，這是他們的業；但你如何回應與面對，是你的業。

這時候的你可能會主動豎起耳朵聆聽，汲取他人或社會對你的看法，但這並不意味著自我否定，只是你渴望讓自己更不一樣，願意接受批評，並懂得自我調適。你也可能開始聽從內心的聲音，懂得留意生活中的種種「徵兆」，並相信一切的安排都是靈性的導引。我們的靈魂有很多話想說，可能會透過他人、反覆發生的事件、你常看到的訊息或聽到的聲音，來提醒你我改變的方向。

逃避問題、業力輪迴、拒絕傾聽

逆位的審判意味可能拒絕聽從靈性的召喚、否定他人的意見，用僵化的思維面對反覆發生的課題，以致無法重生，落入業力的輪迴。或是有了重生的機會，卻把這機會視為麻煩，寧可躲回棺木裡面，逃避面對，以為眼不見為淨，但煩擾的問題從未解決，因為改變的意念不夠強烈。

正

問題		正位參考解析
工作	工作發展	開始收成了。廣納他人建議，用創意、新的方法來應對手上的任務，會帶來更多收穫，突破現況。有轉職或復職的機會。
	求職運	求職機會多，亦可透過人脈介紹，積極將訊息散發出去，能帶來更多機會，也可能重操舊業。面對選擇，請聽從直覺。
感情	關係發展	透過事件的考驗（衝突、變革、環境改變）讓關係昇華，對彼此更坦誠，學會溝通不帶批判。也象徵關係的復甦、和好。
	桃花運	桃花運好，尤其親友介紹機會多。可能是過去就認識的人，或是與前任重燃愛苗。別讓外在條件影響判斷。

逆

問題		逆位參考解析
工作	工作發展	不接受他人建議，導致麻煩反覆發生，雖可解決，但消耗人心。抱怨很多，但不會輕易離開。耗費大量溝通成本。
	求職運	逃避接受使命，或者追尋不適合自己本性的工作，可找到「能做的」，但難以樂在其中。過渡期，適合尋找暫時性的工作。
感情	關係發展	為小事吵架，把伴侶的不同意見視為對自己的否定。錯把情緒話當真心話，以致受傷害。要小心提到過去的感情。
	桃花運	自己的心意不定，維持在曖昧關係，難以突破。可能選擇眾多，還在比較與觀察期。要注意與前任藕斷絲連的問題。

XXI

世界

占星對應▶**土星**　　屬性▶**土元素**

靈數能量 21 ／ 3

桂冠葉圈
圓滿地完成目標，意味成功、完整。中
間紅色的緞帶象徵無限大、生生不息。

頭上的桂冠葉圈
與外圍的桂冠葉圈呼
應，象徵意識創造現
實，也象徵責任與本
分。

天使蓋婭（Gaia）
大地之母，希臘神話
中各神祇的創造者，
而創造也帶來照顧與
責任，意謂掌管生命
萬物。

裸體跳舞
自由奔放，在她的舞
臺裡感到放鬆。呈現
第 12 號牌吊人回到
地面的姿勢。

紫色緞帶
被神聖的力量環繞，
呈現靈數 3 的能量。

雙手持權杖
掌握陰陽兩極的創造
力，與魔術師手上的
權杖是一樣的，在此
更能輕鬆掌握，連結
天地能量。

頭像
是命運之輪中的四活
物頭像，也象徵著固
定星座，人頭代表風
（智慧），鷹頭代表
水（感情），牛頭代
表土（物質），獅頭
代表火（力量）。

世界的靈數能量 21 ／ 3
生命舞臺、社會責任、局限與成就

　　世界是 21 號牌，合併能量為靈數 3。在大阿爾克納牌的最後一張，又回到了靈數 3 所象徵的「世俗世界」。靈數 3 強調的是與社會的互動關係，即「取之於社會，用之於社會」。愚者歷經了身心靈的旅程來到最後，發現世界牌的境界並不是旅途的終點，而是新旅程的開始。現在他懂得將過去所學落實到日常生活中，更懂得在做自己與社會責任之間達到完美平衡。

　　靈數 3 的課題在於「渴望被認同」，他們尋求被認同的方式，就是先去認同所有的社會價值，用力去扮演人見人愛的角色，但有可能過度融入群體關係而失去自我。當靈數 3 還在女帝的階段，他忠於愛的本性，無條件付出給這個世界，付出愛的同時也獲得了愛；但到了吊人階段，靈數 3 開始意識到自我正在消融，必須犧牲自己才能維持生命的和諧、被愛與接納；到了世界，靈數 3 已經認知到生命不是只有愛、美好與創造，還有犧牲、痛苦與停滯。

　　靈數 2 在此扮演著應對外在社會的人格面具，若我們已經完整地接納自我，就會接受靈性之外的人格面具也是自我的一部分。靈數 1 在這裡象徵的是內在的自信、不輕易動搖的自我價值，也是對目標的堅定度，讓靈數 3 不輕易地迷失在「過度的社會化」中。

　　有趣的是，如果將 12 號吊人翻轉過來，不僅是從「12」變成「21」，吊人的姿勢也變成了世界牌中蓋婭女神的姿勢，且在意義上也從「在局限中無法動彈」轉換成「在成就中恣意漫舞」。從「局限」轉換成「成就」，需要吊人的智慧與視野的轉換。成就與局限往往是一體的，如同婚姻需要承諾、家庭帶來責任、創業的同時就得將時間與心力奉獻給事業。局限在哪裡，成就就在哪裡。當我們憧憬著「我要的生活」，相對地，也得對這樣的生活負起責任。

延續美好、經營成功、生命的循環

愚者之旅的終點，不是靈性昇華之後就能超凡入聖，而是回到充滿物質選擇的欲望世界。惡魔開啟了靈性世界的大門，提醒我們靈性發展不能脫離世間的貪嗔癡，如今來到了最後一張世界，告訴我們旅行的終點是回家，而這個家便是你我的日常生活、工作、家庭與伴侶關係。

世界象徵的是成功與美好，但靈性之旅的成功與美好並非全然的光明璀璨。難忘的甜美回憶，多半摻雜著害怕失去的恐懼；曾經的輝煌時期，少不了在挫敗中成長的艱辛。試想過去最接近美好與成功的時光，往往不是單一旋律的清晰悅耳，而是由多聲部相映襯托。畢竟完美是無聊的，一帆風順的旅程容易讓人遺忘，只有物質欲望堆疊出的生活是脆弱的，只有靈性的生活是虛假的。既然世界象徵美好與成功，也意味著挑戰、壓力與缺憾，而你已經知道要如何將壓力轉化為助力，亦能將不完美視為是美好的一部分。現在是你發揮潛力、躍升舞臺的好機會，而懂得接納關係中的缺憾，反而更能延續珍貴的緣分。

世界是穩定的能量，當這張牌出現，代表狀況的變動性不大，即使有變動，也是歷經了過去長時間的計畫與籌備。但是穩定不代表無事，如同沒有情侶不吵架、沒有工作是輕鬆的，重點是我們如何面對衝突、壓力與不完美。生命的穩定循環，不是只有春日的生機勃勃、夏日的璀璨奪目，也輪迴著秋日的西風殘照、冬日的萬籟俱寂。生命的每個階段都有它的美好與意義。

羅馬不是一天造成的，成功亦是需要累積經驗、持續經營的。在占卜中，世界告訴我們未來的一切都能得心應手、能夠安心踏實，但不代表能夠就此懈怠放手。蓋婭女神外圍的桂冠葉花圈是生命的成就，她在花圈裡面自由地跳舞，但沒有離開花圈，意味著自由與自律是密不可分的。過去的努力讓我們擁有現在的美好，我們可以享受，但別忘了持續付出，讓這份循環得以生生不息。

逆位說明

牢籠般的世界、力量與經驗不夠、留戀與揮霍過去

　　逆位的世界傳遞出不安於現況的穩定，她發現一手打造出的城堡竟是囚禁自己的牢籠，渴望脫困，卻害怕離開之後沒有目標，此時猶如吊人般動彈不得。她也像是羽翼未豐就急著飛出去的小鳥，以致受傷而孤立無援。或者是留戀過去的成就，揮霍長久以來累積的資源。

問題		正位參考解析
工作	工作發展	工作發展順利，目標任務都可以成功達到，打造專屬的舞臺。兼具精神與物質的滿足。在專業領域受到尊敬。
	求職運	求職運強。找到的工作跟過去累積的經驗有關，或是需要長時間培養的專業。制度完整，可長久發展。
感情	關係發展	感情穩定、順利，且已發展出默契，並能接受彼此，適合步入婚姻、組成家庭。關係建立在承諾與責任，雙方都甘之如飴。
	桃花運	桃花運好，可以找到一起成長、個性相輔相成的對象。通常是在工作、常參加的社群、原有的生活圈認識的。

問題		逆位參考解析
工作	工作發展	因能力不足而缺乏效率。執著於舊有的工作經驗，或是拿過去的公司與現在比較。需要耐心，並累積抗壓性。
	求職運	要求太多，以致遲遲無法找到理想工作，也意指現在不是穩定發展的時候。需要放下過去的經驗與原先設定的條件。
感情	關係發展	發展停滯，感到無趣，內心渴望有所突破或新鮮刺激，卻以現實限制為由否定內在渴望。抱著過一天算一天的心情。
	桃花運	放不下現有生活，或是太忙碌以致沒有心力步入穩定關係。也可能遇到小問題就放棄，否定這段緣分。

Chapter 4

小阿爾克納牌之旅

包含四十張數字牌與十六張宮廷牌，
將火、水、風、土的屬性與靈數意涵結合，
描繪出更具體的故事情節、清楚的角色刻劃，
給你更明確的行動方針。

小阿爾克納牌的屬性分類

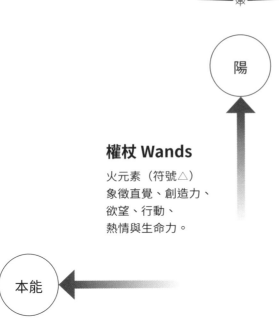

權杖 Wands

火元素（符號△）
象徵直覺、創造力、
欲望、行動、
熱情與生命力。

寶劍 Swords

風元素（符號△）
象徵思考、表達力、
理性、邏輯、
意圖與心智。

聖杯 Cups

水元素（符號▽）
象徵感覺、想像力、
靈性、愛、
情緒與接受性。

錢幣 Pentacles

土元素（符號▽）
象徵感官、物質、
身體、資源、
執行力與穩定性。

陽

本能

社會化

陰

　　小阿爾克納（小牌）的四元素，分別對應生活的四大層面：權杖牌是「動力與目標」，聖杯牌是「愛與連結能力」，錢幣牌是「物質生活與安全感」，寶劍牌是「思考與表達能力」。這些牌通常會明確指出我們「在哪一方面」遇到了「什麼樣的挑戰或狀況」。

比較起二十二張大牌豐富、多元、意涵較為深層，小牌的出現能更直接指出「三個月內你會找到福利待遇都優渥的工作」或「你們只是在爭輸贏對錯，沒有溝通」。小牌往往能更清晰地勾勒出事件的輪廓、當事人的心境、狀況的發展性與可行的建議。

以「能量」來分辨，除了「陰陽」屬性，我自行再區分成「本能」與「社會化」牌組，更能彰顯出展現能量的方式。請看下表說明。

權杖牌與聖杯牌的元素能力都是與生俱來的，不需要學習就知道要如何表達創造力、愛與感受，如小時候隨便拿起筆就胡亂塗鴉、開心時就會笑、生氣時就會拳打腳踢、悲傷時就直接哭泣，當我們有這些表現時，並不會考慮到父母或他人的看法，只是出於「本能反應」。直到有一天，你胡亂塗鴉導致被責罵，你哭的時候被斥責，你說的話被糾正，於是你的生活開始有了許多「應該」與「不應該」，開始渴望融入群體，在意是否被認同，因為你知道那樣才會有好處可拿，至少不會被懲罰，這時候的我們就開始走向社會化的旅程，習得了寶劍牌與錢幣牌的能力。

本能與社會化的元素對照表

能量運作的源頭 / 能量展現的形式	本能 與生俱來、不須經由外界習得的能力。渴望展現自我。重視欲望能否藉由自我表達而獲得滿足。強調大方向、創造力、直覺與感受，以彰顯「我」的獨一無二。	社會化 與他者互動而習得的能力。渴望從社會中獲得機會或資源。重視與他者、體制的互利關係，因此強調標準、秩序、細節、流程，以及是否被認可，以融入體制。
陽性 主動、活躍、直接展現、容易讓人看見、快速的	權杖	寶劍
陰性 被動、幽微、持續累積、不容易被看見、緩慢的	聖杯	錢幣

小阿爾克納牌的元素意涵

權杖牌組（火）
對應火象星座：
白羊座、獅子座、射手座
正面：
自信、創造力、行動力、氣
勢、野心、有目標、活力
負面：
破壞性、任性、脾氣大、結
果論、只下令不溝通
季節：
春（百花齊放的時節）

寶劍牌組（風）
對應風象星座：
雙子座、天秤座、水瓶座
正面：
機靈、理智、交流、洞察力、
表達力、知識就是力量
負面：
冷漠、言語攻擊、批判、封
閉、負面
季節：
冬（冷靜省思的時刻）

聖杯牌組（水）
對應水象星座：
巨蟹座、天蠍座、雙魚座
正面：
喜悅、平靜、包容力、耐心、
溫暖、關懷他人、靈性
負面：
敏感、脆弱、只憑感覺、喜
悲無常、無謂的犧牲
季節：
夏（分享交流的時光）

錢幣牌組（土）
對應土象星座：
金牛座、處女座、魔羯座
正面：
務實、責任感、穩定可靠、
執行力、專業、物質享受
負面：
固執、貪心、無趣、過度謹
慎、不知變通
季節：
秋（豐收成果的時機）

　　在接下來的數字牌旅程，我將帶大家認識每個「元素」與「靈數」相容的化
學作用，並逐一分析每個靈數家族的「數字牌成員」各自擁有什麼樣的個性。他
們將反映出你我的人生關卡，還是機會？讓我們一起窺探其中的奧祕。

小阿爾克納靈數能量進程表

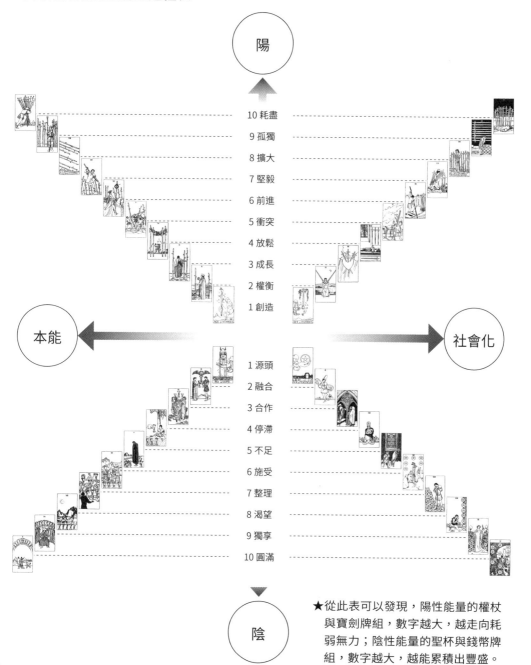

陽

10 耗盡
9 孤獨
8 擴大
7 堅毅
6 前進
5 衝突
4 放鬆
3 成長
2 權衡
1 創造

本能

社會化

1 源頭
2 融合
3 合作
4 停滯
5 不足
6 施受
7 整理
8 渴望
9 獨享
10 圓滿

陰

★從此表可以發現，陽性能量的權杖
與寶劍牌組，數字越大，越走向耗
弱無力；陰性能量的聖杯與錢幣牌
組，數字越大，越能累積出豐盛。

號牌
靈數能量

所有 1 號牌都象徵新機會、新計畫的開端。

陽

權杖 1
行動

寶劍 1
表現

本能

靈數 **1**

社會化

聖杯 1
敞開

錢幣 1
落實

陰

所有 1 號牌都象徵新機會、新計畫的開端。靈數 1 是個和目標設定與行動有關的數字，無論是抽到哪張 1 號牌，都代表有十足的把握可以付諸行動，也是設定具體目標的最佳時機。這四張 1 號牌的手都從雲朵中伸出來，宛如天空正在變魔術，我們可以把四張 1 號牌視為是「魔術師」的延伸，在魔術師牌中，魔術師還在思考如何運用祭壇上的四大元素來創造世界，到了小阿爾克納階段，四元素的能量已經從天上往下貫穿至人類世界，已經能夠直接運用在現實生活。

　　1 號牌象徵的是「剛發芽的種子」，萌生出我們的欲望、情感、物質與意識。一隻手從天空中憑空出現，像是無中生有的魔法，但沒有什麼事情是真的無中生有的，所有事件在顯化之前，勢必就有看不見的能量早在我們的心靈與腦袋中累積，有可能是濃烈的熱情、滿腔的愛意、構思已久的計畫或堅定的信念，而 1 號牌的出現，正推動著我們把這份能量直率地表達出來，不容懷疑與延宕。

　　先前提過靈數 1 的特質是主動積極、獨立自主且開創性強，卻也有可能不與人合作，或是以自我為中心，因此這四張 1 號牌都意味著任何的行動都是基於純粹的「我要」，此時你不需在意他人的想法與回應，雖然有時會顯得任性狂妄，但這股衝勁也是邁向成功的試金石。而當牌組與 4 或 8 號牌同時出現時，則會彰顯當事人的堅定度，或是不聽人言的固執面。

　　如果我們處在某種低潮、迷惘或難關時，抽到任何 1 號牌，意味著絕對有力量能夠突破當下的困境。權杖 1 要我們發揮出野心與行動的力量，聖杯 1 要我們展現關愛與付出的能力，錢幣 1 要我們經營好穩定踏實的生活，而寶劍 1 要我們專注在信念與表達的力量。1 號牌是我們給自己的允許權，告訴我們：「可以這麼做！」

　　四張 1 號牌都有不同的方向、不同的手勢，意味著面對不同機會所採取的不同態度。手勢「朝向左邊」的權杖 1 與聖杯 1，意味著「創造與愛」；手勢「朝向右邊」的錢幣 1 與寶劍 1，意味著「落實與表達」。我們也能發現，權杖牌與聖杯牌對應的能量是我們的本能天賦，是與生俱來、不需要學習就會的，也是能夠直接展現出來的；錢幣牌與寶劍牌對應的能量是屬於社會化的發展，是與外界互動之後習得的能力。

權杖 1

權杖王牌
Ace of Wands

元素符號△
•
陽性發展第一階段
•
本能

正位聯想：行動

權杖 1 象徵對生命的熱情與衝勁，是最適合展開行動的大好機會。這時候要加緊速度，不要告訴自己三思而後行，而是先做再說！圖中有落葉在權杖周圍飛舞著，它們像是從權杖上「爆發」出來的，象徵的是靈感與創造力。這些落葉共有八片，8 數是關於實現成就與創造財富的數字，暗示著若善加運用這些一閃而過的靈感，就有機會創造想要的生活。但落葉很有可能隨風飛去，提醒我們要把握當下的時機。

命運不會無端給予不適合我們的機會，會來到我們面前的機會都是有意義的，嘗試過才會知道自己喜不喜歡、能不能做到，因此權杖 1 是開始為自己找到「定位」的開始。圖中的手緊握著權杖、豎起大拇指，是自信與樂觀的力量，告訴我們最熱情的時候也是最不怕跌倒的時候，原本以為困難的事，做了之後發現並沒有這麼難，甚至可以從中獲得不少好處與成長。

此刻的我們擁有滿腔的熱情去做某件事，或是突破與某人的關係。權杖 1 告訴我們「現在就去做」！他不鼓勵我們有太多計畫，因為計畫是理性的，而理性會消耗熱情與行動力。這時請允許自己「邊做邊調整」，也就是允許自己有犯錯、失誤的可能，多嘗試有趣、刺激、令人興奮的主意。如果你習慣打安全牌，這時不妨聽聽身邊鬼點子多的人怎麼說。

權杖 1 可說是與靈數 1 特質最能相呼應的王牌。若將權杖 1 用於詮釋人格特質，可以把對靈數 1 的認識直接套用。他們充滿熱情、有活力、自信且獨立，對生活不見得有長遠計畫，但絕對不缺短期目標。1 數像是一個小孩，

時而任性不講理，直接表達情感，直覺很強，而忠於直覺行事往往有意想不到的收穫，但也有可能三分鐘熱度，要小心虎頭蛇尾、後繼無力。無論如何，權杖 1 提供給了絕佳的舞臺可以展現自我，不要害怕自己表現不好，因為會來到眼前的機會，都是我們的熱忱與渴望召喚而來的。

感情上，權杖 1 象徵能夠擦出火花的關係，或是對彼此有性吸引力、一拍即合，但也因為這份關係缺乏對彼此內在的瞭解，日後會需要具體的承諾才能邁向穩定；而在一段穩定關係中，權杖 1 則象徵這段關係需要新的刺激與新的目標，自在地展現情緒，或是像孩子般地打打鬧鬧，都有助於促進關係的親密。

工作上，權杖 1 代表即將到來的新計畫、新專案、新工作的開始，這時絕對不能怠惰，高調地展現自我吧！當我們在工作上遇到困境，權杖 1 除了告訴我們自己有足夠的力量去面對問題之外，給自己設定「具體的短期目標」也是很重要的。這時不要抗拒那些瘋狂的、聽似行不通的方法，因為權杖 1 給了你去實踐的機運。

權杖 1 不斷提醒著改變與創新的力量來自於我們自己，就像是剛發出火光的火種，是我們的機會與靈感，如果我們繼續燃燒、繼續提供更多的燃料，那麼火就會越燒越旺，大到可以用來取暖。抽到權杖 1，請盡情釋放內在的熱情與渴望吧！透過行動與目標設定，終能找到自己的定位與舞臺！

逆位聯想：看輕

逆位的權杖 1 缺乏底氣，導致呈現出沒自信、立場不明確、欲拒還迎的態度。豎起大拇指的手勢倒過來了，是對自己的看輕，也沒有足夠的動力把任務完成，或是因為行動過程經歷過多猶豫、不肯定，導致延宕。逆位的權杖 1 耗費太多能量在預設未來的失敗，以致無法忠於自身的渴望。

聖杯 1

聖杯王牌
Ace of Cups

元素符號▽

陰性發展第一階段

本能

正位聯想：敞開

　　聖杯是能夠盛裝與傾倒的器皿，意味著聖杯能負責「接受」與「付出」。在聖杯 1 中，施與受是同時存在的：鴿子叼著聖餅置入聖杯，象徵恩賜；聖杯裡的水溢出來，並注入下方的池塘，為平靜的荷花池帶來流動的活水，象徵著連結與創造；同時，聖杯也乘載著聖餅，池塘也容納聖杯所溢出的水流。圖中的所有活動都象徵著接受與獲得是同時發生的。字母 M 是母性的象徵，亦可視為水元素的縮寫 W（water），這些字都與「接受性」有關。

　　每段關係的開始都是建立在接受與付出，因此，聖杯 1 開啟的是一段新關係、新戀情、新的情誼或新生命的可能。但別忘了 1 號牌的特質是獨立性比互動性強，必須以自己的感受為優先考量，因此聖杯 1「敞開去愛」的成分比互有好感還來得強烈。聖杯 1 告訴我們，當我們願意付出、給予或照顧，不是為了博得對方的喜歡或回報，而是純粹發自於本能的情感機制：我想、我要、我愛。如同孩子對父母表達愛意一樣，是不經思索與包裝的情感，讓對方接收到直率與真誠，為良好的互動建立基礎。

　　抽到聖杯 1，代表某人的出現會打動你或改變你的心境，你會對他們產生愛或善意，那份純粹的情感讓你願意為對方付出，或願意為這件事做些什麼。聖杯 1 的愛，除了愛情之外，也涵蓋人世間的各種情感。在有關感情的任何問題上，聖杯 1 是一張有利關係發展的牌，但靈數 1 的特質是不在意他人與外界的回應，他們重視的是「要如何付出自己的感情」，這意味著對自己的感受全然接納，不壓抑，不逃避，這些都是「愛自己」的表現。

　　聖杯 1 的出現揭示著一段美好的時光，雖然環境或他

人不見得有太大的改變，但自己的心境敞開、放鬆了，與人的互動也就自然、和諧多了。有時候聖杯1在提醒我們要敞開心胸、真情流露。畫面中捧著聖杯的手，並不會因為擔心聖杯墜落而緊抓著聖杯，而是放鬆地敞開，聖杯依然穩固地矗立於手掌心。這張牌的畫面看似靜止的，流動感卻非常活躍，暗示著我們：只有不抓住對方，不去控制、改變與期待對方的回應，才能夠自在地呈現自己、流露真情，並且能夠信任自己的感受、信任這段關係的發展。

聖杯必須要讓水溢出來，才有足夠的空間盛裝聖餅，暗喻著要「放掉」某個人或某種執念，否則新的感情、新的經驗是進不來的。切記，「新的關係」都是因為我們準備好而來到我們面前的，因此沒有必要把心力放在緊抓過去的某人或某個心結上，才不枉費聖杯1帶來的靈性昇華。

若問工作，聖杯1給我們的是心靈品質，代表我們能夠在工作中與他人有良好的互動，雖不見得大鳴大放，卻也能如魚得水，尤其聖杯對藝術、靈性、與人互動有關的工作都是非常有利的。單身者問感情，有機會出現心儀的對象，放鬆自在地交流有助於關係發展。若是有伴的人，兩人相處融洽，能夠在日常生活中找到幸福感，也適合多表現柔情關懷，有機會踏入婚姻或生子。這也是一張象徵「和解、原諒、放下」的牌，因此抽到此牌，若能如實接受與表達自身情感，將有助於關係或事件的發展。有愛就表現出來，更溫柔自在地去愛自己與身邊的人。

逆位聯想：無心

聖杯從手中掉落，池塘的水從上方傾瀉而下，意味著無心再付出、無法再控制自己的感情，變得善感、脆弱、容易掉眼淚。這時的你鬱鬱寡歡，容易感覺到不被重視、不被接納，這一切的源頭是你也沒有對自己這樣做。

錢幣 1

錢幣王牌
Ace of Pentacles

元素符號▽

陰性發展第一階段

社會化

正位聯想：落實

錢幣的符號是由五芒星和圓圈所組成的。在西方，五芒星是最被廣泛運用的神祕學符號，無論是在文化或宗教上，都象徵著護身符，也有守護與健康的意涵；而在東方文化，五芒星涵蓋了「五行」（金、木、水、火、土）的相生相剋。如果把五芒星擬人化，會發現五芒星也能被視為「人體」的展現，下方兩個頂點對應雙腳，左右兩個頂點是雙手，而上方頂點則是頭。五個頂點也分別代表風（思考）、土（物質）、火（行動）、水（感情）四元素與靈性層次。

環繞在五芒星外圍的圓圈，意味著容納，卻也是有形的局限。就如同身體乘載著靈魂、思緒與意志，但若要從內在轉化為外在，就需透過肉身來協助我們行動與創造。因此錢幣 1 是「從無到有」的顯化過程，圖中的手與元素是距離地面最近、也最「接地氣」的 1 號牌。草地上的百合花象徵純真的開端，玫瑰裝飾的拱門象徵熱情的入口，從拱門望過去的遠方是一座高山，象徵遠大的目標。

錢幣牌所涵蓋的是現實世界創造的所有產物，也就是我們看得到、摸得到的結果：錢、物質與身體。抽到錢幣 1，為我們帶來的是新的工作機會、商機、財務與投資計畫。若你的問題需要動用金錢，錢幣 1 會告訴你這是「值得」的交易，也代表你有足夠的能力與資源去執行計畫，包括創業、置產、買房、投資或學習某種專業；或是你將換得一段心滿意足的消費經驗，也包括穩定的健康狀況。

若要向內在探究，錢幣牌意味著財務狀況、生活品質與身體健康，這些全都與「價值觀」有極大的關聯，因此這張牌也意味著「價值觀成形」，我們開始去衡量什麼是

值得的、付出後能得到什麼、為達目標願意付出多少代價等。事實上，這些「盤算」是社會化的第一步，好比主動撒嬌、做家事討父母歡心，目的其實是要更多的零用錢或一顆牛奶糖；長大之後，我們盤算的格局更大更遠，目標變成一份酬勞、一個工作機會，或是更美好的生活。錢幣牌要我們接納生命的世俗面：人是需要有實質的獎賞才願意付出努力的。好比一個業務員不可能只憑微薄的底薪和熱情而拚死拚活，他終究需要獲得與付出對等的報酬、穩定的生活保障。

也因為錢幣 1 強調的是有形的獲得，在感情上著重在現實生活的契合度，你會考慮到與對方的價值觀、興趣與生活習慣是否相似，再決定是否投入更深的感情。在伴侶關係中，錢幣 1 指出穩定、規律的發展，適合共同經營事業或家庭。錢幣 1 是非常願意為伴侶花錢的人，但並非不求回報。

所有的 1 號牌都要我們付諸行動，但錢幣 1 不像權杖 1 那樣一股腦兒地衝刺，權杖 1 雖有野心卻缺乏耐心，錢幣 1 則是願意慢慢耕耘，知道自己的專業與資源都才剛起步，不會好高騖遠。抽到錢幣 1，意味著對未來生活有了初步的藍圖，是築夢踏實的開始，可以藉著養成某種規律的習慣來照顧身體健康與經濟生活，也是邁向獨立成長最重要的一步。

逆位聯想：欲望

逆位的錢幣從手上掉落，象徵無法抓住機會與錢財，錢幣的五芒星變成惡魔的倒五芒星，意味著被欲望控制，有目標卻無法持之以恆，一有收入就會很快花掉，甚至有超支、衝動消費的傾向。逆位的錢幣 1 代表可能太過享受現階段的美好與歡愉，還不願踏入辛勞的工作與關係經營。

寶劍 1

寶劍王牌
Ace of Swords

元素符號△

陽性發展第一階段

社會化

正位聯想：表現

寶劍是「大腦」的力量。大腦負責的是邏輯思考、分辨、語言與文字組織，影響溝通與處理事務的能力，包括所有的感情與情緒經驗也都一律視為「要被解決的問題」。因此，當大腦的力量遇上了靈數 1 的積極行動，就變成了「我要解決問題」、「我要找到答案」及「我要說出來」等種種決心。而那一股「非達到目標不可」的氣勢之強，從緊握著寶劍的手就可以感覺出來，不會輕易妥協，也不會輕言放棄！

寶劍 1 代表大腦正活躍著，此時的我們頭腦清晰、思緒清明，不易被情感左右，有足夠的能力可以處理生活中的大小難題；或是我們正面臨一個棘手、重大的決定，但最終所有的麻煩都能夠迎刃而解。由於靈數 1 的本質能量是純粹、不考慮他人的，所以寶劍 1 在處理問題或下決定的過程中，有可能因太過直截了當或只考慮自己的目的，而不自覺傷害到其他人。

寶劍 1 是想法與思路的最直接展現，最適合運用在需要談判、辯論、演說、說服他人與表達自我的場合，也包括書寫與出版的可能性，這些都是發表言論的機會。總之，寶劍 1 要我們「講出來」，以爭取目標、明快地下決定。跟錢幣 1 低調、默默耕耘的風格截然不同，寶劍 1 散發出的氣勢是：我就是要說，誰敢阻止我！

因此，我們很難不去看見寶劍 1 耀眼的光芒，他們勇於挑戰體制、藏不住話的個性為自己帶來正反兩極的評價，帶來名聲的同時，也帶來麻煩。就像是堅持自我風格的政治家，或是作品中帶有嘲諷意味的作家，有人喜愛他們的直白詼諧，卻也有人看不慣他們的驕傲猖狂。寶劍的攻擊

力可以運用在拯救他人、為了正確理念而戰，但也有可能會得理不饒人、過於批判而傷害到他人。

在占卜上，寶劍 1 帶來的是能夠主動爭取、表達自我的機會，而且結果會是有利於當事人的。注意看這張牌的背景，只有光禿禿的山巒，意味著沒有其他的阻礙能夠分心，目標只有一個，那就是寶劍所刺穿的皇冠！皇冠是權威、榮耀與物質世界的象徵，代表有絕佳的洞察力，能看見他人在表面言行背後的意圖與事情的真相；皇冠也意味著目標與野心，而要意志堅定地達到目標，就必須屏除情緒、欲望等感性因素。寶劍要我們做到「斷捨離」，唯有如此，才能專注在自己的目標。

在工作問題裡，寶劍 1 總是能夠把握機會，適合發展業務、談判、企畫提案或危機處理；寶劍也象徵書寫，因此利於寫作、媒體與簽約相關工作；也意指在工作上需要多展現自己，讓他人看見你的效率與能力。在感情上，寶劍 1 喜歡無話不談的感情關係，你會聽到寶劍 1 很愛強調「溝通」，但實際上是「辯論」，他們喜歡伴侶聰明、有自己的立場，但不能少了服從性。無論如何，抽到此牌，雖然給予了我們達到目標的肯定，但不能忽略理性之餘帶來的傷害，寶劍牌整體較不利於感情發展，是因為寶劍的力量重於「解決問題」，但沒有人喜歡被當作「問題」看待。

逆位聯想：得罪

逆位的寶劍 1 無法再清晰表達，因為害怕被攻擊，說話過於謹慎，可能因為表達太過曖昧、含糊不清而得罪他人，也可能會因為情緒化而做出衝動的行動、說出傷人的話，或在神智不清的狀況下做出衝動的決定。

2 號牌
靈數能量

2 號牌告訴我們的是「有其他的人事物」被考量進來了。

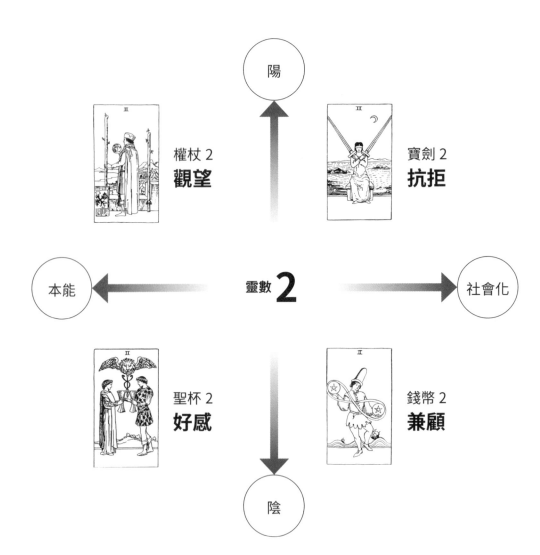

陽

權杖 2
觀望

寶劍 2
抗拒

本能　←　靈數 **2**　→　社會化

聖杯 2
好感

錢幣 2
兼顧

陰

經歷了 1 號牌純粹地自我展現，2 號牌告訴我們的是「有其他的人事物」被考量進來了，他人的需求與顧慮、要處理的事務、思考與害怕的因素越來越多。靈數 2 的能量是「分一半出去，留一半給自己」，在權杖 2 裡，行動與衝勁已經不像 1 號牌那樣能夠盡情釋放，要開始學著收斂與耐心；在聖杯 2 裡，不再只以自己的方式付出，要開始學習傾聽、接納與分享；在錢幣 2 裡，我們發現人生不能只專注在一件事上，要開始學習兼顧生命的各個領域；在寶劍 2 裡，我們發現不能再濫用表達的自由，要開始學會靜下來思考。

我們可以想像在靈數 1 的能量裡，一個小孩正開心且投入地玩著玩具，此時此刻在他的眼中，這個玩具彷彿是全世界。到了靈數 2 的階段，這個小孩可能看到了更新奇有趣的玩具，或是認識了一個新的玩伴，或是得到了另一個玩具卻捨不得丟掉舊的，也有可能是被父母下令不能再玩了，而無論是哪一種狀況，這個孩子要考量的變多了，不會再專一於手上原本的玩具。

靈數 2 的特質是「平衡、整合、互補、看見他人需求」，也意味著以「合作、和諧」為目標，因此要考慮的狀況不再單純，不再是想做什麼就做什麼：權杖 2 開始評估外在機會與自身能力，期待有更好的發展；聖杯 2 開始顧慮到他人的感受，渴望與人連結；錢幣 2 知道人生不是只有自己的事要照顧，必須累積多方經驗；寶劍 2 開始面對否定與矛盾的聲音，需要釐清自己真實的想法。因此，這時候不適合馬上做決定，反而要先停下來想一想，或是讓自己享受這個過程。

2 號牌也讓我們看見「不同的機會」。到了這個階段，我們開始有選擇權，而四元素象徵著「面對選擇的態度」。你可以選擇朝向新的目標累積力量，或是選擇與人合作，也可以選擇兼顧新舊，抑或不做任何選擇，當我們決定不做選擇的同時，也代表做出選擇了。

此時，2 號牌要我們把心打開來，多聽聽他人的建議，也就是學習傾聽女教皇所要傳達的「內在的聲音」、正義的「多方思量」，以及審判的「接受命運的安排」。權杖 2 要我們展現出對成就感的渴望，聖杯 2 要我們表達對愛與接納的渴望，錢幣 2 要我們承接務實生活的責任，寶劍 2 要我們聽見內心的真實聲音，四張 2 號牌的課題都代表我們渴望更精進自我、渴望連結。

權杖 2
Two of Wands

元素符號△

·

陽性發展第二階段

·

本能

正位聯想：觀望

　　權杖 2 意味著達成階段性目標。就外在條件來看，這張牌給了我們權杖 1 行動過後所獲得的物質、成就與生活品質。矗立在城堡內的男子，左手握著象徵力量的權杖，右手捧著地球儀，下方的城景可能是他的領土，也有可能是他欲出征的目的地。他看似擁有了很多，但我們無從得知他的情緒，感覺上他似乎還在盤算著什麼。他的視線可能聚焦在遙遠的海平面，或是手上的地球儀，也或許他的野心不僅於此，想要的更多、更多。

　　權杖 2 要我們緩下來，經過權杖 1 無所畏懼的橫衝直撞，我們在錯誤與失敗中學習，漸漸明白自己做什麼最在行，找到了自己的定位與舞臺。因為找到了自己的力量，我們的野心也更加苗壯，等不及要一展長才。連結理性腦的右手捧著地球儀，象徵著男子非常清楚欲前往的目標；連結感性與潛意識的左手握著權杖，意味著男子彷彿知道自己擁有的力量，卻還不知如何運用。權杖 2 也可解釋為「翅膀還沒硬就想飛出去」。即便有了一些經歷與成長，但有這些就夠了嗎？時機成熟了嗎？男子尚在城堡裡面，另一支權杖被固定在城牆的右手邊，顯然還有力量是無法掌握的，現在還不是時候。

　　權杖的力量是勇於行動的，但需要整合過往的經歷，幫助自己釐清目標。在權杖 2 裡，我們需要學習的是接受現有體制的存在，但不失去目標與希望。待在城堡裡面，並不是說什麼都不能做，其實還是有很多事可以做，只是需要緩和內在的躁動心緒，不好高騖遠。即使長出翅膀，但還沒學會怎麼揮動翅膀，飛出去也會重摔在地，反而得花更多時間療傷。

權杖 2 也代表你有條件與資源來幫助自己實踐計畫，但你還沒開始準備。你可能會有「吃碗內，看碗外」的心態，豔羨其他更理想的工作，但還沒有提升自己能力的打算；你可能對現有的關係感到厭倦，認為自己值得更好的歸宿，雖然尚未真的變心，但會表現出對伴侶的不滿與過多的期待。此時你可以問問自己：「有什麼是我可以做卻還沒做的？」你可能會覺得被局限，感情、工作都是束縛，但你得在束縛裡學會壯大自己，無論未來是否會離開現況，或讓現有關係變得更美好，耐心學習，反思自己的不足，終能突破框架。

權杖 1 幫助我們找到自己的熱情與興趣所在，現在到了權杖 2，我們的眼界變廣，因此想要的更多，野心也更大，但我們還在猶豫不決，想衝出去又不敢。如果你覺得你的能力還不夠扎實、實力還不夠強大，權杖 2 在跟你說：「的確不夠！」但權杖 2 的出現不是要你放棄，作家莫言曾云：「當你的才華還撐不起你的野心的時候，你就應該靜下心來學習；當你的能力還駕馭不了你的目標時，就應該沉下心來歷練。」

在占卜中，權杖 2 的出現是要我們對自己的成長下定決心，並且在等待中學習。另外，有一點值得特別去思考的是靈數 2 的「互補能量」，請想想：被鑲在城牆上的權杖代表什麼？它可能就是我們還無法跨出去的關鍵點。在追求夢想的路上，你可能有滿腔的熱情，但還沒學會實際本事；在感情關係裡，你可能太過理性衡量，但還沒學會感性接納；反之亦然。試著去擲出「銅板的另一面」，對我們是有幫助的。

逆位聯想：迷失

逆位的權杖 2 離開了城堡，象徵太過心急、過度躁動而誤事，太過渴望脫離保護傘或脫離關係，才發現自己沒有力量，需要重新開始。有可能尚未設定目標就衝出去，最後迷失了方向。

聖杯 2
Two of Cups

元素符號▽
‧
陰性發展第二階段
‧
本能

正位聯想：好感

聖杯 2 又稱「小戀人牌」，顧名思義，它象徵兩個情投意合的人「初識」的過程，也象徵一段美好的互動。就像在熱戀期的情侶，因為愛與熱情，對方那些與自己完全相反的個性在此時變得討喜又可愛，我們開始懂得欣賞、尊重異己，並被對方身上那些「與自己互補」的特質所吸引，並感到好奇。聖杯 2 包含了熱戀、浪漫、結合、享受當下的美好、互補的吸引力、取悅彼此、互相尊重，我們看到了與「異己」的差異，卻也因差異激發出對彼此的火花與吸引力。

聖杯 2 讓我們感到浪漫與美好的同時，也教我們學會愛與尊重，不去控制與改變對方，這點和戀人牌的課題是一樣的，但戀人牌中蘊含對未來的願景，因此為感情添增了羈絆、承諾與現實責任，而聖杯 2 的感情強調「當下」，不意味著必然長久，沒有人知道這段關係後續將如何發展，但未來有一天回味這段經歷的開始必然是美好的。

聖杯 2 也象徵著信任與自我揭露。我們可能會在日常生活中結識情投意合的對象，對方不像我們對親近的人會有期待、責任與現實生活的利益衝突，所以我們更能毫無保留地分享自己的種種。這說明了「信任」的基礎並不在於與他人的親密或熟悉程度，而是建立在「不預期結果」的態度。你我都可能有過類似的經驗：跟有些才剛認識的人，卻能夠聊得很深，分享很多內心話，包含過去各種不堪或瘋狂的事蹟，放膽訴說自己的夢想、愛恨情仇與貪嗔癡，然後發現在一個剛認識、不熟悉的人面前所願意揭露的，竟遠比在親近的人面前還要多更多，而這份「自我揭露」也帶給我們與他人、與自己更深層的連結。

聖杯牌象徵情感付出與接受之間的「流動」，在 1 號牌裡的流動終將流回到自己身上，透過付出與單純的關愛而獲得自我滿足；到了 2 號牌，這份流動就變成雙向交流，我們會開始希望對方開心，而對方開心，我們也會感到開心。聖杯 1 的付出是「因為我開心、我想要」，不見得在意對方的回饋；聖杯 2 的付出則是「因為你喜歡，而我也願意」，意味著聖杯 2 不會像聖杯 1 一樣只照自己的方式給，而是懂得對方喜歡什麼、自己能給什麼，前提是不委屈與犧牲自己，因為雙向的交流都是你情我願的。

與工作相關的問題中，聖杯 2 代表「合作愉快」，也可能與主管或面試官「投緣」而被錄用。在職場中，代表與同事關係良好，舉凡需要異業結合、簽約相關的工作也會非常順利，但這段合作可能是建立在雙方相談甚歡、溝通流暢或感覺對了，對方會願意跟你合作是因為喜歡你、信任你，而不是基於實質的利益。特別的是，聖杯 2 也指出「全然投入興趣」中，因為有的人談戀愛的對象不是人，而是他感興趣的事物，全心投入其中，不也是一種愛？

聖杯 2 帶來的都是美好愉悅的一對一關係，無論是夫妻、伴侶、知心好友或同事，都能夠平等、愉快的互動，而最主要的因素是：能尊重彼此的不同。抽到聖杯 2，要開始承認自己對愛與連結的渴望。這張牌也帶來了靈數 2 感性、溫柔的一面：為人著想、付出、傾聽對方。而水元素也將靈數 2 的二元化融合：男女、陰陽、理性與感性、浪漫與現實，無論這段緣分是愛情、友情或短暫的相識，我們都可以從中看見自己的另一面。

逆位聯想：隔閡

在逆位牌中，兩人不再接受彼此的不同，現實壓力讓感情生變，有可能感情還在，但雙方要的生活是不一樣的，也不願為了彼此調整改變。這對伴侶可能有「不能聊的重要事情」，以致兩人的心產生隔閡，距離越來越疏遠。

錢幣 2
Two of Pentacles

元素符號▽

．

陰性發展第二階段

．

社會化

正位聯想：兼顧

錢幣 1 顯示出計畫與落實的重要，但錢幣 2 卻告訴我們：計畫永遠趕不上變化！就像是你好不容易找到一個滿意的工作，妻子同時也懷孕了，而你除了努力工作之外，還需要照顧妻子的健康狀況；或是你已擬好一周的工作事項，主管卻突然要你出差一整個星期，你不得不在短時間內把可以先完成的工作都完成。錢幣 2 在考驗我們的應變能力之外，也在提醒我們永遠要留一些彈性給自己，在這裡要學會的是：不容許調整的計畫就不是好的計畫。

在傳統牌義上，這張牌象徵「兼顧、平衡」，意味著除了落實既定計畫之外，人生還有許多領域也需要照顧，比如健康、工作、家庭、感情與人際關係等，但我們真的能在每一個領域都做到完美嗎？牌面上的男子穿著鮮豔明亮的衣服、戴著高帽子，引人注目的扮相如同小丑一般。他的動作不像是嚴肅地表演，而是以輕鬆的姿態雜耍著手上的錢幣，而雙手雜耍的過程形成了「無限大」的符號。

這是錢幣 2 的潛能。人生有大大小小的事務要兼顧，若選擇以高標準、不容許失誤的嚴謹態度來看待每一個環節，會讓生活變得像是在無止盡地工作，讓人難以放鬆，而得失心過重也會影響各個領域的表現；相反地，若以輕鬆自在又富有彈性的態度去面對生命中的各種挑戰，不要求自己非得滿足所有人不可，能量就會變得更敞開，能做的事情反而更多了。錢幣 2 並不是只求達到最低標即可，而是要做到「努力，但不用力」，不輕言放棄，但也不苛責自己。

你會發現圖中的男子並非隨意把玩手上的錢幣，他的眼神透露出不讓錢幣掉到地上的謹慎。男子的姿態看似從

容，但後方起伏的波浪與船隻象徵著接踵而來的事件，也暗指他的內心情緒起伏不定。船隻載來的是麻煩與重擔，還是機會與資源？未來要做的事情只會越來越多，而現在能做的便是告訴自己用「平常心」面對，好保留力氣應對來日的諸多任務。

在大部分的牌義裡，這張牌也指出金流、周轉、借貸，但都在當事人能夠控制的範圍內，甚至是「錢滾錢」的過程。但錢幣牌所指的不只是金錢，還包含了生存所需，有可能你正兼兩份以上的工作，並學著找到平衡點；或是你一手包辦許多工作事項，而你正在拿捏工作力道。有時候錢幣 2 象徵「選擇」，你正在衡量哪一個機會是有利於你的，抑或哪一個人是適合你的。在感情裡，顯示出你需要兼顧愛情與麵包，或是與家人之間的關係；若是單身的話，很有可能遇到條件滿意的對象，甚至是辦公室戀情，但自己必須切割出一些時間來投入感情，目前還在衡量值得與否；也有可能你要在兩個以上的對象間做出選擇。

靈數 2 的能量是分一半出去、留一半給自己，而這正是錢幣 2 要教我們的。當我們把力量全部灌注於人生的每一個領域，極力滿足工作、感情、家庭各方面對我們的索求，我們即被錢幣 2 帶來的各種挑戰給亂了陣腳，生活變得像是被要應付的人事物給控制了。而當我們留一些力量給自己時，才會知道該如何運籌帷幄，能更坦然接受努力嘗試後的各種結果。

逆位聯想：混亂

後方的波浪淹了過來，男子對未來的擔憂與情緒，讓他無法再承擔手上的眾多任務。抽到錢幣 2 逆位，顯示出同時要處理的瑣事太多，讓當事人感到混亂，或過度要求自己每一個領域都要做到完美，但心有餘而力不足，導致沒有一件事做得好。

寶劍 2
Two of Swords

元素符號△
.
陽性發展第二階段
.
社會化

正位聯想：抗拒

寶劍 2 已不像寶劍 1 般直接且高調，因為「要考量的變多了」。寶劍象徵的是思考、表達觀點，2 的能量代表有別的聲音出現，有可能在表達意見的過程中被反駁、批評與否定，讓我們開始懷疑自己。雖然看似有人想要改變我們，但更像是恐懼正在控制我們。你可能會遇到不想抵抗卻又不想失去自己的兩難處境，而寶劍 2 最有可能的反應是「什麼都不做」，因為這樣就不用面對衝突與恐懼，也不用面對可能的失敗。寶劍 2 又稱為「表面的和諧」，而表面的底下是「壓抑的情緒」。

這就是寶劍 2 的糾結，當你想下某個決定、付諸行動的時候，有太多聲音在腦內放送，就像天使與惡魔不斷在你耳邊吵架，你已經分不清楚什麼才是你真正的想法，而且他人對你說的話顯然也造成了影響與打擊。最後你選擇不行動，也不選擇，逃避現實，並麻痺自我，因為這是最不痛苦的方式。

如果我們不願意看見，可以閉上眼睛，但圖中的女子把自己的眼睛矇住，即使睜開眼，也只能看到黑暗，由此可見，她逃避現實的態度是相當強烈的。她正襟危坐、雙手交叉，呈現出緊張且封閉的姿態，你不會想給她任何建議，因為她看似已經無法接收更多訊息。雙手持有的兩把寶劍指向不同的方向，意味著不同的想法；而寶劍是傷人的，女子可能因為不願傷人傷己，所以不願行動與溝通，殊不知其封閉的態度早已傷害了自己與他人。

我們什麼時候會把自己的感覺給麻痺，告訴自己不要想太多？就是當眼前的事實讓我們感到痛苦的時候。為了不讓自己感到痛苦，佯裝一切都沒問題，不願去深刻體驗

這份經歷。如果是在感情上，可能懷疑對方不那麼愛了，或是遇到棘手的問題，不知該如何處理，卻又不敢面對與溝通；也可能是發現自己沒那麼愛對方了，卻不敢表達出心聲。當我們把眼睛矇住，當然什麼都看不見，唯一能看見的，就是自己編織出的平靜假象。

寶劍 2 的防禦性很強，攻擊性不見得有，但否認成自然。他們會慣性地否認他人的意見與自己的真實想法，並常以「我覺得這沒什麼」、「還好吧」、「沒那麼嚴重」等詞句來逃避做出決定與面對現實。他們可能既想要融入群體，又害怕不被認同；既想要說實話，又害怕引爆衝突；既想要追求夢想，又害怕失敗。寶劍 2 是一張被「恐懼」給控制的牌，因為恐懼而不願做任何決定，最後乾脆眼不見為淨。

寶劍 2 指出：我們很清楚問題在哪裡，卻裝作沒看見，這樣就可以不用決定與負責。如果你跟他說：「你不覺得他不愛你了嗎？」他會告訴你：「他還是愛我，只是他愛人的方式比較不一樣！」或是你說：「你可以試著改變你的生活。」他會告訴你：「我這樣也沒有不好。」這是一張「當局者迷，旁觀者清」的牌，但當事人很可能什麼都聽不進去，以致最後沒人願意對他說實話。寶劍 2 並不代表做決定，至少在做出決定之前，需要放下手中的寶劍、解開矇住眼睛的白布，才能回到自由與清晰的狀態，做出明確的判斷。比較起做決定，寶劍 2 更強調對自己誠實，看見自己在防禦的是什麼，就算傷害必然會發生，也得學會接受受傷的必然，如此才有療癒自己與他人的可能。

逆位聯想：破局

因為知道無論怎麼做都會有人受傷，女子起身採取行動、做出決定，但少了謹慎的計畫，還是有破局的可能。逆位的寶劍 2 意味著有可能放棄思考帶來的折磨，脫口說出：「隨便啦，煩死了，就這樣！」進而失去他人的信任。

 **3** 號牌
靈數能量

3 號牌帶出了初步的「社會化結果」。

陽

權杖 3
野心

寶劍 3
傷心

本能 ← 靈數 **3** → 社會化

聖杯 3
歡慶

錢幣 3
分工

陰

到了 3 號牌，我們開始看見「初步成果」。在 1 號牌的階段，我們掌握機會大顯身手；到了 2 號牌，我們知道如果要做得更好，就需要考量到其他的人事物；進入 3 號牌的階段，等於來到了四元素的「成果展」，我們展現出至今所學與體驗到的一切，讓他人看見「你看，我會這些，我已經擁有了這些」！靈數 3 的能量是關於「表達」，表達的目的是讓他人接收到、讓世界看見我們，如果要在社會上生存，就必須與外界產生互動、互惠，因此這是一個融入「世俗」的數字，四張 3 號牌透過各種表達方式讓自己被看見。

在 3 號牌的階段，元素的發展到了初步的成熟期。就像一名歌手，一開始只演唱自己喜歡的歌曲，一心只想純粹地創作，不顧他人喜歡與否，這是 1 號牌的階段；之後他發現自己的創作有越來越多人喜愛，這時考慮到實際面、接收到外界的批評與建議，開始衡量、調整創作曲風，這是 2 號牌的階段；現在，他的努力得到了結果，這是初步的「成果驗收」，他的創作可能被唱片公司看上，或結識到其他音樂同好、找到擅長其他樂器的人一起組團，但也有可能因為遭到許多批評與否定就退縮了。無論是哪一種可能，他都正在與他人、與社會產生連結。

許多人強調 3 號牌有「合作關係」，但合作的意義與 2 號牌更為貼近，而 3 號牌的合作不單指一對一關係的合作，而是「我與團隊、社會的合作」。在這階段的合作，我稱之為「融入」：融入職場與社會文化，融入各種人際關係，融入團隊作業或家庭分工，也包括融入自己的情緒。靈數 3 是個融入世俗的數字，意味著我們要做的事情必須有產值、有目的性或能讓人看見。

延伸靈數 3，不論女帝的「豐收」意涵，抑或 3 號牌的傳統牌義，都與「成果」有關。成果是付出、融入社會之後所得到的回饋，成果有時是實際的金錢、機會，或是心靈的富足，然而有時「心痛」也是一種成果。而在吊人與世界裡，靈數 3 體現出更深層的體悟是關於「臣服」，這些都是靈數 3 要告訴我們的：社會化的過程就是臣服的過程。

3 號牌揭示出不同的「社會化結果」，社會化就是「與社會互動過程中的學習與內化」，當我們開始與這個社會產生互動，就會帶來成就、金錢和認同感，卻也有可能是挫敗之類的收穫，而這些也都是靈數 3 要教我們的。

權杖 3
Three of Wands

元素符號△
·
陽性發展第三階段
·
本能

正位聯想：野心

到了權杖 3，男子已經離開城堡，來到了黃澄澄的海口邊。雖然和權杖 2 一樣僅以背影示人，但明亮、鮮豔的色系散發出來的是他的自信與威風。持著權杖的是右手，意味著他不再感情用事，反而能透過理智來衡量如何收放力量。在這階段，我們經歷了權杖 1 的莽撞和權杖 2 的躁動，反覆在錯誤中學習過後，終於可以闖出去，創造自己的成就。站在高處的他，能看得更遠、更遼闊，思維更不會限縮於短期利益。在這個位置也象徵能見度變高，因為我們有了高度成就。

男子望著遠方的船隻駛離港口，抑或他正在等待船隻載送物資回來呢？無論那些船隻代表的是出航還是進貨，都象徵著權杖 3 已經擁有「事業」與「資源」。站在高處的他是不害怕危險的，如同愚者，即便在懸崖邊，都展現出對冒險、探索的渴望。

權杖 3 代表努力被看見了，或是有了初步的成就，這些「成果」都有助於在未來更上一層樓。你的野心已經壯大到沒人可以拘束，你也相對地有力量能突破環境的諸多限制，這張牌象徵你的才華與能力足以面對未來的種種挑戰。即使如此，權杖 3 依然延續著權杖 2 的「耐心」課題，因為現階段只是「小有成就」，並非大鳴大放。

權杖 3 的男子很清楚自己的能力在哪裡，也很清楚還需要累積多少經驗與資源、需要與什麼樣的人合作，所以他站在高處眺望遠方，因為站在高處才有辦法看得更廣，才知道自己距離目的地有多遠。雖然與權杖 2 同樣都是站在高處，但權杖 3 已經從城堡跨到陸地，象徵「入世」的過程：意識到自己有什麼力量是社會所需要的。

傳統的權杖 3 牌義意味著「開始行動」，但牌圖裡的男子只是站在懸崖上，並沒有任何動作。我們可以把這一幕想像成是布幕被拉開來，芭蕾舞者在臺上就定位，等待音樂一下，就要展開精彩的表演。權杖 3 就像這一幕，他們正在等待著指令，等待著其他資源到來，當一切準備就緒，就可以開始表演。

在關於事業、個人成長的任何問題裡，權杖 3 都給予我們積極與面對挑戰的力量，這張牌與「更遠大的目標和事業」有關，更多時候指出當事人正面臨工作任務而需要離開家鄉的可能。船隻往來象徵的是國際貿易、商業行為，或需要與不同文化的人事物交流。業務、異業合作、旅遊業或需要「往外跑」的工作，都是權杖 3 的舞臺。無論如何，權杖 3 讓我們在「融入」社會化的過程中有了一個強而有力的跳板，也鼓勵我們接受更艱辛的冒險挑戰。

在感情裡，權杖 3 通常與遠距離戀愛、聚少離多的感情有關。站在高處意味著擁有「優勢」，他可能是伴侶關係裡較有能力付出的一方，但權杖 3 並非無條件地付出，他是有遠見的，會去思考要怎麼做才有助於這段關係的「現實發展」，因此他的重點是在兩人未來的現實生活上，而不見得是另一半的情感需求，並期待對方與他共同成長、互相扶持。

逆位聯想：孤傲

逆位的權杖 3 中，主角過於好高騖遠，能力不足，卻一心想證明自己，不願意與人合作，導致工作進度延遲。抽到此逆位牌，表示你可能花很多時間在經營自己的能見度，渴望從群眾資源中獲利，但性格孤傲的你無法與群眾有正向的互動，以致感覺到被孤立。

聖杯 3
Three of Cups

元素符號▽
※
陰性發展第三階段
※
本能

正位聯想：歡慶

聖杯 2 的感情著重於一對一關係，現在來到了強調群體關係的 3 號牌，我們開始把這份感情分享給身邊的所有人。在這裡，可以看見許多以「3」為單位的不同元素組合在一起，構成和諧、歡樂的景象：三名高舉聖杯的女子、三種象徵多產與豐收的果實，以及三套不同顏色的寬鬆衣服，有象徵純潔的白色、象徵熱情的紅色與象徵才智的黃色。在靈數 3 身上，能看見自我表達與展現魅力的重要，而水元素的柔情讓我們除了願意展現自己之外，也懂得欣賞他人的美。

這三名女子像是在共享與歡慶，從她們的肢體動作或表情，可以看出她們是輕鬆愉快的。在聖杯 3 裡，各種不同的美集結在一起，沒有算計，沒有競爭，更沒有誰高誰低。在聖杯 2 的階段，兩人的關係像是初識，還在嘗試融入彼此生命；到了聖杯 3，三名女子像是有一定程度的熟悉感，可能是好朋友或好同事，可以用最放鬆的姿態在彼此面前呈現自己的情緒，不帶矜持、羞澀，也沒有任何武裝。聖杯 3 帶來的是「欣賞」與「信任」，欣賞彼此的不同，也信任自己能在眾人面前坦率地表現自我。

通常出現聖杯 3 都與感官的享樂有關，像是一群好友一起度過下午茶時光、生日派對，或是任何令人放鬆的聚餐、聚會；也象徵著放鬆心情去享受現有的成果，無論滿不滿意目前所擁有的，不需要任何歡慶的理由或標準，不一定要有錢或達到目標才能歡慶，在放鬆的星期五晚上，找三五好友聊天、小酌一番，分享彼此的生活與心情，也是一種歡慶。

在與工作有關的問題中，聖杯 3 指出上班環境是輕鬆

和樂的，若是需要團隊合作的工作，也能成功達到目標，但在過程中需要學會敞開心胸，去接受每個人的不同，並多與同事互動，無論是提供協助或接受他人幫助都是必要的。聖杯 3 也象徵這份工作需要你學會做人勝過於做事，並非要阿諛奉承，有時只需把美味的點心帶到公司與大家分享，或是跟同事聊聊生活中有趣的人事物，讓工作氣氛多一點歡樂，溝通就能更順利，工作心情也會放鬆許多。

由於靈數 3 在感性的水元素中注入了「世俗」的意涵，因此聖杯 3 有時也象徵著不可避免的社交活動，如主管邀約的部門聚餐、朋友的婚禮、並非所有人都認識的朋友聚會等，聖杯 3 都鼓勵我們融入這些場合，拓展人脈，認識新朋友，或許會有意想不到的收穫。

在感情裡，聖杯 3 象徵兩人適合一起從事感官享樂的活動，共創快樂回憶，或是融入彼此的交友圈，添增像家人般的親密感。單身者也非常適合透過朋友介紹、積極參與社團活動或任何輕鬆愉快的場合認識投緣的對象。我們有時會因為他人擁有的比較多、條件比較好或過得比我們好而心生妒嫉，這樣的心結讓我們在與對方交流的過程中出現比較與壓抑，殊不知我們看到的往往只是他人選擇呈現出來的表面，卻因此失去聖杯 3 想要傳遞的美德。聖杯 3 教我們的是：融入人群的當下，學會欣賞每個人內外在的善與美。我們的熱情與靈感往往是在與人分享、交流的過程中獲得的。

逆位聯想：膚淺

逆位的聖杯 3 呈現出酒肉朋友間的交際應酬。人脈關係可能是你凸顯身分地位的資本，或是你很常參與無意義、多餘的聚會，而你感覺到膚淺又浪費時間。也可能是你不喜歡某個朋友或同事，但還是維持表面和諧，有暗自較勁的意味。在感情關係中，逆位的聖杯 3 時常指出有第三者或複雜的感情關係。

錢幣 3
Three of Pentacles

元素符號▽

‧

陰性發展第三階段

‧

社會化

正位聯想：分工

　　在錢幣 2 的階段，所有工作都能兼顧，但難以放大格局。到了錢幣 3，我們認清自己的能力範圍、找到自我角色定位，並協同各領域的人共同完成計畫。左邊的工匠藉著他的工法打造這座修道院，最右邊的建築師拿著他畫的建築設計圖，中間的傳教士在告訴他們打造修道院應該要注意的細節，三者各司其職，如果少了其中任何一個人，這座修道院就不可能完成。因此錢幣 3 在提醒我們：找到自己的角色定位，發揮所長，為團隊做出貢獻。

　　在錢幣 3 的階段，需要把自己正在演出的角色發揮出最大價值，不去搶其他角色的戲份。如果你是管理者，要做好的事情就是管理；如果你是執行者，要做好的事情就是執行；人人都需要看清且接受自己所扮演之角色的重要性。錢幣 3 常常也意味著不去扛別人的責任，做出明確的職責劃分，讓每個人都能在自己該負責的領域裡有所學習成長。在這個時候，任何人的自我定位不清，都可能影響整個團隊的目標能否順利運作。

　　錢幣 3 裡面的三個角色都在為同一個目標付出心力，因此在畫面中可以找到許多由梁柱構成的正三角形，它們是象徵提升與行動的「火三角」，也代表我們必須為這個目標有所作為，而不是只停留在計畫的階段；而畫面的正中央有一個倒三角形，它是象徵孕育生命的「水三角」，代表我們所付諸的行動能夠滋養內在，讓我們有所學習、充實自我。因此錢幣 3 除了有「透過分工創造更大產值」的意義之外，也有「學習、技能、專業提升」的涵義。

　　不只是在工作或學校需要分工合作，還包括在家庭裡要扮演好父母或兒女，在朋友圈裡面也會需要扮演開心果

或傾聽者。這張牌也意味著「回到自己的角色上」，如果你在家庭裡扮演母親，錢幣 3 就在提醒你扮演好母親的角色；在人際關係裡，如果你的專長是傾聽，錢幣 3 要你把這件事做得更好，而不是要你去學習當開心果。一名母親該做好哪些事？一個傾聽者又該如何做到稱職地傾聽？這才是錢幣 3 真正要你去思考的：我該如何精進自己，扮演好自己該扮演的角色？

在感情裡，錢幣 3 象徵兩人正在為共同的目標而努力，可能是一起籌備婚禮、共築家庭或計畫旅遊，而達成此目標必須由兩人分工合作，也意味著透過共同目標去建立兩個人的情感。但錢幣 3 是一張追求務實與產值的牌，因此也反映出在這過程中兩人很難有太多的熱情與火花。這情境常常出現在剛生小孩的夫妻身上，因為要賺錢又要帶小孩，導致兩人比過往更忙碌，彼此間的互動與熱情越來越少，共同的責任與義務卻越來越多。

與工作和感情發展有關的問題裡，錢幣 3 雖然顯示出進展順利，卻也提醒我們要忠於自己的角色，相信自己有精進的能力與空間，並提升原有的專業技能。別於錢幣 2 什麼都做、什麼都不精，錢幣 3 要我們選定目標，做自己擅長與該做的事，並認清自己一個人的力量是有限的。如果要達到目標，就需要借助他人的力量，讓我們能專心地在自己的領域裡發揮價值。

逆位聯想：平庸

缺乏讓人眼睛為之一亮的能力或人格特質，以致求職不順或在團隊裡容易被忽略。抽到此逆位牌，顯示出你可能正在做不是你最擅長的事，而你發現自己專精的領域目前毫無用武之地。逆位的錢幣 3 也指出團隊或關係的願景不一致，大家努力經營的方向都不一樣，合作受阻。

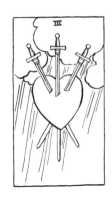

寶劍3
Three of Swords

元素符號△

陽性發展第三階段

社會化

正位聯想：傷心

　　所有的3號牌都帶出了初步的「成果」，所以寶劍3終結了寶劍2的逃避心態。在寶劍3中，只有烏雲密雨和一顆被劍刺穿的紅心，而且一把劍還不夠，這顆心被三把劍刺穿，光看牌面就能強烈感到痛苦不堪。雖然沒有任何人物在牌面裡，卻是意象最直接、最強烈的一張牌。寶劍3是寶劍2能量發展至極端所帶來的結果：當我們過度壓抑內在的情緒，把許多問題放著不管，或裝作沒看見，這些情緒與能量將會以殘酷的方式帶來傷害。

　　寶劍3又稱「傷心牌」，雖然給人的感覺如此難受，但我們盡可能不去定義其好壞，至少它終結了寶劍2的逃避與不確定性，讓我們終於不用再糾結了。你可能在經營一段讓你不舒服的感情關係，或是在不適合你的職場上賣力奮鬥，直到寶劍3出現，你的另一半主動提分手或外遇被你發現，你的主管告訴你明天不用來上班，或你的身心狀況撐不了這份工作壓力。我們的堅持與努力在這一刻都功虧一簣，這就是寶劍3帶來的沉痛。

　　寶劍象徵的是思考、信念與言語，這些元素都有助展現自我，卻也能變成傷人的武器，而靈數3是個強調自我展現的數字，因此寶劍3帶來的傷害多半與「不被認同」有關。在這裡的心是鮮紅色的，象徵著愛與熱情，而能夠傷害愛與熱情的往往不是憎恨，而是冷漠，因此牌面上除了一顆心外，其他的配色都是冷色系的。不被環境接納與認同，這對靈數3來說是最痛苦的一件事。

　　在寶劍3中，你可能正在經歷分離、背叛、職場上的挫敗，或有太多事件同時發生，而這些事件都刺進你同一個點。牌面上的三把寶劍雖然是從不同的方向刺進這顆心，

但三把劍在紅心裡形成一個交叉點，也就是同一個點反覆被刺穿了三次，而它就是你的要害。

　　有時寶劍 3 揭示的不見得是重大事件，但對當事人來說是很深的傷害。例如你已經在工作上被主管或客戶找麻煩，又與同事起爭執，下班後你帶另一半去一家餐廳，對方卻跟你說：「這家餐廳不合我的胃口。」於是你就大發雷霆了，因為一整天下來，你已受盡指責與壓力，現在連選餐廳吃個飯都被另一半否定。以這個例子來看，你會發現寶劍 3 的傷心有時只是因為他人的有口無心，你可能太過在意某個人的批評，對方說了一次重話，而那個情景卻在你心裡反覆上演數百回，意味著你反覆重傷了自己數百次。無論是哪一種情況，寶劍 3 都指出我們不夠認同、不夠接納自己。在寶劍 2，我們企圖隱藏弱點，假裝一切都沒事，到了寶劍 3，你會清楚看見自己的要害與地雷。或許可以從這裡去思考自己為何而執著。

　　三把劍各自為這顆心帶來兩個傷口，因此這顆心一共有六個傷口，對稱的三把劍，也恰好構成了六芒星符號。由此可發現，寶劍 3 隱藏著靈數 6 的「療癒」意涵。接受挫敗與傷害的存在是社會化的一部分，在寶劍 3 裡不僅要接受傷痛，更需要學會靈數 6「愛自己」的智慧，承認自己與他人的不夠好，承認自己的脆弱。願意接受自己的脆弱，才有機會去學習如何堅強與溫柔。

逆位聯想：逞強

　　逆位的寶劍 3 會用較積極的方式處理傷痛，藉由各種儀式或正向思考讓自己好過，但逞強到最後只是暫時迴避痛苦，不見得能在傷痛中反思，進而獲得成長。過度理智的逆位寶劍 3 常常說：「哭不能解決問題。」造成身心的疏離與麻痺。

號牌
靈數能量

4 號牌強調的是建構安全感的方式。

陽

權杖 4
慶祝

寶劍 4
休息

本能 ←  靈數 **4** 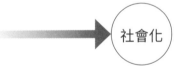 → 社會化

聖杯 4
倦怠

錢幣 4
固守

陰

靈數 4 強調的是建構安全感，並以負責任的態度對待所擁有的一切。在靈數 3 的社會化過程，我們還在檢驗自己的能力所及，把能量放在與社會互動，並有了初步的成果；而靈數 4 的任務便是鞏固過去累積至今的成果，他們的安全感建立在「我擁有的」，並設計出一套能夠讓一切順利運作的「規則」，幫助我們在現實世界活得安穩，讓我們學習自律、遵從秩序、維持穩定的生活品質，但若對安全感過度執著，反而會變得固執、僵化、緊抓不放或恐懼改變。

皇帝守護著得來不易的一切，這時的我們不輕易懈怠，誓死捍衛擁有的權力與成就；死神則要我們正視現有的一切已不再適合自己，硬是要穿著不合腳的鞋子，反而是不安全的，哪怕這雙鞋陪我們走過多少艱辛的路途；愚者讓我們體悟到什麼都不去執著才是最安全的，因為獲得與失去不在於命運如何對待我們，而在於自己是否願意放手。我們緊抓多少，生命的重量就有多少。

生存需要適度的重量。若沒有重量，我們會飄在空中無法與土地連結，無法連結就無法生存；倘若重量過重，身心可能會被壓垮，以致無力改變。剛好的重量，能讓我們活得踏實，穩定成長；恰如其分的擁有，能給予我們安全感。

靈數 4 對應出構成物質世界的四大元素——火、風、土、水，這也是小阿爾克納的四元素，象徵著建立有形世界的秩序與基礎。經歷了靈數 1 到 3 的開創初期，4 號牌邀請我們停下來，重新看待現階段的擁有，並回應此刻的生命之重。權杖 4 停下前進的腳步，享受現階段的成功果實，即使是停下來歡慶的時刻，也不忘前方還有更長遠的道路要走；聖杯 4 宛如狂歡後的空虛，對外界的愛與熱情冷卻下來了，對新的機會也不感興趣，這是需要回歸內在的時刻；錢幣 4 不再精進，停留在舒適圈與物質生活的安全感中，畢竟冒險與改變可能會導致失去；寶劍的思緒來到靈數 4 的階段得以暫緩，停下來思考，不再回應外界，這是讓大腦休息與充電的最佳時機。

每個人建立安全感的方式不同，有些人需要不斷前進，追求更多的擁有；有些人則需要待在原地，不再讓更多重量壓垮自己。擁有陽性能量的權杖 4 和寶劍 4，建立安全感的方式是「休息再戰」，保有對未來的積極性，提倡「休息是為了走更長遠的路」；擁有陰性能量的聖杯 4 和錢幣 4，建構安全感的方式是「原地不動」。

權杖 4
Four of Wands

元素符號△

．

陽性發展第四階段

．

本能

正位聯想：慶祝

經過權杖 1～3 的開創初期，到了權杖 4 終於獲得片刻暫緩，我們在這階段已經奠定了基礎，有了初步的成果、資源與和諧的關係，是該好好慶祝，慢下腳步，安頓現有的一切。然而，靈數 4 的穩定並未取代權杖牌的積極與行動力，畫面依然充滿生氣：前方的兩人高舉花束，背景的人群正在交流，就連權杖頂端也有緞帶、鮮花與果實，而後方高聳的城堡象徵他們日後的去向，這樣的場景宛如新居落成，或是婚禮、尾牙、慶功宴，為迎接未來更光明的人生慶賀！

權杖 1 的畫面中沒有人物，權杖 2 和權杖 3 的男子皆以背示人，到了權杖 4，畫面裡的人物轉向正面，我們終於得以看清他們的樣貌。這意味著他們不再望著更遠大的未來，而能夠專注於現在。這也是權杖牌組裡唯一一張沒有任何人物將權杖握在手上的牌，意味著我們不再拿著武器，暫時放下展現力量的需要，放下權力與野心，才能夠盡情享受生命。

別忘了所有的權杖牌都帶有前進的動能，即使靈數 4 的能量會要我們穩定現況，但對於滿滿動能需要釋放的權杖牌而言，長時間的穩固不變反而是危險的，因此你可以發現權杖 4 的人物是四張 4 號牌裡動作最豐富的。有時權杖 4 象徵著「加冕儀式」，賦予我們更高的使命感，此時我們能樹立更遠更大的願景，從中獲取繼續前進的力量。就好像婚禮結束後，婚姻生活才要正式開始；尾牙過後，又有新的年度計畫要持續進行；新店在開幕慶典之後，才開始考驗創業家的經營本領。所以，權杖 4 的穩固、慶祝與休息，都只是前進計畫中的一部分。

權杖 4 也象徵溫暖、和諧的團隊氣氛。在這個環境中，每個人的能力都有發揮的空間，並且都能受到肯定。也在形容一段良好、融洽的合作關係，大家都有共同的目標與熱情。對應任何問題，權杖 4 都象徵著穩定的正向發展，因為在這個階段已經累積出足夠的安全感，清楚自己擁有什麼、能掌控什麼，不會輕易將安全感交託給他人來建構。

占卜感情問題，權杖 4 固然象徵一段穩定和諧的互動關係，也代表兩個人有共同願景、對彼此有充分瞭解，也都願意為這段關係付出行動。問婚姻或成家立業，權杖 4 會給出肯定的答案。而在單身的狀況下，權杖 4 代表可透過友人介紹或在朋友的婚禮、慶典中結識適合的對象，雖然不是一見鍾情，但能透過固定頻率的約會增加對彼此的好感。在工作問題裡，權杖 4 除了指向慶功宴或尾牙場合，更多時候是指出能在這份工作中穩當展現自己的能力，能達到目標，美好的收穫也即將到來，也意味著團隊合作、關係良好，部屬之間沒有太大的距離。但別忘了，靈數 4 的能量是緩慢且按部就班的，若問的是轉職、遠大的野心或革新，權杖 4 反而會提醒你先將現階段任務妥善完成再說。

當權杖 4 出現時，請告訴自己，你已經夠努力了。哪怕未來還有更長遠、更艱辛的路要走，請先肯定自己已經盡力，且表現得夠好了。每個人都有不同的標準，此時別拿他人的標準來打擊自己，權杖 4 支持你暫時放鬆一下，好好犒賞自己，才有力氣繼續走下去。

逆位聯想：躁進

權杖 4 是少數正逆位牌義接近的數字牌。逆位時依然指出這是值得慶祝的時刻，但當事人渴望發揮權杖的動能，急著想往下個目標邁進，躁進的心磨損了當下的喜悅感；也可比喻為走馬看花、趕行程的人。現代占卜多指出事業根基不夠扎實，在人際與團隊中格格不入。

聖杯 4
Four of Cups

元素符號▽

陰性發展第四階段

本能

正位聯想：倦怠

歷經了聖杯 3 的感官享樂與社交互動，我們開始進入了「也不過就這樣」的倦怠感。聖杯 4 就好像是狂歡後的寂寥，或是被生活的小確幸給麻痺了，似乎沒有什麼能燃起我們對生命的火花。圖中的男子坐在樹下，雙手抱胸，漠視畫面左邊浮在半空中的聖杯，我們可以將此聖杯視為聖杯 1，象徵新的感情機會、悸動、對生命的敞開，但這名男子似乎沒有要接收這個聖杯的意願。在前方草地上有三個聖杯，是他固有的情感和過去的經驗。

我們都曾對工作、感情或現有的生活感到倦怠，卻又沒有勇氣接受新的機會，只好說服自己接受現況。聖杯是陰性的能量，象徵肉眼看不見的情感流動、對愛的需要，以及豐富的感受性，碰上了穩定不變的靈數 4，會導致內心的複雜感受無法言傳，或是感覺與愛都被靈數 4 給制式化了。抽到聖杯 4 的人，就算感受豐富，但害怕冒險行動，甚至當這份感受可能危及現有的穩定狀態時，寧可告訴自己「不要去感受」。

聖杯 4 可能會告訴你，他很喜歡一個人，但你跟他說了再多，他也不會去告白；他會告訴你他想離職，但一年後你發現他還在同一個位置、說著同樣的話。積極一點的聖杯 4，可能會在不危及現有生活的前提下嘗試些新的事物，例如進修、健身或主動結識新朋友，但很快就又回到原點。因為當我們藉由向外尋找刺激來豐富生活，渴望藉由新的學習、新的經驗來點燃對生命的熱情，卻忘了內心早已經沒有任何燃料，因此外在的火燒得再凶猛、風煽得再狂暴，也無法燃燒出熱情與動力。

靈數 4 重視的是「為自己的擁有負起責任」。當我們

把現有的感情、人際與家庭關係都視為自身的擁有，就要負起相對的心力去經營，但聖杯的本質是被動的，不會積極去經營任何關係，就如同圖中的男子與前方三個聖杯，是非常有距離的，也不願多加端詳。他可能會被形容是「不用心」的人；在感情問題裡，聖杯4雖不是花心的人，卻可能是個「不懂得珍惜的人」；在工作上，他可能是個「忘恩負義的人」，因為聖杯4不會把他人的付出與關心放在心上。即使有新的改變機會，聖杯4可能會因為態度曖昧、反應冷漠而錯失機會。

　　試想，在什麼情況下會出現聖杯4的心境？有可能是我們的心非常混亂而迷惘，不知道自己要什麼，渴望有所改變，卻只能感覺到自己的無能為力，這時的我們可能會遠離所有讓自己感到無力的人事物，進而展現出漠不關心、對生活倦怠、沒有力氣的模樣。

　　聖杯4的解藥不在外面的新事物，而是在原有的感情經驗、既有的日常生活，這時我們得重新學會感恩。倦怠與麻痺感來自於對生命、對關係的理所當然，我們不再感謝這些關係，不再感謝身體，也不再感謝自己的心。當持續為我們貢獻能量的人事物不被我們感謝，意味著我們認定他們是不重要的，而我們認為不重要的，自然就不會持續供應我們的生命，這就是我們對生活感到倦怠無力的主要原因。因此，請有意識地感恩生命的一切：他人帶給我們的微小善意、關係帶給我們的成長、能正常運作的身體，以及還能去愛與感受的心靈。「感恩」才是讓聖杯4找回心的解藥。

逆位聯想：嘗試

　　逆位的聖杯4起身行動了，開始把握眼前的機會，雖然還是顯得有些意興闌珊，但至少願意嘗試了。有可能受夠了一成不變的日子，開始培養可以打發時間又能舒心的嗜好，開始融入人群，抱持著先認識看看的態度。

錢幣4
Four of Pentacles

元素符號▽

．

陰性發展第四階段

．

社會化

正位聯想：固守

靈數4是重視安全感的守護者，守護著靈數1～3所創造出來的基業，強調「不失去」就是最安全的。當一個最渴望安全感的靈數，遇上了塔羅元素中象徵安全感的土元素，會產生什麼樣的能量呢？錢幣4可說是所有數字牌中最能代表「穩固不變」的牌，圖中的男子雙手環抱著錢幣，而這枚錢幣也恰好擋住了他的心輪，他的兩隻腳各緊踩著一枚錢幣，就連頭上的皇冠也乘載了一枚錢幣，他就是塔羅牌裡著名的守財奴、小氣鬼。

錢幣4中的男子絕非靈活之人，只要一移動，頭上的錢幣可能會滾下來，也可能無法穩妥地踩住錢幣，讓覬覦他錢財的人有機可乘，能守住這一切的最安全方式就是「靜止不動」。不要付出，就不會受傷；什麼都不爭取，雖然無法得到什麼，但自然也不會失去什麼。錢幣4認為，只要緊抓著現有的一切，不輕易放手，無論是物質、感情，還是生活模式，都能夠安全穩固。

當我們對自己所建構出的安全感太過執著，就變成了安全感的奴隸，寧可抱怨、責怪，也不願意冒險。錢幣4甚至不允許心愛的人為自己冒險，因為那可能會導致失去他們。害怕失去的恐懼遠遠勝過活出自我的渴望，所以錢幣4會找各種理由來壯大自己的恐懼：「這一切是我辛辛苦苦得來的，我不能再失去。」但通常讓我們倒下的不是失去，而是我們為自己擁有的一切賦予了太多意義。錢幣4是「人生的守財奴」，不僅守著金錢，也守著自己堅信的價值觀，因此告訴自己活在舒適圈裡就好。

問感情，錢幣4意味著關係穩固，兩人可能會透過物質享樂增進情誼，但缺乏心靈的交流，自然不會有太大的

進展。若是以人格特質來說，錢幣 4 不是一個會對伴侶大方的人，除非他非常確定伴侶會給予實質的回饋，而且他的掌控欲很強，希望能掌握伴侶的行程與生活作息，不能忍受破壞承諾與慣性，哪怕對方只是比預訂時間晚半小時到家，或是忘記倒垃圾，任何有違常規的行徑都會讓他感到失望。若是單身，錢幣 4 象徵不願意敞開心房，或是過度在意表面，以至於吸引到的對象也無法深入他的內在。

在工作問題裡，錢幣 4 代表收入穩定的工作，或是按部就班就能完成任務，雖然沒有太突出的表現，但一切都能順利進行。這張牌也象徵專業能力的累積，在錢幣 3 的階段，你已經找到自己的定位，現在的你似乎只想專心做好一件事。這時謹慎應對工作細節與理財計畫也是必要的，雖然在他人眼中你幾乎沒有彈性可言，但對你來說，這是累積經驗與財富的重要階段。

靈數 4 與土元素的融合凸顯出此牌「重視經驗法則」，好處是能減緩對危險與不擅長事務的焦慮。當我們在某個領域或關係累積出足夠的經驗，就能定位自己適合什麼工作、適合什麼感情或適合什麼樣的生活型態；但若是被不安全感控制，經驗法則就會變成局限，我們只依循舊有經驗做事、選擇對象，只接近想法一致的人，甚至仇視同溫層外的世界。錢幣 4 只相信自己的經驗與視野，雖然這是很安全的，但當我們需要成長、需要擁有更多，就得先學會與不安全感共存，允許失去的必然。

逆位聯想：流失

你可能為了渴望獲得更多而做出有風險的決策，結果弊大於利。就好像為了開發新客戶的市場，卻無法再全心服務舊客戶，導致客戶與財源流失。雖然任何的改變都會帶來失去，但你不免懊悔自己的貪婪與衝動。

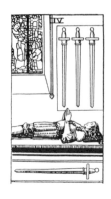

寶劍 4
Four of Swords

元素符號△

‧

陽性發展第四階段

‧

社會化

正位聯想：休息

　　風元素的思緒歷經了靈數 1～3 的階段，已經過於緊繃、混亂，而靈數 4 的沉穩讓腦筋轉不停的風元素得到了舒緩的機會，現在是該讓大腦休息的時候了。從上方的彩繪玻璃和下方的石棺，可以辨識出牌圖裡的場景為教堂一處，石棺上躺著仰臥的往生者雕像，這是現今歐洲許多大教堂都能看到的石棺雕刻葬。我們可以把牆上的三把寶劍視為上一張寶劍 3 的階段，象徵過去的創傷，石棺下方也刻著一把寶劍，意味這名往生者可能是一名戰士。這名戰士終於得到了休息的機會，不需要再戰鬥了。

　　特別的是，寶劍 4 中的石棺與雕像都是黃色的，就像鍍了金一樣，是積極、自信與神聖光輝的色彩，因此寶劍 4 雖然刻劃出往生者的雕像，卻不象徵肉體的死亡，而是代表精神層面的復甦。彩繪玻璃上出現了聖母與孩童的雕飾，為這張牌帶來療癒與包容性。教堂象徵庇護所，人們在這裡祈禱，為的是與神更接近，更是為了內在的平靜與安寧。

　　寶劍 4 直指「休息」的意涵。休息是為了讓身心的傷口能夠復元，而寶劍 4 的休息不只是睡覺，也意味著各個層面都要「停下來」。因為過去緊繃太久，或長期處於備戰狀態，現在你決定暫停工作，在家好好休養，這是「身體」層面的休息；長久下來說了太多話，現在的你決定安靜一點，有任何意見或想法都先內化，不急著說出口，這是「表達」層面的休息；外界資訊太雜亂，讓你覺得自己跟不上世界的步伐，決定登出社群軟體，停止回應外界，這是「頭腦」層面的休息。寶劍 4 要我們對自己已經消耗殆盡的力量更有覺知，然後喊停。

但下定決心休息並非易事，往往我們的身體在海邊度假，腦子裡卻可能在擔心下個月業績；明明躺在床上準備入眠，還在回想原生家庭或過去感情的背叛。因此，寶劍 4 的休息通常發生在「忍無可忍」之後，當你的身體已經發出警訊、工作狀況過於混亂、在感情關係中快樂不起來……才會意識到「我真的要休息了」。但休息並非斷絕，寶劍 4 只是要我們勇於喊出「暫停」，劃出明確的界線，給自己更多沉澱的時間與空間。

寶劍 4 對於工作狂或急驚風的人來說都是不樂見的，因為它帶來身體或精神層面的警訊，要我們停下來，好好休息，好好過日子。寶劍 4 希望你能請一段時間的假，不要安排太多活動，盡可能只是睡覺和休養；或是與主管商議調整工作內容，盡可能有規律地工作，能放慢腳步好好生活。在感情上，你可能需要與伴侶告假，寶劍 4 經常指出暫時的分居或減少聯繫，目的不是逃避，而是學習如何安頓自己的身心，才能懂得如何用心經營這段關係。若是單身的狀況，寶劍 4 不鼓勵投入任何感情，請先照顧好自己。

靈數 4 要我們回歸秩序與穩定，這對腦袋停不下來、不停在分析判斷的寶劍牌來說，是能「重新梳理思緒」的機會。你可能想法太過混亂或感覺渾身是傷，抽到寶劍 4 代表可透過宗教的力量獲得內在的平靜，你可以參加靜心或書寫的工作坊，對內在運作與情緒起伏有更高的掌握能力，才不至於一有壓力就逼得自己渾身緊繃，也逼得身邊的人緊繃。當你願意「靜下來」休息，不僅僅是對自我的寬容，也同時鬆綁了你的親密關係。

逆位聯想：備戰

逆位的寶劍 4 意味著處於忙碌、疲憊的狀態，時常感覺到被打擾、計畫被中斷，雖然累了，但無法休息，依然處在備戰狀態。抽到此逆位牌，表示你可能花了很多時間在「劃界線」，而非真的在休息，很可能你傳遞出來的訊息是「別來煩我」，而不是「我真的累了」。

  號牌
靈數能量

5 號牌是自由與突破帶來的衝突與失去。

陽

 權杖 5
競爭

 寶劍 5
無情

本能 ← 靈數 **5** → 社會化

 聖杯 5
遺憾

 錢幣 5
匱乏

陰

靈數 5 對束縛有著高度的敏感，致力追求「自由、做自己、突破限制」。在靈數 4 階段打造出了基業和體制，建構出讓大家遵從的規範，但若每個人的生命都得套進同一個模板、依循同樣的價值觀與標準作業流程，生命就會變得扁平無趣，與生俱來的獨特性與天賦也都會被限縮。靈數 5 的出現即是「勇於成為一個與眾不同的人」，強調人人都應該要坦率做自己。他們通常是叛逆者，能夠為迂腐的體制帶來革新，卻也可能成為拖累團隊的麻煩，兩者只有一線之隔。

　　因此你會發現，靈數 5 對應的數字牌都會帶來「衝突與失去」，但這就是追求做自己的必經之路。當你開始渴望自由，原有的感情關係都會開始出現震盪。當你與他人或社會的關係越是緊密，自由所帶來的衝突也就越大。然而，自由不見得是任性地獨善其身，也可能是更願意為我所愛、所嚮往的人事物付出行動。

　　教皇是純粹的靈數 5 能量，是第一張開始出現「兩人以上」的大阿爾克納牌。許多人會有疑惑，既然靈數 5 強調的是做自己和追求自由，又為何對應的是強調人際互助與內在修養的教皇？不妨試想：我們在什麼時候會開始思考做自己？如果今天我們的生命中始終只有自己一人，做自己的概念就不會存在，而我們會開始渴望做自己永遠都是基於「有他人的存在」，透過與他人的互動、看見不同的生命層次，才會建構出「我想做自己、我想成為什麼樣的人」的觀念。同樣地，想活出自由，是因為先有了體制規範；想力求突破，是因為先有了局限。

　　節制也是對應靈數 5 的大阿爾克納牌，提醒我們不該限制自己只能成為什麼樣的人，因此將陰陽兩極的能量（即不同的觀點、文化與情感）進行融合，讓我們突破對自我的定見。做自己不是只能在陰陽兩極、善與惡、光明與黑暗之間選一邊站，節制強調的做自己是有多元可能的。

　　如此看來，所有 5 號數字牌都指出不同形式的衝突，是完全合理的。權杖 5 透過「競爭、看誰大聲」來確定自己的重要性；聖杯 5 透過「失去、後悔」來確定自己的真實心意；寶劍 5 則是透過「否定他人」來證明自己是對的；錢幣 5 透過「反抗社會體制」來證明自己的價值。由此可以發現，本能導向的靈數 5（權杖 5 和聖杯 5）焦點放在「確定自己」；社會化導向的靈數 5（寶劍 5 和錢幣 5）焦點則放在「否定他者」。

權杖 5
Five of Wands

元素符號△

陽性發展第五階段

本能

正位聯想：競爭

衝破了權杖 4 的穩定與和樂，權杖 5 開始出現破壞與競爭性。牌圖中有五個人，都身穿不同顏色的衣服，象徵不同的個性與立場，他們都手持權杖相互攻擊，但沒有人站在絕對的優勢位置，也沒有人受傷或倒下，因而難以判斷誰能勝出。火元素的衝勁與行動力，遇上靈數 5 的自由與獨特性，產生的動能勢必會對現況帶來衝擊。權杖 5 的畫面看似具有殺傷力，但更像是各自在壯大聲威氣勢，五個人都渴望展現自己的獨特性、成為那個最獨一無二的，但五個人卻都在做一樣的事情。

權杖 5 通常帶來衝突、激烈的討論或互相攻擊，但權杖牌的力量是運用在行動、創造與展現自我，就算是要攻擊，也不會朝著他人的弱點，更有可能根本不知道對方的弱點在哪裡，因為他的焦點是放在自己身上。權杖 5 至多是叫囂、炫耀，為的是從關係或團體中脫穎而出，告訴大家「看看我有多特別」。在關係裡常會過度強調自己的付出，為的是得到更多的重視。

在會議中，當每個人都只講自己想講的、只強調自己的產值，就會是一場無效的會議，因為沒有傾聽、交流與合作，就像兩個小孩在爭寵，吵著要糖吃，一個說：「我考試都是滿分，他都考不及格！」另一個說：「你會考試又怎樣？家事都是我在做的！」雙方不斷強調自己擅長且對方沒有的特質來贏過對方。類似的對話在大人世界也是每天都在上演，伴侶常在吵的是：「我什麼都以你的需要為優先，但你都沒有想到我！」另一個說：「但我什麼都得順著你的脾氣，你體諒過我嗎？」家人間也常爭執著：「我為你們做牛做馬！你有關心過我嗎？」另一個說：「我

加班賺錢都是為了養家！回到家，你不能讓我放鬆嗎？」

你看出來了嗎？權杖 5 裡的每個人都大肆展現自己的重要性，但如果沒有人先去認可對方的重要性，終將是一場無止盡的消耗戰。當每個擁有不同特質、天賦與資源的人卻都在做一樣的事，就沒有人是特別突出的。一個小孩對一個老人吐口水，老人也吐回去，哪怕這位老人在社會上多麼位高權重，當他對小孩吐口水回去的那一刻，就跟那小孩是沒有差別的。與其說權杖 5 顯現的是一場戰鬥，更像是一場模仿遊戲。

在感情關係裡，權杖 5 是以帶有競爭的意識在經營關係，這可能是關係的磨合期，兩人都有不同且美好的特質，但現階段無法欣賞彼此。即使伴侶只是在誇耀他自己，你可能會誤以為對方是在指責你的缺失，無論是否真有此意，你的反應都會很激烈，這也反映出了你過盛的自尊心。也有可能這對伴侶就是愛鬥嘴，鬥著鬥著可能會真的吵起來，但不至於對關係造成太大傷害。單身者抽到此牌，代表可能會有眾多追求者，但你與追求者們都只是一味地表現自己，沒有人真心體貼、關心彼此的需求，只能促成短暫的火花。權杖 5 的出現，也在提醒你得小心捲入麻煩的感情糾葛。

若用積極的態度看待權杖 5，可將其視為必要的競爭過程，尤其在個人成長的問題裡，權杖 5 能讓你認清自己的不足，促使你力求突破。工作上，你會面臨到競爭激烈的環境，或被他人視為要超越、比較的對象，這些緊張的態勢會燃起你的危機意識，因而要求自己要表現得更好。若把權杖 5 的競爭能量用較積極的方式展現，你就能夠鞭策自我來發憤圖強、嶄露頭角。

逆位聯想：休戰

逆位的權杖 5 停止鬥爭，或是有人決定從戰局中跳出來承認輸了，以致鬥不下去。也可能大家有了共同的敵人，不再把戰力用來攻擊彼此。當意見分歧的人們有了共同的仇敵，大家就能暫時待在同一艘船上。

聖杯 5
Five of Cups

元素符號▽
·
陰性發展第五階段
·
本能

正位聯想：遺憾

歷經聖杯 4 的不滿足與不珍惜，到了聖杯 5 出現了改變的契機，但這樣的改變可能不是我們能欣然接受的。聖杯 5 中的男子披著一身黑斗篷，低頭哀悼三個倒下的聖杯，即使看不到他的表情，也能感受到他的失落與悲傷；翻倒的水和前方的河流都意味著「覆水難收」，即使後方還有兩個站立的聖杯，是能夠在他背後支持他的力量，可能是一份陪伴或珍貴的情感，但他沒有要回頭的意思，只是靜靜地專注在三個倒下的聖杯，那些是他曾經擁有的美好或機會。

當我們開始對日復一日的生活感到倦怠，就會漸漸失去動力與熱忱，對每天的呼吸和日常的種種運作都視為「理所當然」，此時最能夠讓我們重新有感的，不是獲得，而是失去。聖杯 5 為生活帶來的改變，是讓某個人事物從你我的生命中消失，哪怕只是暫時的，都會顛覆你過去習以為常的「生活不就是這樣」，提醒你好好感受、珍惜生命。

聖杯 5 代表的是傷痛與遺憾，可能是有某個我們珍視的人事物從生活中離開了。同樣都是傷痛，卻和寶劍 3 不同，寶劍 3 的傷痛是來自他人的攻擊、挫敗或自我打擊，但聖杯 5 的傷痛是「後悔」，他的內心有很多的「我當初怎麼沒有……」、「那時如果……就好了」。你可能會後悔自己沒有把握好某個機會，或是對某個人、某件事的逝去感到氣憤，氣自己應該可以做得更多、更盡力，自責自己沒有好好珍惜。現在的你可能像個孩子般在為打翻的牛奶哭泣，但請不要回頭看自己的曾經擁有，而是正視自己的失落，畢竟成長都是在體驗到失去之後，才認知到擁有絕非理所當然。

許多人以為聖杯5後方的兩個聖杯是讓他改變的契機，因此在占卜中常會鼓勵抽到此牌的人回頭看看自己的擁有，但後方的兩個聖杯是讓我們在失落中依然還能感受到溫暖與陪伴，是能夠「接住」我們的依靠，並不會讓我們變得更懂得珍惜。許多人在經歷逝去的悲傷與悔恨之後，反而會遷怒或責怪身邊的人，或是轉身緊抓著現有的一切，將身邊所有人都視為救命浮木，這些都不是珍惜，而是消耗。

在感情問題中，聖杯5不見得代表關係的結束，有可能是過去太習慣一成不變的相處模式，後來出現了變化或紛爭，以至於短時間內難以承受，甚至會有被背叛的感覺，但不見得是對方做了對不起你的事，而是你把對方應該要做的事情視為理所當然。此刻的傷痛勢必也會為這段關係帶來正向的改變。工作上出現聖杯5，表示感覺到自己不夠盡心盡力，錯失了表現機會，因而懊惱該如何找回對工作的熱情，但也許這是一個思考的契機，讓你想想：除了熱情以外，還有什麼能讓自己在工作上表現得更好？

因此，聖杯5邁向改變的關鍵是對「失去與後悔」能有更深的「原諒」。這時不需要急著說服自己轉身擁抱現有的一切，而是勇敢承認過去的錯誤，承認自己的不珍惜，或承認對自己的生命不夠努力、不夠瞭解。要走向「原諒自己」的第一步，就是先承認自己有需要被原諒的部分，也有曾經可以再更好的過往。

逆位聯想：珍重

聖杯5逆位時，回頭看見兩個站立的聖杯，意識到珍惜當下的重要，雖然傷痛與遺憾還在，但他願意改變心態，知道失去的不會再回來，只能珍重現有的生活。逆位的聖杯5讓人想到《脆弱的力量》（*Daring Greatly*，Brené Brown，二〇一三年）所提到的：「看重你擁有的，就是尊重我失去的。」

錢幣 5
Five of Pentacles

元素符號▽

陰性發展第五階段

社會化

正位聯想：匱乏

　　錢幣 5 徹底顛覆了錢幣 4 在物質生活的穩定性：兩人行踏在漫天雪地中，前方的女子赤著腳、身穿陳舊破損的衣物，象徵物質上的貧困；後方的男子像是受了傷，撐著枴杖，脖子上還繫著鈴鐺，那是中世紀痲瘋病患者會被迫戴上的鈴鐺，以警告他身邊的人必須遠離，這名男子象徵疾病，也可能代表被隔離、被排斥。雖然他們經過了璀璨、溫暖、象徵救贖的教堂窗戶，但沒有向窗裡瞧一眼，也沒有進入教堂。

　　錢幣牌重視安全感的建立，但靈數 5 強調活出自由，這兩者的生命態度是相互矛盾的，也讓錢幣 5 的圖像故事出現了強烈的衝突性：上方的教堂窗戶是象徵愛與包容的庇護所，提供資源給需要被幫助與被救贖的人，而窗外的冰天雪地中有兩名無法進入教堂的乞丐，但我們無法得知他們是無法進入或不願意進入教堂。

　　錢幣 5 意味著物質生活困難或身體健康出現狀況，你可能需要被幫助或設法自救，但你依然在苦撐著，相信有一天狀況會自行好轉。就像生病卻不去看醫生、沒錢卻不去找工作，只為了證明自己的身體能夠自癒，或是為了證明自己能獨立完成夢想，而與體制和社會傳統價值抗爭。你可能會感覺到自己是團體或社會的邊緣人、弱勢者，期待被關心照顧，但若真的有人給你機會為生活做出改變，你可能會說：「這不是我要的。」錢幣 5 可能會出現在一個沒有收入、無法給自己溫飽的人身上，有人跟他說：「來我這工作，我可以供餐給你。」他會回：「天啊，我也太苦命！不看看我都餓成這樣了，還要我工作？」

　　錢幣 5 的外在看似窮困，需要被救濟或被接納，但並

不是實際遭遇有多惡劣，而是他們往往只接受同溫層的懷抱，反而將真正能夠改變他們困境的人視為既得利益者。他們希冀的是「同病相憐」的溫暖，以積極面來說，若能在同溫層中感受到被同理與被療癒，就更有力量面對現實困境，進而能重拾改變的契機；但多數時候，同病相憐者往往會因追求共同的利益而變成弱弱相殘，因此錢幣 5 在任何關係中往往也象徵著「能夠共苦，不得同甘」。

　　在感情問題裡，錢幣 5 反映出不離不棄的愛，但兩人的關係似乎是建立在共患難、陪伴彼此面對現實的困境，可能有一方工作收入不穩、健康需要照顧或遭逢親人反對，各種生活難題能讓這段關係以共同支撐的模式延續著。要注意的是，一旦其中一方有了起色、困境解除之後，這段感情反而會出現警訊。若單身者問桃花，有可能會遇到願意接納你的人，但要注意自己會不會把被接納與愛給混淆了。

　　若是問工作，錢幣 5 明確指出了資源上的匱乏，雖不一定是低薪，但你難以掌握公司資源、無法融入公司文化，以致無法將工作做好。有可能是你喜歡的工作，但你無法認同公司體制或部門氛圍。若問求職，要注意是否太過於「不為五斗米折腰」，執著於理想而變得不切實際。由此可知，錢幣 5 的匱乏感是來自於對生命的態度，他們常會感受到懷才不遇、被遺棄或被邊緣化，但往往是他們在與社會、與現實作對，更是與自己作對。如果不再對抗，就能累積錢幣牌的穩定力量，以待日後的突破之日。

逆位聯想：妥協

　　錢幣 5 逆位時，人物進到教堂裡，象徵生活條件與身心健康獲得改善。你開始意識到關係經營不能只靠愛，達成夢想前也得先累積現實歷練。你決定與社會價值妥協，尋求他人的協助，接受體制的約束。

寶劍 5

Five of Swords

元素符號△

‧

陽性發展第五階段

‧

社會化

正位聯想：無情

經過了寶劍 4 的休息與養精蓄銳，寶劍 5 重新回到戰場上，但他對雙贏不感興趣，追求的是個人的勝出。圖中最前方有一名男子左手持兩把劍，右手正拾起第三把，3 數象徵表達，而表達在這裡變成男子傷人的利器。他面帶笑容望著朝向海邊走去的兩人，地面散落著兩把劍，意味著 2 數所象徵的合作與平等已被破壞。一人將披風掛在肩膀上，戰敗離開，另一人的背影看似傷心哭泣。持寶劍的男子不會為兩人的離去而傷感，反而露出「我贏了」的勝利笑容。

寶劍 5 意味著「空虛的勝利」。這張牌往往帶來紛爭與傷害，包含了言語或態度冷漠造成的重傷。寶劍的作用向來不是接納，而是排除，因此面對不同立場的人，哪怕是再親密的親朋好友，都會採取「你應該要聽我的，否則就別往來」的策略，可能還會補上一句：「因為我無法跟笨蛋來往。」寶劍 5 懂得利用口說或文字來攻擊對手的失誤與弱點，通常他們的攻擊都能正中對方的要害，但贏了面子卻輸了裡子，到最後身邊的人都會因為他們尖銳的個性而遠離，最後的「贏」也只剩自己看得見。

不像權杖 5 裡的每個人都在爭自己的重要性，寶劍 5 要爭的是：「我是對的，你錯了，所以你得認同我，聽我的。」抽到這張牌，要注意自己是否太過重視理智或自以為是的正義，因而傷害與某人的關係。最常見的狀況是你自認對朋友說了實話，但朋友聽完卻感到受傷，而你不認為是自己的問題，是他太脆弱，甚至否定對方的感受，以致關係出現裂痕，你可能會說出：「會變成這樣，是你自己選的，你根本沒資格傷心。」

短時間來看，你不覺得自己有何損失，但這是危險的，因為沉浸在勝利的虛榮感會讓你忽略了重要的人正在離去。你有可能贏了某場辯論或官司，或是將某人批評得一文不值，而贏得一個「對」，卻輸掉了所有感情關係。理智本身不是問題，但將他人表達出的感覺、情感或任何不合邏輯的思考予以否定，就會變成得理不饒人。在爭執中，如果某人表達出來的言詞不合邏輯、前後矛盾或漏洞百出，其實對方並不是在說理，而是渴望理解與關心，但我們面對這樣的局勢時，通常會見獵心喜地抓著對方的失誤予以攻擊。

　　寶劍 5 若反映在職場上，意味著你身處在需要競爭、廝殺的工作環境，或你本身就是好戰、會去比較優劣的人，為求表現不惜得罪同事。若問求職，你可能會感覺到被刁難，但有可能是因為你表現得太像刺蝟，需要放鬆應對。在任何的感情問題裡，寶劍 5 通常會帶來口角紛爭，雙方都覺得自己非常有理，有其中一方不想承接對方的指責與情緒，或是認定對方無法溝通，因而採取忽視或冷戰。寶劍 5 揭開了關係中的「權力爭奪期」，雙方都渴望獲得這段關係的掌控權，不想輸的欲望勝過於愛。

　　寶劍 5 最大的問題，是不願面對自己的懦弱、無能與不夠好的地方，為了逃避面對這樣的自己，把身邊所有懦弱無能的人、所有逼迫他承認自己不夠好的人全都鬥走，讓他的外在能始終維持在贏的狀態，但內在終究是孤單的。或許寶劍 5 的人在成長過程中沒人對他說過：「你無法再努力也沒關係的。」而如今的他必須學會對自己這麼說。

逆位聯想：彌補

　　逆位寶劍 5 對自己造成的傷害更有自覺，因此開放了溝通的可能性，可能會對那些曾經被他傷害的人道歉，或是做出彌補，卻也可能會再掀起他人的創傷回憶。抽到此逆位牌，代表你不願面對自己的自私，或渴望自己的自私能被接納。

6 號牌
靈數能量

6 號牌的主題是「施與受的合作關係」。

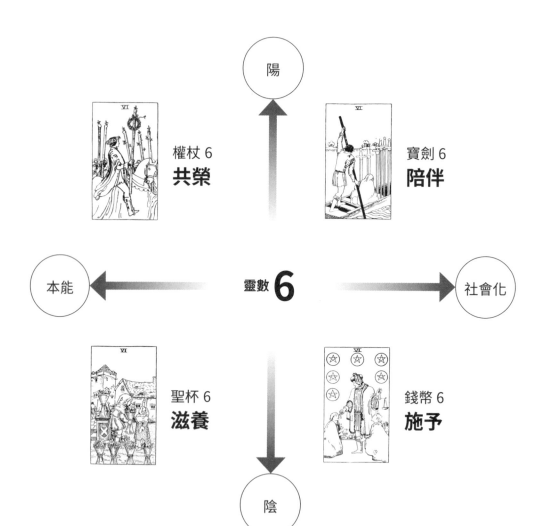

陽

權杖 6
共榮

寶劍 6
陪伴

本能　←　靈數 **6**　→　社會化

聖杯 6
滋養

錢幣 6
施予

陰

靈數 6 的課題是關於「愛」，這份愛囊括對自己、對夥伴與對生命的愛。上一階段的靈數 5 試圖從團體與關係中掙脫，力求自由與做自己的可能，到了靈數 6，我們意識到追求自由不是一味地抗爭，更要能夠與世界、與他人連結。一個懂得愛自己的人，身處在任何團體、投入任何關係也不會失去自由。

　　這四張 6 號牌的圖像都是由「三個以上的角色」構成，且呈現和諧的景象，就連具有傷人特質的寶劍牌，畫面也都是平靜溫和的，各自帶來不同的合作榮景。我們可以回顧與合作有關的數字牌：2 號牌強調的是一對一的合作關係，3 號牌強調的是與社會體制、團隊的合作關係，而 6 號牌則是強調「施與受的合作關係」。經過了靈數 5 階段的自我確認，靈數 6 發展出了「依存特質」，清楚自己現階段的心力資源所能擔任的是給予者還是接受者，因此所有 6 號牌都能看出這樣的依存關係：權杖 6 的「共榮」、寶劍 6 的「陪伴」、聖杯 6 的「滋養」與錢幣 6 的「施予」，每張牌裡的角色都需要彼此的存在。

　　無論是在大阿爾克納牌或數字牌，6 號牌都保有三個角色以上的一貫性。戀人中除了亞當與夏娃之外，還有大天使拉斐爾在天上給予他們祝福；惡魔牌圖中的亞當和夏娃被鐵鍊困住，給予祝福的大天使拉斐爾變成了蠱惑享樂的牧神潘。我們可以發現，幾乎所有的 6 號牌都有「高低之分」，但每個角色都在自己的位置上甘之如飴，反觀 5 號牌，沒有誰高誰低，反而容易引爆衝突。

　　我們也能看出，大阿爾克納的靈數 6 甘願臣服於「更大的未知力量」；而四張 6 號數字牌，則是臣服於「更有能力與資源的人」，任何的合作關係都需要臣服的智慧，但臣服不是投降或放棄，而是接納現況、順著流走，這需要對自己、對環境有高度的信任。在 6 號牌裡，這些角色都展現了臣服的智慧，即對自己現況的認清，全然接納自己的能與不能。

　　許多人在抽到 6 號牌時都會問：「我是給予的那方，還是接受的那方？」但通常數字牌反映的是互動「狀態」，而非固著在特定的角色，也就是意味著相互和諧付出、接受彼此的狀態。尤其陰性能量的 6 號牌（聖杯 6 和錢幣 6）在施與受之間的依存關係著墨更深，而這些牌出現其實都意味著：有給予的能力，也有接收的能力。

權杖 6
Six of Wands

元素符號△
.
陽性發展第六階段
.
本能

正位聯想：共榮

　　權杖 5 中的競爭似乎出現了贏家，但更像是有人從遠方打了勝仗凱旋歸來。一名男子騎著白馬，手握的權杖頂端和頭上都有象徵成功的桂冠葉圈。下方的人們是跟隨他的忠僕，或是熱烈歡迎男子歸來的親友，他們都感染到了男子的榮耀與成就，每個人都高舉權杖歡呼著。這可說是最受歡迎的一張 6 號牌了，因為它象徵著成功、受眾人歡迎，但男子的眼光不是放在權杖上的桂冠葉圈，而是望向擁戴他的人群，他很清楚勝利不是光憑自己的力量，更是來自大家的肯定與支持。

　　陽性能量的靈數 5 透過衝突與競爭來確立地位，靈數 6 則是每個人都已確定了自己的位置，無論誰高誰低，都能和諧共處。靈數 6 的構圖都涵蓋了「給予者與接受者」之間的依存性，騎著馬的男子給予的是榮耀與才能，彷彿訴說著：「我贏得這場戰役，但不單是靠我一個人，而是你們給了我力量，大家一起接受這份榮耀吧！」而下方的人們可能也喊著：「是你帶領我們達成勝利，沒有你，我們就不會贏，接受我們的掌聲吧！」騎馬的男子看似在給予者的位置，將打勝仗後獲得的榮耀與資源分享給大家，因為他知道自己的勝利是源自於大家的支持與打氣；下方的群眾看似站在接受者的位置，他們知道靠自己不足以打勝仗，而賦權給騎馬的男子，也對他的能力給予肯定和信任。

　　這場景若套用至今日，猶如頒獎典禮上的星光大道，獲獎藝人穿戴華麗的衣裳走在紅地毯上，不時對周圍的粉絲們揮手致意；或是在選舉的場合，候選人當選，支持群眾為他歡呼喝采。大部分的人都曾有這樣的心境，當我們

支持的政治人物當選、喜歡的藝人得獎或支持的球隊獲勝，我們都會因此感動、內心澎湃。反觀來說，若是我們受到萬眾矚目、背負著眾人的期望而達到某個目標，除了自己的成就感之外，也會覺得：「我總算不負大家對我的期待！」

權杖 6 的能力是無庸置疑的，但權杖能量常有三分鐘熱度的問題，靈數 6 則是強化了權杖牌的續航力，他人的支持即是燃料，掌聲越大，來自外界的肯定越多，權杖 6 就會越賣力，就能駛得越遠。靈數 6 的生命意義源自於他人的連結，因此若呼應到工作問題，權杖 6 往往代表「需要人氣的工作」，你有可能在公司裡備受矚目，或本身就是公眾人物，但人氣是需要經營的，你需要持續產出好的作品，並回饋給支持你的人們。同時你得留意的是，享受榮耀的同時，謹記人氣是你的燃料，不是你的目標，你因為具備某種特質或能力而被看好，這些人氣會讓你更看重自己的使命與影響力，所以別忘了繼續做好自己該做的事。為了呈現好的電影而盡情演出，與為了得獎、成名而賣力演出是完全不同的。

在感情問題裡，權杖 6 象徵「攤在陽光下」的關係。你們的感情可能備受祝福，高調一點曬恩愛也無妨，雖然你們的關係是穩定的，但高調一點的求婚、婚宴場合，或是在親朋好友祝福下的愛，會讓你們更重視彼此的承諾。權杖 6 也意味著「共榮」，你會因為伴侶的成功而欣喜，他的成就就是你的成就。「騎在馬上」象徵在高處被矚目，單身者不妨多展現自我或活躍於社交場合，都能帶來正向的緣分。

逆位聯想：失勢

群眾的力量動搖了你的信心，你可能被反對、被背叛或被眾人否決，進而抗拒擔起領導者的責任。有可能任務失敗，正承受他人失望的眼光。不再有中心思想的你可能會見風轉舵，害怕不被認同或被忽略。

聖杯 6
Six of Cups

元素符號▽

·

陰性發展第六階段

·

本能

正位聯想：滋養

我們於聖杯 5 中學會在失去中成長，到了靈數 6，開始學習「看重我所擁有的」。圖中的場景宛如溫馨的家園，聖杯裡都種滿了花草，白色盛開的花朵是純潔的象徵，後方的房屋和守衛都指向目前是安全且受到保護的。男孩捧著聖杯給女孩，但女孩似乎無法接下這麼大的聖杯，不過她可以嗅著盛開花朵的香氣。在這裡，小女孩受到完全的保護：她披著頭巾、戴著手套，眼前有個像哥哥的男孩，遠方則有個守衛，還有宛如城牆的房屋，以及象徵穩固與保護的四個聖杯矗立於畫面最前方。

然而，在這座讓人感到安全的溫馨家園裡，房子都沒有門，也沒有多餘的空間與通道，畫面最前方也都被聖杯占滿了，找不到任何出入口，若女孩想要離開，似乎不容易。當然，她也可能在此過得很舒適愜意，不會想離開。這樣的構圖暗指著歷經聖杯 5 的傷痛，到了聖杯 6 階段，得以暫時回到舒適圈、家裡、固有的交友圈，或是任何讓你感覺到溫馨、被接納的關係裡，你想先待在那裡一段時間，就像回到母親溫柔的懷抱，獲得滋養，再決定出發。

聖杯 6 宛如我們的「內心之家」。內心之家指的不見得是現實的原生家庭，通常都是回憶中某個溫馨的童年場景，是我們曾經感受到全然地被關心、被接納、安全與和諧的時光，也有可能僅是某一刻的美好，例如與媽媽煮了一桌佳餚，或是跟童年玩伴在公園玩耍、穿梭在遊樂場或徜徉在大自然的懷抱中，這些珍貴的瞬間足以在我們心裡搭建出永恆的家園。雖然知道過去已經回不去了，但你可能會透過做一些「懷舊或溫暖」的事來善待自己。

同時，你也會以善待自己的方式對待身邊的人，但可

能會忽略了對方是不是也真心喜歡如此。你會帶愛人去吃你最愛的義大利餐廳，他雖然也很開心，但他其實更愛日式料理。你覺得到處遊山玩水就是善待自己，甚至會出錢請伴侶或家人出去旅遊，但他們可能覺得待在家裡最能放鬆。就如同圖中的男孩，他將種滿花草的聖杯遞給女孩，女孩沒有拒絕，雖然她嬌小的身形可能難以接下如此巨大的聖杯，但可以聞著聖杯裡的花香，象徵她願意接受男孩的愛與心意。他們對彼此都是有愛的，一方透過「我把我覺得最好的都給你」來表現，另一方透過「我接受你世界裡的所有美好」來回應。

　　聖杯 6 通常都在形容能夠保護與關心彼此、分享生活的美好點滴、溫馨、兩小無猜的感情關係。但要注意的是，聖杯 6 的付出常常是基於渴望在關係中能重建自己的內心之家，這時不能在意對方是否有回饋，要知道對方只要願意接受，那便是愛與重視的表現。在工作問題裡，聖杯 6 會帶來和諧的工作環境、像家人一樣的工作團隊，這時過往的工作經驗對現在的你是有利的，你可以協助你的工作夥伴。有時候，聖杯 6 也暗指過去的感情、過去做過的工作會回到我們的生命中。

　　當生活不斷推著我們往前走，常常會發現寶藏其實不在外面，尤其歷經了聖杯 4 和聖杯 5 的心路歷程，聖杯 6 終能拉住我們回頭看看，原來寶藏早就埋在自己的心中。「看重我所擁有的」不僅是指陪伴家人、愛人或摯友，更是來自過去的禮物——能夠支撐與滋養心靈的珍貴回憶。

逆位聯想：擺脫

　　逆位的聖杯 6 意味著拒絕認領過去的美好，甚至過往的回憶對你而言是痛苦不堪的。雖不再耽溺於過去，決定迎向未來，卻有可能是為了擺脫過去脆弱的自己而偽裝積極，在內在資源匱乏的狀況下，可能很難堅持新的理想。

錢幣 6
Six of Pentacles

元素符號▽

陰性發展第六階段

社會化

正位聯想：施予

錢幣 5 階段的我們在現實困境中鍥而不捨，但靈數 6 讓我們更能安於特定位置、接納此刻身處的階層，不再怨天尤人或覺得自己懷才不遇。與其說是妥協於體制或社會價值，不如說是懂得運用社會資源來幫助自己脫離困境。站在圖中間的是有錢有資源的商人，正在布施錢幣給跪坐在下方向他乞討的兩人。值得注意的是，商人左手拿著天秤，象徵的是審慎衡量，這是非常重要的，意味著商人不會給「超出自己能力」的資源，以及他給出去的是乞討者需要的，而非他們想要的。

雖然錢幣 6 的構圖呈現強烈的「階級關係」，但任何元素遇到靈數 6 就會變得和諧順暢。錢幣牌強調安全感，靈數 6 則是關心施與受的流動，因此歷經了錢幣 5 的匱乏感，錢幣 6 很明確地知曉「我配合你是因為我需要你」，因此願意與社會體制有更積極的互助行為。我們因為有能力與資源，所以主動幫助需要的人；我們也因為認知到自己的資源匱乏，而向更有力量的人請求協助。因此在錢幣 6 階級關係的背後是你情我願的交易，是每個人都能接納自身需求的和諧互動。

有趣的是，偉特形容中間那名男子是「一名偽裝成商人者正在布施」，為何偉特不直接定義男子為商人呢？為何做善事還得偽裝自己的身分地位？又為什麼他不扮演小丑或農夫，要選擇扮成一名商人？欲探求答案，不妨先反過來想：如果你是乞討者，會選擇向什麼樣的人乞討？相信大部分的人都會向看起來更有資源與權勢者尋求協助，例如政府官員、老闆、主管或有錢的親戚朋友，若從這個角度來發想，便能推敲出男子偽裝成商人的目的——男子

有「布施的需求」。

男子渴望自己擁有的資源與能力被看見、被需要，而偽裝成商人強化了期許自己能對社會有幫助的內在需求，這樣的詮釋也加深了給予者與接受者之間的依存關係。在錢幣 6 中，我們容易直觀地認為是乞討者主動向商人乞討，而商人只是舉手之勞，但有沒有可能是商人主動向有需要的人進行布施？若是如此，在這段關係中獲得滿足的是商人還是乞討者？抑或雙方都獲得滿足呢？

因此，抽到錢幣 6，你有可能是那名商人，即使你不是商人的角色，也渴望自己是一個有能力付出、能幫助他人的人，你會衡量自己擁有的金錢、專業、時間或心力，去滿足他人的需要。你可能樂於慈善捐款，救助弱勢和在苦難中的人們，但你不會輕易滿足他們的欲望，畢竟你要的是「大家都能成為對社會有用的人」，因此與其直接給對方一條魚吃，不如給他一支釣竿、教他怎麼釣魚。在工作上，你懂得觀察他人的需求，無論是你的老闆或下屬，都能夠協助他們完成任務，也能精準掌握客戶需要，這讓你在職場上備受信賴。

在感情問題中，錢幣 6 代表互相需要的感情關係，你可能很願意照顧伴侶的生活起居、滿足伴侶的生活需求，同時你也需要伴侶對你有實質的回饋，他不一定要跟你有同等的付出，但你希望自己的付出在伴侶身上能「有作用」，微妙的是，你的伴侶也需要你的「指教」，與其說是控制型的感情關係，更像是和諧的部屬關係。你認為在穩定的關係中彼此的「功能性」是很重要的。

逆位聯想：失衡

錢幣 6 逆位時，代表供需關係失衡。你可能給了對方不需要的東西，或是索取對方沒有的東西。也可能指出你的工作能力沒有被重用，你認為自己值得更好的待遇，而在受到重用之前，拒絕付出更多。

寶劍 6
Six of Swords

元素符號△

陽性發展第六階段

社會化

正位聯想：陪伴

歷經寶劍 5 的廝殺後，寶劍 6 重新踏上療傷之旅。靈數 6 的愛與接納緩和了寶劍牌的肅殺之氣。牌圖中有一名划槳的船夫，以及把全身包裹住的女子和孩童，三人都呈現背影、沒有對話，我們看不見他們的表情，但從灰冷的色調、角色們皆是低著頭的姿態，感受到的不是喜悅，而是淡淡的憂愁。特別的是，船隻前方插了六把寶劍，會對船身造成破壞，但若將這些劍拔出，船就會留下破孔，水就會滲進船身，導致翻覆，因此最好的做法便是讓寶劍持續插在船身上，方能順利行駛。

寶劍 6 中充滿各種意象，湖水象徵情緒，畫面右下角的湖水因船夫划槳而出現規律、和緩的波動，意味著適度的情緒起伏反而能讓生命保持前進，但若是滔天巨浪的情緒風暴，則會帶來翻船的危險。正所謂「小心駛得萬年船」，寶劍 6 提醒我們：意識到情緒的存在，但不需要為情緒做些什麼。不需要發洩，不需急於溝通，不要設法消滅情緒，這時若用力處理情緒問題，就會變得小題大作，續繼過好生活，情緒自然會過去。靈數 6 讓我們更加接納自己，因此你能體悟到：發洩情緒、戲劇化、強迫溝通可能帶來爭執，而所消耗的心力實在太大。因此寶劍 6 常常會說：「算了吧，我沒力氣跟你吵了。」哪怕是逃避，對當事人來說，也是一種對自身心靈狀態的自知之明。

權杖 6 中的白馬是陽性能量，帶領我們積極往前；寶劍 6 中的船隻則是陰性能量，保護我們緩緩前行。搭船的乘客是一對母子，更強調了此刻需要的是陰性力量陪伴，而陰性力量意味著接納、無為和擁抱脆弱。在寶劍 5 的階段，我們極力證明自己是對的、有理的，太過為自己伸張，

反而傷害了身邊的人。到了寶劍6，我們意識到過去傷了人也傷了自己，此時該遠離戰場，避免讓自己再度受傷，也趁機思考追求目標與理想的同時，如何不傷害到我們所珍愛的人們。與其說寶劍6是一段療傷之旅，更像是內省之旅，此時的我們學會與受過的傷共處，也承認自己曾經傷害過他人。那些插在船身上的寶劍無法拔除，意味著我們與傷痛一起前進。

所有的6號牌都有和諧的「施受關係」，但在寶劍6裡每個人都是陪伴者：擺渡人站在母子身後，不負責開導或安慰，只是默默划著槳；母子也是彼此的陪伴者，有可能是孩子陪伴母親度過傷痛，或是母親陪伴孩子療傷；而母子前方的六把寶劍也陪著他們前進。三人的命運都在同一艘船上，沒有空間能輕舉妄動，大家都是靜靜地陪伴彼此。這時候的我們不需要去扮演誰的英雄、誰的拯救者，在陪伴他人的同時，也學會了與自己的情緒共處。

問工作，寶劍6象徵雖有麻煩，但是一切都可以安然度過，你不是孤軍奮戰的，有人願意協助你，前提是你也得接受他人提供的協助與你的期待不同。這時得學會大事化小、小事化無，太過強調應得的好處與權益，反而會連累到同儕，也達不到目標。在這個階段，眼光要放遠，配合他人與客戶的提議，低調做好事情，就能穩定前進。問感情，往往顯示出兩人短時間內無法解決問題，你需要展現更大的溫柔與耐心，對於兩人的發展有更高度的信任，不急著做出承諾，也不要求伴侶承諾，兩人都有各自的難題，而陪伴就是最大的力量。記得能安頓好自己的心，就能照顧好這段關係。

逆位聯想：翻覆

急於「處理傷口」，導致水淹進船隻，最終被情緒的浪潮淹沒。逆位的寶劍6可能會說：「我們快來溝通！一起解決問題！」忽略了當下沒有人有力量與內在資本能再接受「傷疤被揭開」的痛。也象徵再度起爭執與合作失敗。

號牌
靈數能量

7 號牌關注：我要什麼？該怎麼做到？

陽

權杖 7
堅定

寶劍 7
投機

本能

靈數 **7**

社會化

聖杯 7
想像

錢幣 7
耐心

陰

靈數 7 的力量在於頭腦，他們是非常熱中於「用腦」的一群人。腦的作用不僅是在於「思」，也包括了「想」。我們天生就會想，想像自己未來會成為什麼樣的人、想像這世界是什麼樣子……想是我們的本能；但社會化的過程教會我們思，思考該如何達到目標、思考事情的脈絡發展……思是我們後天學習的。靈數 6 強調與人和體制產生連結，並用心接納，靈數 7 則強調回歸自己的目標，為自己想、思考生命，因此遠離了人群。所有的 7 號數字牌又回到「單獨」的狀態，一個人的時候，是最能沉靜思考、讓想像力自由的時候。在 6 號牌的階段獲得了能量，7 號牌開始專注於「我要什麼、該怎麼做到」。本能牌組的 7 號牌，「想」更勝於「思」，對於面臨的挑戰都是採取本能直接回應：權杖 7 面對眾多考驗，以「逐一打倒、關關攻破」來應對；聖杯 7 面對眾多選擇，覺得「好像這也好、那也可以，我都想要」。社會化牌組的 7 號牌，則是「思」更勝於「想」，面臨問題會設法解決，不會直接回應：寶劍 7 思考「如何避免衝突卻又能達到目標」；錢幣 7 思考「如何將目前的成果與自身資源發揮到最大產值」。

當我們談到靈數 7，不能忽略他們對於精神層面的重視，如同靈數 7 所對應的戰車，在前進的過程中也在尋求「成功的意義」，同樣也是靈數 7 的 16 號高塔，則是將表面的成功給瓦解，逼迫我們直視「內在還剩下什麼」。對於靈數 7 而言，追逐目標的過程比結果更重要，他們必須經歷外在的否定和自我懷疑的拉扯，才能讓精神層面得以昇華，最後吃進嘴裡的果實才是真正的甜美。

靈數 1 會用最直接而快速的方法達到目標，如果沒辦法達到，就趕緊換下一個目標；但靈數 7 設下目標後會先觀察局勢，並檢視自己的資源，若無法達到，那就得再耐心籌備、等待，或是再想其他方法。由此可以發現，靈數 1 是真正的目標導向，靈數 7 渴望的是在追逐目標的過程能看見自己的成長。

別忘了靈數 7 是「自我懷疑大師」，對靈數 7 而言，太容易到手的成功反而不真實，他們需要克服一些「關卡」來驗證或破除對自我的懷疑。陽性能量的 7 號牌（權杖 7 和寶劍 7），關卡是來自於「外在的敵人和反對者」；陰性能量的 7 號牌（聖杯 7 和錢幣 7），關卡則是來自於「自己的想像力、知識與思維」。這些關卡都是為了讓我們能更加知曉自己要的是什麼，以及究竟為何而堅持。

權杖 7
Seven of Wands

元素符號△

陽性發展第七階段

本能

正位聯想：堅定

權杖 7 脫離了權杖 6 的群眾擁戴，往下一階段邁進。圖片下方有六支權杖，朝著站在山峰上的男子攻打，男子雙手緊握住權杖防守著，絲毫不畏懼，原因有可能是他已憑著自己的力量爬上山峰，對自己的能力有相當的自信。男子站在高處，可以清楚俯瞰下方敵手的動靜，做好防守戒備，而下方的人們幾乎打不到他。有趣的是，男子左腳穿靴子、右腳卻穿著平底鞋，為何兩隻腳穿的不一樣呢？是他臨時趕著出門而穿錯，抑或他本身就是個特立獨行的人呢？

遠離了權杖 6 的歡呼與掌聲，權杖 7 不再視他人的肯定與支持為養分，現在的他期許靠自身的力量戰勝一切。歷經了權杖 6 的成功經驗，不能否認權杖 7 本身就具備強大的力量，他對自己的能力是有自信的，因此他大可繼續朝著原先設定的目標前進，但他依然存疑的正是自己的目標。男子以一支權杖防守著六支權杖的攻擊，在這裡我們又可以看到「捍衛自己」與「為他人付出」形成對立。在權杖 7 中，我們不免要面對的是：能否不顧他人的反對與拉扯，繼續堅持自己的目標？

我常常形容權杖 7 是「被討厭的勇氣」，因為權杖 7 的問題不在於自身的能力，而是在於追求更高的志向與理想時，若是受到外界的批評、否定或反對，能否繼續站穩腳步。他人對你的否定會讓你開始懷疑自己的動機，你可能會問自己：「為什麼我會想做這件事？為什麼我要成為這樣的人？」因此，權杖 7 的男子並未將手上的權杖用於更高的權力或達成野心，而是用於抵禦來自下方的攻擊。

靈數 7 會對我們正在做的事提出：「真的嗎？為什

麼？」但透過權杖牌的行動力，我們會用更積極的態度面對自我質疑，透過行動表現來堅定立場、清楚表達心之所向。這時的你可能正想要創業、發展志趣或渴望變得更強，但總會有人說：「算了吧！不可能！」或是不斷找麻煩，無論他們是出於嫉妒、批判或私利，都不足以成為放棄的理由，哪怕這些人是再親密的家人和夥伴，你終究得為自己的理想負起責任，而非收下他們的否定，更別花力氣在尋求任何人能「懂你」。在權杖 6 中，你可能會視他人的期待為自己的使命，但權杖 7 要你開始學習把自己的目標與抱負擺在第一順位。

權杖牌的強項不在於思考與溝通，但權杖 7 拚命三郎的個性值得讓時間證明一切。你可能獲得升官的機會，或是被賦予重大任務，距離理想中的自己又更近一步，然而此時反對聲浪出現，他們否定你的能力、質疑你的經驗與意圖，但更是你展現力量的大好機會。「成功哪有這麼容易」的信念為你引來這些挑戰，而此刻你唯一能做的就是更加信任你的天賦與優勢，更加堅定自己的目標。

在感情問題裡，權杖 7 指出他人的眼光對這段關係造成影響，你們的感情問題會被外界放大議論，動搖你對這段關係的信心，甚至否定正是來自於你的伴侶。任何關係的動搖都不會只有外界因素，他人的聲音只是回應了你內在的疑慮，但權杖 7 要你「用正面的態度面對否定」，無論最後要捍衛的是自己或這段關係，都得誠實面對自己的心意。

逆位聯想：退縮

逆位的權杖 7 從高處跌落下來，不再抗爭了，也有可能不再表明立場，既不捍衛自己的權利，也不再保護身邊的人，被視為懦弱的人。這張逆位牌顯示出無論是職場或感情，只要遇到任何難關，都決定置身事外，躲得遠遠的以求自保。

聖杯 7
Seven of Cups

元素符號▽

‧

陰性發展第七階段

‧

本能

正位聯想：想像

聖杯的強項在於接納，靈數 7 的本質蘊含懷疑，因此聖杯 7 讓我們對自己產生疑惑：「這真的是我要的嗎？如果不是，那我到底要什麼？」圖中的人是一團黑影，只能看見他的輪廓，無法辨識他的長相與穿著，他對自己、對內在的渴望都是模糊的。他面前有飄浮在空中的雲朵與聖杯，每個聖杯都有不同的禮物：人頭象徵他人的愛與陪伴，蒙著頭而發光的人像意味著神性，蛇是智慧和誘惑，城堡象徵穩定，金銀珠寶象徵財富，桂冠葉象徵成功，而龍則是邪惡與黑暗的化身。

聖杯 6 帶領我們回到內心之家，在和諧的感情互動中獲得被接納的溫暖，但重溫過往的回憶只是一時的溫存，不能成為長久的生存之道。靈數 7 抽掉了他人的給予，我們終究還是要獨自學會面對選擇、為夢想付諸行動。聖杯 7 拋給我們的問題是：「我真正想要的是什麼？」在這個階段，你可能會透過外在的美好來定義自己要的生活，因為聖杯會將所有的美好全都容納進生命：看到有人過著奢侈的生活，你就也盼著榮華富貴；看到有人活得簡單穩定，你就覺得溫馨平凡就是福；看到有人總是出雙入對，你就渴望愛與被愛。

聖杯牌非常重視情感寄託，寄託的對象有可能是某個人、物質或對未來的憧憬，但聖杯牌的「接納性和情感寄託」與靈數 7 的「懷疑論和精神成長」是互相矛盾的，導致聖杯 7 常讓我們腦神經衰弱。追根究柢，我們不能在不瞭解自己之前就急著編織夢想，因為你想像中的美好可能是現實中的毒藥，他人的幸福不見得適用於你。有了這層理解，才能進入聖杯 7 最本質的問題：「我是誰？我是個

什麼樣的人？我擁有什麼？我能做什麼？」

　　聖杯 7 丟了很多選擇給我們，此時你可能會說：「小孩才做選擇，我全部都要。」但如同牌圖中的黑影，並非真實的血肉之軀，任何到他手上的禮物都有可能會掉落，因為你忘了自己並沒有全部都要的本錢。甚至在桂冠葉的聖杯上，隱約呈現出骷髏頭的圖樣，暗指獲得世俗功名的同時，也將我們推向死亡。聖杯 7 也提醒你要留意感官享樂的上癮，太重視感覺而缺乏現實危機意識，便容易被物質世界誘惑，導致沉淪喪志。

　　聖杯 7 好比一個靈感豐富的作家，但他可能會對自己的作品產生質疑：「還不夠好，這邊可以再刪減，那邊要再多寫些什麼……」最後導致拖稿，對成品不滿。這也會反映在想法太多卻缺乏工作效率的人身上，他可能手邊的任務做到一半就去忙另一件無關緊要的事。聖杯 7 也顯示出不宜做重大決定，你可能執行力不足、注意力太分散，需要被協助或聽從他人的指示，按部就班地一次做好一件事。在感情問題裡，聖杯 7 的人因為不清楚自己要什麼，因此容易被外界影響、被誘惑，他喜歡曖昧氛圍更勝於穩定關係，不輕易給承諾；若是單身之人，聖杯 7 象徵多情浪漫，可能喜歡的人很多，但不知道最愛的是哪一個。

　　聖杯 7 不會逼迫我們做出選擇，畢竟在無法確定自己要什麼、是什麼的階段，急於行動往往會變成亂槍打鳥。這時需要的是釐清自身此刻擁有的內在特質與外在資源，也就是「照鏡子」的勇氣。我們常常以為要達到「我要的生活」才能建構出「我是誰」，但聖杯 7 提醒我們：先確定「我是誰」，才能創造出「我要的生活」。

逆位聯想：築夢

　　逆位的聖杯 7 開始學著「築夢踏實」，逐一蒐集實踐夢想的原料，在外界看來，他可能還是不切實際，但已經懂得計畫未來。逆位聖杯 7 從夢與想像中醒過來，發現可行的道路其實沒這麼多，但他依然懷抱希望。

錢幣 7
Seven of Pentacles

元素符號▽

陰性發展第七階段

社會化

正位聯想：耐心

靈數 7 強調的精神性，遇上了務實的土元素，要我們開始學習磨練耐心。在錢幣 6 的階段，我們透過為他人做事、付出資源得到應得的利益，並滿足自身所需，到了錢幣 7，可以比喻成我們已經有了存款、穩定的生活品質或專業歷練，是時候思考要如何將現有的資源做得更大、更好、更不同。圖中的農夫看著自己種的樹，這棵樹已經有了高度，但他似乎可以預期再高也不過如此，因此並未將最後一枚錢幣放置頂端，反而在思考：「還有沒有讓它變得更高更大的可能性？」

當我們把問題聚焦於「該怎麼做才能更好」時，意味著過去已經累積出一些成果，但靈數 7 在此時會問我們：「你真的覺得這樣夠好了嗎？這樣的成果是你要的嗎？」這些聲音讓我們躊躇不前，正如同農夫不願輕易放上最後一枚錢幣。你正在考慮要不要把手邊的錢全都用在某方面的投資，但你也能預期這份投資會有多少報酬率，因而陷入猶豫，開始盤算著：「應該還有更好的機會吧？我是不是要把錢用在更值得的地方？」

左邊的小樹由六枚錢幣組成，象徵和諧的結果、剛剛好的收成，也暗指錢幣 6 階段「付出多少就能獲得多少」的結果；而農夫腳下的一枚錢幣，象徵新的機會與創造力，但它尚在腳邊，意味著這份創造力尚未被掌握，或還沒找到合適的領域來發揮。值得注意的是，農夫並未將焦點放在腳邊那一枚錢幣，而是對現有的成果有諸多思量，暗指我們可能太專注在如何才能更好，而非重新創造。無論是金錢、成就或感情生活，都已足夠穩定、發展可期，即使如此，你總是覺得應該可以再更好。

小心鑽進死胡同！你可能拚命想從現有關係中找到不夠好的地方，但也清楚明瞭這些不夠好在短期內是無法改善的，正如揠苗助長，反而會導致禾苗枯死，現在你能做的就是接受現有的成果，無論你滿不滿意，帶著這些還不知道怎麼解決、無法馬上變更好的焦慮感，持續過好生活，這是最簡單卻也最不易做到的。耐心便是等待事情依照它的節奏成長。

　　問工作，錢幣 7 要我們展現細心與耐心，檢視累積至今的能力與收穫，思考還有哪些地方可以改進，但現在不是立刻面對與解決問題的時候，而是汲取經驗，把握未來的學習機會，踏實過好每一天。感情問題裡，錢幣 7 要我們對下一步更有耐心，兩人可能對經濟生活或現實條件缺乏安全感，現在需要更多時間累積共同生活的基礎。錢幣 7 提醒我們，把目標放在「哪部分可以更好」而非「重新開始」，急於大刀闊斧，反而得不償失。

　　如同農作物的成長需要與時間、環境、氣候配合，而此時的我們需要強大的耐心，不需要現在就設法改善什麼，也不需要說服自己「這樣就夠好了」，就讓信任未知的經驗來茁壯你我的心理素質，而不是只有「解決」與「忽略」兩個選擇。你不會喝了一天的牛奶就長高，不會剛當上主管就知道要怎麼帶人，更不會因為上了幾天心靈成長課程就立即有了改變或提升，培養耐心不等同於真的停下來休息，而是先安頓好我們的疑惑，讓身心用自己該有的速度成長。直到我們內在夠強壯、現實歷練夠豐富了，就會發現，原有的問題早已不是問題，昔日的小樹在大自然的循環下已經長得高大茂盛。

逆位聯想：懊悔

　　對於成果的不滿，讓你意識到自己一開始就有錯誤的期待：牡丹開花了，才知道它不是玫瑰。可能結果沒有不好，但不是你要的；也可能你努力的成果最終都歸他人所有，彷彿做了白工，因此開始懊悔自己的付出。

寶劍 7
Seven of Swords

元素符號△

‧

陽性發展第七階段

‧

社會化

正位聯想：投機

從寶劍 6 開始，寶劍牌組遠離了戰場，避免更多的傷害，但當我們選擇使用寶劍的力量，就得接受傷害的必然，無論受傷的是他人或自己。寶劍 7 又稱為「小偷牌」，圖中的男子從後方的營地偷走了五把寶劍，他小心翼翼地踮起腳尖逃走，不時回頭張望，確保沒有敵人追來，並露出「得逞了」的笑容。另外還有兩把寶劍插在原地，他無法一次將所有的寶劍全奪走，象徵只能得到表面或一時的利益，如果他是個廚師，可能竊取了某個名廚的食譜，但偷不走對方的多年經驗。

寶劍牌與靈數 7 的強項都在於「用腦」，不同的是，寶劍聚焦於解決表面問題，但靈數 7 善於挖掘問題。因此寶劍 7 其實很清楚要面對什麼樣的課題，但往往透過處理其他可立即解決的事來逃避問題。寶劍 7 雖未直接向對手宣戰，但不代表放棄目標，只是採取了迂迴、投機的手段來達到目的。小偷牌除了指出偷竊行為，也包括不光明正大、暗中計畫之事，靠機智取勝卻受到爭議。當事人可能為達目標而不惜違背自身心意或道德法律，他的言行出自於謊言，無論是對自己或對他人說謊。寶劍 5 和寶劍 7 都是傷人的，寶劍 5 的態度是：「如果你受傷了，那是因為被我說中了。」而寶劍 7 則是：「我就愛開玩笑，不要在意，你不會受傷吧？」

圖中的男子手持五把寶劍，且面朝後方留下來的兩把寶劍，在這裡我們看到了靈數 5 和靈數 2 的衝突：偷走五把寶劍，是對於「做自己」的渴求；面朝著兩把寶劍，則是對於「人我關係」的在意。有趣的是，男子持劍的雙手位於寶劍的刀刃，暗指他很有可能會傷害到自己。不正面

迎戰，意味著避開表面衝突，卻暗中傷害了對方，即使當事人通常自認是無意的。這就是為什麼當有人受傷時，寶劍 7 常常會說：「我只是想要炒熱氣氛啊！」或「當下我沒有別的選擇。」在職場上，他可能是暗中搶奪客戶的業務，如果你的客戶被他搶走，他可能會說：「我不知道他是你的客戶，畢竟是他們自己找上我的。」

　　多數人對寶劍 7 的觀感不佳，卻不能否認此為現代人的生存之道，甚至你我都在不知不覺中習得了寶劍 7 的「陽奉陰違」。你知道主管無法接受實話，當他詢問你意見，你很清楚他不是真的詢問，而是求認同，所以你給予掌聲、肯定或說沒意見，只要不說真心話就能繼續在職場中安身立命。你可能會對伴侶說：「新的衣服很年輕，看起來很有活力。」但內心認為這和對方實際年齡不搭。家人要你投票給你不認同的政治候選人，你表面上答應，卻投給另一位候選人。寶劍 7 常常被形容成「為達目的不擇手段」，但通常寶劍 7 的「謊言」只是為了明哲保身、一時的平和。

　　寶劍 7 指出你可能過於「短視近利」或強調「速成」，忽略了看似無關緊要的細節，雖能達到目標，但個人實力與品牌形象無法累積。感情關係裡，你對伴侶顯然不夠誠實，雖然你的不誠實是為了維繫關係，但不真誠的互動會讓你不舒適、難以長久經營。寶劍 7 提醒我們小心聰明反被聰明誤，你有可能為了短期的利益、暫時的安全感，而說了違心之論、隱瞞真相或做出背離初衷的決定，雖然得到預期中的好處，但路遙知馬力，日久見人心，長久下來還是會被發現實力不足、說話不真誠，無形中漸漸失去他人對你的信賴。

逆位聯想：爭議

　　「道高一尺，魔高一丈。」逆位的寶劍 7 意指計謀與謊言可能會被揭穿，也可能是你有把柄不慎被人抓到，導致失敗或被攻擊。你受爭議的行徑讓你變成眾矢之的，此時可能會在社會道德與個人良知間拉扯。

**8** 號牌
靈數能量

8 號牌重視：要如何達到長遠的目標？

權杖 8
擴展

寶劍 8
自縛

陽

本能

靈數 **8**

社會化

聖杯 8
出走

錢幣 8
累積

陰

靈數 8 重視實際的擁有更勝於精神上的獲得，這讓他更勇於面對問題、展現行動。在 7 號牌的階段，我們很容易因為自我懷疑而影響前進的速度和堅定度，8 號牌則是強調：「要做就做，哪來這麼多問題？有問題就好好面對，現在想也沒有用！」靈數 8 也是 4 的倍數，靈數 4 的不安全感使人害怕改變、趨於固守現狀，但靈數 8 則是將不安全感轉化為積極行動，渴望改變與成長。他們不把短期的利益放在眼裡，能夠耐住性子放長線釣大魚，忍常人所不能忍，儲備滿滿的能量，並等待適當的時機大放異彩。他們也是「看得最遠」的靈數，做任何決定、累積任何能量前，都會想到「能否長久經營、穩定獲利」。

解讀 8 號牌時，要記得他們的目標都是「長遠」的，長遠意味著具備了「物理的距離」（權杖 8）、「時間的距離」（寶劍 8），也包括「與可量化目標的距離」（錢幣 8）、「與內在世界的距離」（聖杯 8），四張 8 號牌都意味著「要如何到達長遠的目標」。同時我們也能發現，權杖 8、寶劍 8 和錢幣 8 的背景都有房屋或城堡，意味著世俗目標，也象徵著安全感、生活品質與穩定性，唯獨聖杯 8 的背景沒有實際的建築物，取而代之的是主角走進自然山水，象徵拉近與心靈世界的距離，擺脫物質欲望的控制。

「長遠的目標設定」在大阿爾克納的 8 號牌中也顯而易見：編號 8 的力量，指出要馴服獅子不是一朝一夕可達成的，需要長時間的訓練，培養耐心與溫柔的能量才能讓敵人卸下心防；編號 17 的星星，畫出了高掛在空中的璀璨與寂靜，星星是我們對未來的美好願景，也意味著在荒蕪中重新開始，這時候所有的成長都需要長時間的細心灌溉。這兩張 8 號牌都有野心、有對未來的想望，無論距離那份憧憬有多遙遠，都不會輕易放棄行動。

靈數 8 追求長遠目標、積極與務實性，帶領四元素朝著不同的方向發展：本能牌組的 8 號牌強調「行動」，社會化牌組的 8 號牌則是強調「累積」。從另一個角度看，陽性牌組的靈數 8 會將元素的能量「擴大發揮」，陰性牌組的靈數 8 則會將元素的能量「專注落實」。因此權杖 8 會帶我們發揮滿滿的行動能量；聖杯 8 會帶我們專注於心靈世界；寶劍 8 會讓我們將批判性的思維發揮到最大值；錢幣 8 則是要我們專注於精通的工作，並重覆歷練做到大師等級。

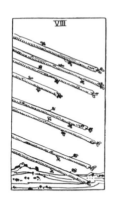

權杖 8

Eight of Wands

元素符號△

·

陽性發展第八階段

·

本能

正位聯想：擴展

權杖 7 的戰士歷經孤軍奮戰，培養出被討厭的勇氣，到了權杖 8 的階段終能突破重圍，不將他人的期待視為推動自己前進的力量，這時的他火力全開，朝著目標衝刺。權杖 8 的圖中沒有任何人物，因為人的意見不再是此時的重點，而是目標的達成率。八支權杖平行並列在空中，全都朝向地面飛去，天空沒有雲朵和任何遮蔽物，意味此時正是沒有阻礙、最適合加速進前的時候。八支權杖即將著陸，宛如飛機正要下降抵達目的地，象徵靈感、熱情與憧憬都將逐一落實。

充滿行動能量的權杖牌，融合了具有前瞻性的靈數 8，要我們全力朝著目標大步邁進。自我懷疑、內在的糾結和對外的抗爭都不是靈數 8 要理會的，這時候沒什麼比「積極創造未來」更重要的事。權杖 8 也意味著突如其來的好消息、從天而降的機會，要好好把握，迅速付諸行動，不讓心中的存疑與不安扯後腿，因為那些疑慮與不安並不會因為時間消弭，而是得透過行動得到解決。在權杖 7 的我們經歷了長期抗戰，確立了什麼是自己最重視的、最渴望達到的，現在是時候把滿腔的動能與爆發力全用在「我能做、該做且想做的事情」。

相較於權杖 1 也鼓勵我們把握機會，但 1 號牌所有的機會都是倡議學習運用潛能，那時的我們潛力無窮，但尚未成熟，反觀權杖 8 帶來的機會是長時間累積出的能力和強大的意圖所吸引來的；也有別於權杖 1 純粹的即知即行，8 數本身就強調「積極，但不莽撞；行動，但不放棄思考」，紙上談兵雖浪費時間，但任性的行動往往會變成毫無產值的消耗戰，若要有意識地創造未來，必須想得夠遠，並且

有「允許變化的計畫」是非常重要的。

　　權杖 8 帶來的機會與改變可能會讓人措手不及，但我們可以大方迎接它的到來，因為在我們的內心深處知道這是提升與改變的時刻。你的力量已不只是要服務既有客群，如果你是廚師，可能會從小餐廳被挖角到大飯店；如果你是作家，可能會突然得到在大型出版商出書的機會；如果你是甜點師，可能會受邀參加國際比賽。此刻你要做的事情會為你的生命帶來「進化」的可能。但經歷了象徵勇氣的力量、帶來機會與改變的命運之輪與權杖 1，你就應該知道「機會」常常會化身成「麻煩」或「挑戰」找上門，如果你對自己的意念所吸引到的機會不夠敏銳，權杖 8 對你來說就是困擾與壓力。

　　在空中飛行的權杖，也意指「航空、海外、旅遊、遷移」相關的事件；牌中沒有任何人物，強調了「依照自然運行」的重要性，不強求，也不執著，豁達的態度能讓我們快速轉移心情、專注在該做好的事。無論如何，這是一張有利於迅速發展、擴大版圖、達到目標與落實憧憬的牌。權杖 8 為生活帶來改變，雖然也帶來相對的責任壓力，但也讓我們更接近「理想中的自己」。

　　問工作，你會接到具有挑戰性的任務，或是突然有了意想不到的合作機會或臨時決定的出差；問感情，你喜歡的人可能會突然跟你聯絡、加速關係的確認，有時權杖 8 也代表「由性生愛」的感情發展，或是美好的異國戀曲；在關係穩定的狀況下，可能將與伴侶決定踏入下一階段：結婚、生子或搬家。這些意料之外的進展，都需要搭配你前進的意願與動力，才能跟得上這些機會的推動。

逆位聯想：延遲

　　逆位的權杖 8 還是能前進達標，只是過程中多了許多麻煩，以致計畫延遲。受到他人影響的程度更加劇烈，就好像搭飛機遇上氣候不佳，得在空中盤旋多時而無法下降，你可能被眾多瑣事纏身，感覺目標離自己越來越遠。

聖杯8
Eight of Cups

元素符號▽

陰性發展第八階段

本能

正位聯想：出走

聖杯8脫離了聖杯7的不切實際，開始付諸行動了。圖面最前方堆疊了八個聖杯，下方五個聖杯象徵靈數5對自由的重視，上方三個聖杯則象徵靈數3與社會連結的渴望，但這一切在聖杯8裡都只是「過去曾經追求的」。八個堆疊的聖杯出現了一個大空隙，象徵缺憾、不完美，所以男子撐著拐杖，背對著所有聖杯，朝著畫面深處離去，體現出對現況不滿足、拋棄累積至今的擁有，決定踏上內在的旅程，找回遺失的自我。光禿禿的山和岩石、沉寂的水面，這裡彷彿是通往心靈世界的入口。

聖杯8上方的月亮猶如日蝕，這時的月亮正經過太陽前方，月亮的幽暗正逐漸掩蓋太陽的光與熱，太陽是「還有半杯水」的樂觀，月亮是「只剩半杯水」的悵然。因此在聖杯8中，我們已經無法說服自己享受當下，月亮的陰晴圓缺使情緒多變，也照看出內在的匱乏；尚未消逝的太陽能量則是在提醒我們，依然能夠憑藉著這份匱乏感起身行動，追尋更深的生命意義。

聖杯4和聖杯8都代表對現況的不滿足，但不同於靈數4習慣待在原地，靈數8強化了聖杯牌前進的驅力，邁開了「探索自我」的步伐。聖杯8全盤否定了聖杯7階段建立起的所有欲望，因為他清楚「那些都是虛假的」，不斷獲取外在的人事物來滿足欲望，只會更強化心靈的匱乏，聖杯8要我們把力量回到自己身上，能否給自己愛、能否讓自己活得自由且充實，而不藉由他人或物質來填補匱乏感，是非常深的功課。因此探索自我也意味著你需要來一趟出走之旅，背離過去累積的經驗、成就與物質生活，你感謝這一切豐富了你的生命，但深知現在的你需要心靈的

滋養更勝物質的收穫。

出走並非斷絕，聖杯 8 並非鼓勵斷開所有關係，而是支持你向內探索。而向內探索的過程，往往是世俗生活的出走，你可能會參加身心靈課程、長天數的朝聖，或是展開一個人的旅行，也有可能你開始培養了靜心、冥想、深度閱讀與寫作的習慣，為的就是更貼近自己的心靈世界，不再藉由過去的感官享樂麻痺自己。聖杯 8 強調的是「探索內在的力量」，因為外在的成就已經滿足不了你，而你很清楚這不是誰的問題，只是你走到了新的成長階段。聖杯 8 的出走是「物質欲望的出走」，你堅信對外的需求越少，內心就越強大。

問工作問題，你可能會感覺到這份工作無法讓心靈獲得成長，而你開始重視內在的健康，較不熱中於競爭、廝殺的職場關係。現階段無論離職與否，都需要給自己一段時間喘口氣，利用業餘時間多參加與工作無關的課程或工作坊。單身者問感情，對於出現的對象沒有強烈好感，除了需要弄清楚自己想要什麼樣的愛情，更得思考在關係裡想要呈現什麼樣的自己。若是有伴侶的狀況，可能出現倦怠感，並非對伴侶失望，而是感覺到自己要的不一樣了，此時需要沉靜思考彼此的未來，並賦予關係改變的可能。

聖杯 8 提醒我們，離開由物質世界所建構出的舒適圈或許是必要的，但所有的 8 號牌都把重點放在「我想成為的樣子」，而非單單只是離開現況。我們需要對自己的心靈世界有相當大的好奇心、熱中探索，以及對自由的渴求，這樣的熱忱才能推動我們的「出走」。而出走並非一蹴可及，尤其認識自己更是一輩子的事，因為我們的身心永遠都在改變，自我探索沒有結束的一天。

逆位聯想：滯留

逆位的聖杯 8 抗拒內在探索，期待從原有人情世事中找到答案，因此寧可滯留於現況。你的內心深處可能早已知道現況無法回應你的匱乏，只是捨不得拋下現有的感情、工作或快樂，說服自己「這樣也好」。

錢幣 8

Eight of Pentacles

元素符號▽

‧

陰性發展第八階段

‧

社會化

正位聯想：累積

經過了錢幣 7 牌耐心培養，接受了自己的速度，靈數 8 為錢幣牌帶來更穩健的累積，讓我們能專注於本分，心無旁騖，努力打造更好的生活。牌圖中的男子是一名工匠，細心鏨鑿凳子上的錢幣，而畫面右側整齊排列了六枚打造完成的錢幣，象徵靈數 6 的完美與和諧。除了正在打造的錢幣之外，地上還有一枚錢幣尚未完工，象徵靈數 1 蓄勢待發的創造力。後方有一座城市，象徵他渴望的未來——穩固的生活品質和社會認同，這些都是錢幣牌追求的安全感。

錢幣 8 與錢幣 4 的背景都有城市，都象徵對富裕生活及安全感的渴求，但錢幣 4 執著於當下的擁有，害怕失去的他不願意為了達到目標而付出太多；而靈數 8 則是透過強而穩健的行動，讓自己能夠逐步實現理想。這名工匠知道，要能穩固生活、吃好穿好，除了專心工作以外，沒有其他捷徑。在他的內心深處相信，本分即天賦，若每個人都能在自己的生命中恪守本分，那每個人都是「職人」。錢幣牌的穩定性融合了有遠見的靈數 8，告訴我們：未來的美好，取決於此刻投入了多少。

工匠的角色也曾出現在錢幣 3，但錢幣 3 中的工匠需要透過與他人分工合作來達到目標，到了錢幣 8，他已經成為能獨當一面的職人，故錢幣 3 的工匠可比喻為學徒，錢幣 8 的工匠則像是師傅，而這名師傅仍在自己的專業上持續學習、精益求精。能獨當一面的要件，便是活出紀律且不依賴，能自行掌控工作進度，遇到任何變化與挑戰都能沉著應對。強調生活安全感與穩定性的錢幣牌，到這階段已經發展成熟，任何言行都出於「應該」，而非想要。

這名工匠與他正在打造的錢幣都位在同一個板凳上，

意味將自己的地位、個人價值與正在創造的作品視為同等重要，意即「我的作品就代表我這個人，我這個人也等同於我的作品」。無論他的工作是什麼，他都懂得將自己對生命的態度融入作品裡。因此他極有可能看重自己的工作更勝於感情和休閒娛樂，如果你是他的家人或戀人，會感覺到他一天到晚都在工作，或是下了班也在聊工作，並不是他對工作有多熱愛，而是他的工作就是他的生命，如果你愛上這個人，你也得愛著他在做的事情。

問工作，錢幣 8 帶來的是可預期的良好發展，你的專業、細心與毅力讓你變得卓越、能受人信賴與提拔，而你知道自己無法要求他人改變，所以你會要求自己變得更強，好讓自己能夠獨當一面，但也指出你太過專注在工作本身，而忽略了職場社交的必要性。在感情上，你是個忠誠、願意付出且值得託付的對象，但太投入在工作而缺乏情趣，對伴侶的情感需求過於遲鈍，而你的忠誠度和解決問題的意願不至於造成關係的危險。

錢幣 8 提醒我們，追求卓越、認真對待生命是此刻需要展現的態度，這過程非常需要耐心與毅力，最終必定可以交出漂亮的成績單，創造出讓自己與他人都滿意的成果。你可能非常熟練自己正在做的事情，但越是如此就越不能鬆懈，現在你得開始要求自己把事情做精，而不只是做好。因此，你得過得更有紀律，培養觀察細節的能力，此時不需要去做之前沒做過的事，反而得將原本就擅長的領域再發揮到淋漓盡致。

逆位聯想：分心

逆位的錢幣 8 期待高額報酬，卻不願意付出相對代價，一直在找輕鬆的瑣事做，而且常為無關緊要的事情分心，打亂工作節奏。他可能只相信表面，常說：「為什麼他們如此輕鬆就能領這麼多錢？」忽略了「臺上一分鐘，臺下十年功」。

寶劍 8
Eight of Swords

元素符號△

＊

陽性發展第八階段

＊

社會化

正位聯想：自縛

社會化的靈數 8 強調「累積」，而寶劍牌所累積的卻是反覆受傷與傷人的經驗，以及批判性的思維。在上一階段的寶劍 7，雖然避開了直接開戰，卻還是傷害到他人，也危及自己的前程。長久累積至今的傷，讓寶劍牌無法再前進，因為現在怎麼做都不對、怎麼做都會有人受傷。圖中女子的身體和眼睛都被綑綁住，既看不見四周，手也無法動彈，身處在潮濕的陸地，周圍都是插在地上的寶劍。即使她的雙腳是自由的，卻不敢移動腳步，深怕被周圍的利刃刺傷。

寶劍 8 是四張 8 號牌中唯一「停滯」的牌，這並不代表寶劍 8 毫無目標，正是因為靈數 8 強調「運用我所擁有的資源來推動自己」，才讓寶劍牌意識到他所擁有的盡是毫無產值的批判性思維，以及曾經傷人的罪惡感和尚未被療癒的傷口，除此之外，他不知道還有什麼能支持自己突破重圍。後方高聳的城堡象徵長遠的目標，但此時的目標卻成了限制。我們常有這樣的經驗，已經走了很遠，早就精疲力盡，卻發現距離目的地還有一半的路程，讓我們不禁想大喊：「也太遠了吧！我已經沒力氣走下去了，我做不到！」這時候試想，如果從頭到尾都不知道距離目的地還有多遠，會不會更願意走下去？

仔細看牌圖就會發現，綑綁住寶劍 8 女子的綁帶是鬆的，用力掙脫就能重獲自由，然後就會發現周圍的寶劍並沒有真的圍困住她，即使大步跨出也不會受傷。這代表綑綁女子的並非真實的限制，而是她僵化的思維與信念。她既不想傷害人，也害怕自己會受傷，但寶劍的本質勢必會有攻擊性。寶劍 8 可能壓抑了自己的攻擊性，不敢輕易表

達自己的意見與主張，因為害怕傷到他人，更害怕他人的反擊。

　　寶劍2與寶劍8都象徵停滯、不做決定，兩者的共通點是眼睛被矇住，都象徵不安、恐懼、自我設限，但心態上的差異甚大。當生活出現困境，寶劍2會說：「沒那麼嚴重啊，再看看吧！」寶劍8則會說：「我就只能這樣了！難道你要來救我嗎？」如果你試圖要他們為內在的渴望付出行動，寶劍2會說：「算了吧！人生有其他更重要的事！」寶劍8則會說：「我能的話早就做了，重點就是我環境不好、沒有資源、沒人認同我！」由此可知，寶劍8依舊渴望達到目標、突破現況，但完全把自己的命運交託在他人的救贖。

　　無論是在感情或工作問題抽到寶劍8，表示可能會待在原地自怨自艾，對家人、伴侶、同事或主管諸多批判，覺得委屈卻不願改變，常一味以受害者之姿指責他人：「要不是因為你們，我就可以……」但這類的指控只會導致越來越無力。你需要的不是解決問題的方法，而是放下被救贖的期待。困住我們的不是任何人，是大腦不斷地播送過去的傷害，使得我們作繭自縛。

　　寶劍8邀請我們正視自己的恐懼。害怕被批評？害怕不被愛？即使是真的被批評或不被愛，就能夠擊垮我們嗎？寶劍8的危險都是自己想像出來的，其實你沒有自己想像中的脆弱，但越是害怕，恐懼就越容易成真。問題本身不是問題，如何看待問題才是真正的問題。

逆位聯想：破繭

　　逆位寶劍8知道只有「自救」是唯一道路，他接受了現實，開始觀察局勢，雖然謹小慎微，但至少跨出了第一步。正在破繭的他，還無法快速展開翅膀，但已經懂得給自己力量，也願意主動向專業求助，終能解放自我。

9 號牌
靈數能量

9 號牌強調「把力量放回自己身上」的方式。

陽

權杖 9
防禦

寶劍 9
憂傷

本能

靈數 **9**

社會化

聖杯 9
自滿

錢幣 9
自享

陰

每個元素的數字牌共有十張，雖說「10」才是每個元素的終點，但靈數 9 已經是最後一個數字，故以靈數的旅程而言，9 數已經發展到最成熟的階段，也意味著「回歸」，即回歸到我們的心裡面，不需再繼續往前，也不需再設定什麼遠大的目標。靈數 9 帶給我們靈性與智慧的提升，並要我們好好留意自己的身心狀況，覺察自己與社會、外在環境的互動關係。由於靈數 9 對外在環境非常敏感，容易被氣氛的變化和局勢的動盪影響內在的平靜，因此也是一個最需要「獨處」的靈數。四張 9 號牌都是「把力量放回自己身上」的方式，也意味著無論好壞，我們都得獨自面對自己一手創造出來的結果。

　　靈數 9 是旅程的巔峰，可比喻為四元素都用不同的方式攀爬上了山峰，但爬的山不同，登山的裝備也不同，因此每個人所見到的景緻和剩餘的力量都不一樣，有人還能繼續走，有人已經精疲力竭。在這個階段，陽性能量的牌已把力量用盡，而陰性能量的牌彷彿怡然自得。高處不勝寒，所有的 9 號牌都是「孤獨」的，因為隔絕了外在的紛擾，靈數 9 才能不被影響，就像是一個登上頂峰的登山客，對著另一頭的山吶喊，而他只能聽見自己的回音。

　　靈數 9 的隱者遠離世俗，只透過一盞提燈照亮腳邊的山路，他不需要看得太遠，因為引導他的不是眼光所及的道路，而是長久累積的經驗與智慧。月亮強調的是獨自面對恐懼，在看不清未來的道路、大腦無法再分析的情況下，我們只能看見自己的想像，回歸靈性與直覺。9 數會提醒當事人「獨自面對」的重要性，此時的我們沒有人可以依賴，事實上也不願意依賴任何人。

　　7 號牌也有孤獨的意涵，但靈數 7 的孤獨感是發生在奮鬥的過程，也就是孤軍奮戰的狀態，考驗靈數 7 對目標的堅定度；而 9 號牌的孤獨課題則是「與自己相處」的能耐。

　　靈數 9 是最後一個、也是數值最大的生命靈數，在數字牌的旅程中象徵「飽和狀態」。權杖 9 是行動的飽和，意味著抵達終點之後趨於緩慢；聖杯 9 是情感面的飽和，意味著一切都滿意、感覺良好；錢幣 9 是物質生活的飽和，意味著能夠盡情犒賞自己；寶劍 9 是思緒的飽和，意味著煩惱已經超載。當能量來到最大值，我們得對身心靈的健康有更高的覺知，而非關注外界的眼光。

權杖 9
Nine of Wands

元素符號△

陽性發展第九階段

本能

正位聯想：防禦

　　歷經權杖 8 卯足全力地衝刺，創出一番佳績，到了權杖 9 已經出現疲態，必須休息、補充能量，但權杖的本質得不斷消耗動能，因此權杖 9 的休息不是真正的休息，而是原地警戒。圖中的男子宛如古代的城門守衛，他聳起雙肩，神色緊繃，雙手緊握權杖，觀察是否有敵人入侵。身後的八支權杖是在權杖 8 時期打下的戰績，是過去的光榮與成就，但男子似乎不願讓任何人靠近。頭上的繃帶象徵尚未痊癒的傷，他負傷應戰，誓死也要捍衛長久奮鬥而掙來的一切。

　　權杖 9 不是一個受歡迎的角色，我們可能會同情這樣的人，因為大家都知道他已經精疲力盡，無法再做更多，身邊的人想要幫他分擔，或是給予他不同的意見，但他會把他人的好意視為侵略或貶低，進而採取「被動式攻擊」，用憤怒將想要幫助他的人驅離，久而久之就變成他人眼中孤僻又難相處的人。在宮鬥劇裡常會有這樣的角色：位高權重的妃子將新進得寵的嬪妃們視為死敵，進而用自己的權勢迫害她的眼中釘。這樣的人在職場中更是屢見不鮮：從業多年卻不知變通的資深前輩，拒絕接受年輕人的思維與工作模式，或總是對新進員工下馬威，因害怕自己多年的地位動搖或被新人取代。

　　相較於權杖 7 有明顯的敵人或反對聲浪，權杖 9 的敵人則是假想出來的。9 號牌要我們學習的是「獨處的能力」，並回歸自己的心靈，而權杖 9 的男子不動如山，看似是能夠獨處的角色，但從他的防禦姿態就知道，他並沒有和自己的「脆弱與衰退」相處在一起，而是盡全力驅趕任何會讓他面對到自身衰弱的人事物，他外表的堅強是內

心的逞強撐出來的。

　　權杖9可用來比喻不願退休的年長職員、擔心兒女開始談戀愛的父母，或是害怕光環被新人搶走的資深藝人，他們會想盡辦法鞏固一切被他們視為成就的結果。但權杖9並不表示會失敗，若繼續堅持、努力不懈，還是能保有功成名就，但會花非常大的力氣在抵禦外界、調整自己的身心平衡。你可能正在努力朝著某個目標前進，卻發現其他人比你花更少時間、更少力氣就做到你想做的事，你不免心生妒嫉，產生攻擊性或找對方的麻煩，卻還是要固守自己的本分，在攻防間來回讓你加倍勞累。

　　問工作，權杖9意味著緊張與壓力，你警覺到自己有落後的可能，哪怕只是可能，都會加劇你的競爭性與得失心，你會花上比一般人更多的時間和力氣來達標，雖可成功，但缺乏彈性的工作方式，而且封閉的溝通會讓你越來越辛苦。問感情，你顯得太小心翼翼，深怕同樣的傷害重演，總是謹慎付出，也疑心情敵的出現；這也許是不被看好的感情，而你依然用盡全力守護著。即使自己也對關係的未來感到不安，但你認為沒有人有資格評斷。

　　權杖9也代表我們把過去的傷帶到現在，你不願放下手邊工作好好療傷，而是阻止任何疑似會再傷害到你的人事物接近，導致生命逐漸封閉、脆弱。恐懼不會因為你的強悍而弱化，氣焰越是高漲就越強化了恐懼。權杖9會說：「好累，我好想休息。」但隨即又改變主意：「但我一旦鬆懈了，一切就完了！」所以繼續繃緊神經、全副武裝，把世界當作戰場，把每個人都當成敵人對待。當你願意學習示弱的那一刻，你不僅放過了別人，更是拯救了自己。

逆位聯想：不甘

　　抽到逆位的權杖9，意味著受到了挑戰，不得不放棄舊有的成功模式、拋掉曾經的風光，開始接納新的做法和思維，這過程對你來說恐怕是個羞辱，因為你要壓低身段向對手或瞧不起的對象學習，或不甘願地接受年輕人的流行。

聖杯 9

Nine of Cups

元素符號▽

陰性發展第九階段

本能

正位聯想：自滿

聖杯 8 中的空缺彷彿是專為聖杯 9 留下的位置。歷經了內在的探索之旅，我們已經可以全然地接納自己，好好地「與自己同在」。聖杯 9 是非常懂得與自己相處的牌，把過去到現在所累積的情感經驗都當作禮物，以正面和滿足的態度看待生命。圖中的男子露出志得意滿的笑容，後方的聖杯就像是他累積至今的獎盃，排列整齊地放置於高處炫耀著。他雙手交叉坐在前方，象徵還不願意敞開心胸，但無論如何，他非常滿意現在的狀態。

聖杯 9 常常被稱為「夢想成真牌」，是小阿爾克納中最受歡迎的牌之一，象徵對現有的一切非常滿意。除了外在擁有，也包括對自身狀態的全然接納，不管別人說什麼，他都會說：「我很喜歡自己這樣子！」然而，美夢成真也代表不需要付出太多力氣就能得到的機會，可能意味著好運、中獎，這裡指的獎不一定是樂透，也包括了長時間的假期與舒適的生活。

聖杯 9 帶來的通常是能夠滿足感官享樂的美好時光，畢竟對聖杯牌而言，美好的人生不一定要賺大錢，或有多大的成就、多高的社會地位，而是一頓大餐、一趟愜意的旅遊或有閒錢買自己喜歡的東西就已經足夠。後方排列整齊的九個聖杯是攤在檯面上的美好，也意味著「公開給大家欣賞」，就像是我們只要出遊、吃美食或拍了一張自己喜歡的個人照，都會在社群網站上發布，對當事人來說是分享美好，但對其他人來說像是在炫耀，即便如此，聖杯 9 也不在意可能會被貼上膚淺或自我感覺良好的標籤，正如同他接受自己的一切，而每個人的快樂都是基於自我感覺良好，這並沒有什麼不好。

然而，每張 9 號牌都強調「把力量與資源用在自己身上」，從聖杯 9 中也能看出這點。男子雙手抱胸，意味著他不會主動分享。如果你跟他一起去吃大餐，他可能會點自己愛吃的餐點，上菜之後就把自己的份都吃光；如果你跟他一起出國旅遊，他可能會先辦好自己會用到的網路通訊設備，直到你開口說：「你不願意分我一點嗎？」或「你沒連我的一起辦嗎？」聖杯 9 才會說：「可以啊，但你沒說。」多數人會把這些言行視為自私，但聖杯牌的特質不至於太任性，聖杯 9 只是習慣先取悅、滿足自己，如此才有心力去考量其他人的需求。

占卜工作問題，聖杯 9 意味著你已駕輕就熟，只要正常發揮就可達成任務，也指出你喜歡正在做的事情或工作環境愉快，但團隊合作是你的罩門，因為你傾向個人掌控工作進度更勝於與他人交流意見。在感情問題方面，你享受有個人時間、空間的親密關係，能偶爾一起出遊或吃喝玩樂就很幸福，重視感官享樂的聖杯 9 也很重視性關係的和諧。但聖杯 9 並不是有利於關係突破的牌，雖能帶來歡愉，但強調在關係中互不干涉，若是單身者問桃花或曖昧對象，往往是「不期不待，不受傷害」。

聖杯 9 就像是我們獨自完成了一項任務、從自我成長課程中畢業，或是看了一部極有共鳴的影劇，隨即陷入了某種「狂喜」，而這份喜悅是專屬於你，你就算告訴身邊的人，不見得能有共鳴，但不要緊，每個人的感受都是獨一無二的，而你需要練習的就是「自我感覺良好無需理由」，懂得獨立取悅自己，找到一個人做也很開心的事，這是能力，也是幸運。

逆位聯想：放縱

逆位聖杯 9 完全沉浸在感官世界，也可能貪圖欲望的滿足而傷害他人的情感，以放蕩不羈的享樂主義來麻痺內心不被愛的感受。抽到此逆位牌意味著你可能會為了無法享樂而陷入憂鬱，情緒起伏極端，情感幾乎控制了你。

錢幣 9
Nine of Pentacles

元素符號▽

陰性發展第九階段

社會化

正位聯想：自享

經過了錢幣 8 牌的辛勞累積，現在終於來到豐收的時候。一名身穿長袍、戴著紅色頭套的女子，在結實累累的葡萄園裡怡然自得，象徵她努力至今有了豐碩甜美的成果，畫面左邊有六枚錢幣、右邊有三枚錢幣，這兩個數字讓人想到戀人與女帝，強調的都是愛，而圖中的女子把愛給予自己，因為她知道這美好的一切都是自己應得的。特別的是，她豢養了一隻小鳥，小鳥的頭被紅色的頭套遮蓋住，站在女子右手的黃色手套上。

錢幣 9 象徵開花結果，現在只需要享受一切，感謝自己過去的辛勞，也意味著無論你奮鬥了多久，現在是可以停下來放鬆的時候。對生命負責任的方式，除了「全盤接受現在擁有的果」之外，也得「感謝自己種下的因」。抽到錢幣 9，你需要做些什麼來「回報自己」的努力，不管對現狀滿不滿意，請對自己說：「能走到這一步真的很不容易，即使不夠盡心，終究也盡力了。」

錢幣 9 又稱為「小貴婦牌」，和女帝牌的圖像一樣，都有一名懂得享受生活、愛自己、過得恬意舒適的女子，但她並非天生富裕，更像是白手起家，培養出獨立自主的能力，長時間勤奮累積才換得歲月靜好。女子腳邊的蝸牛正緩慢爬行，暗指毅力與耐心，故不同於聖杯 9 有好運、自我感覺良好的成分，錢幣 9 傳達的是：我花的錢都是自己的血汗錢！在外界眼中，錢幣 9 的「好命」並非仰賴先天資源或生性樂觀，而是扎實地行踏過來的。現在的她，不需依賴任何人就能豐衣足食，過自己想要的人生。事實上，所有的 9 號牌都不喜歡依賴人，課題自己面對，成果自己享受。

在錢幣 9 中有眾多的「隔離」象徵：葡萄藤的後方有柵欄，遙遠的角落有一座城堡，象徵這片葡萄園與世隔絕；頭髮是自我的延伸，但女子戴著頭套，象徵靈性發展被覆蓋；鳥代表自由，但圖中小鳥和女子一樣戴上了頭套，象徵受到欲望束縛而無法飛翔；女子戴著手套，並未直接與小鳥接觸，更加強調與自由的隔離。諸多的隔離象徵，都強化了女子的孤獨，但比起真正投向自由可能會帶來的失去、危險與不安，她寧可選擇孤獨。

若反映在工作問題上，錢幣 9 指出這可能是一間福利、待遇優渥的公司，也揭示了成功、穩定的發展，有獨立作業的能力，能在專業領域裡享受工作樂趣。與工作夥伴的關係良好，但公私分明，讓你在職場上備受愛戴。在感情問題裡，錢幣 9 顯得有些被動，畢竟錢幣牌喜歡看得到、摸得到、感官能觸及的事物，他會需要伴侶用金錢、性或物質來證明對他的愛；在單身或曖昧的狀況中，錢幣 9 指帶有自傲或以現實角度看待愛情的人，就算渴望愛，卻表現出先看看對方會付出多少再說的態度，而不願賠上任何風險，在尚未確認有所回報之前，不會輕易付出。

賺錢就是要用來花的，誰都不想一輩子勞碌，因此錢幣 9 喜歡買奢侈品、吃名貴的大餐、精品旅遊，甚至買房子，就像是有大筆存款的退休貴婦，不用再工作了，終於能把錢花在自己喜歡、覺得有價值的地方上。雖有眾多跡象指出，若努力只是為了榮華富貴，就會遮蔽自己的視野，犧牲心靈的自由與彈性，但錢幣 9 鼓勵我們要好好犒賞自己的肉身、尊重自己的欲望。

逆位聯想：空虛

逆位的錢幣 9 顯示出還沒有成果就急著想過奢侈的生活，或是花錢在「人」的身上，以躲避寂寞感的侵襲。手上的小鳥飛走了，雖象徵重獲自由，但也無法再過著優渥的生活，這讓當事人的心裡感到空虛，迷失在愛與金錢之間。

寶劍 9

Nine of Swords

元素符號△

＊

陽性發展第九階段

＊

社會化

正位聯想：憂傷

被害者思維將我們推向無力掙扎的深淵。在寶劍 8 的階段，我們把受傷經驗錯置於當下，以致不敢行動，而把救贖的希望放在他人身上；到了寶劍 9，「負面思考」偶爾帶來僥倖，但更多的是失敗與失去，因此你會越來越相信自己是沒有力量的，漸漸把想像中的恐懼顯化成現實，製造出強大的力量來剝削改變的動力。遭逢生命的關卡與挫折，你已無法面對，只問痛苦何時終結，此時生活變成噩夢，只期待再度睜開雙眼時世界會變得不同。

寶劍 8 期待有人能幫他解圍，渴望被拯救，但寶劍 9 已經知道無人可以幫助他，得獨自面對難關，只是在睡不好又分不清想像與現實的狀況下，又該如何自救呢？此時，寶劍 9 期待的不再是他人的救贖，而是時間能趕快過去。寶劍 9 的背景是一片黑色，象徵黑暗與絕望，但仔細看會發現，這九把寶劍不同於寶劍 3 扎扎實實地插進心窩，而是平行列在女子的側身，意味她的恐懼與負面思考尚未發生，但若繼續聚焦在自己不可能會變好，那麼會引來什麼樣的結果，也就完全不意外了。

無論是寶劍 8 或寶劍 9，都誤以為自己是沒有力量的，但不同的是他們的焦點所在，前者聚焦在他人的救贖與環境的改變，後者聚焦在自己的改變，因此寶劍 9 會有更多的自我否定與自責的糾結，還伴隨著強大的罪惡感與愧疚感，彷彿時時刻刻都在提醒著自己的失敗。這張牌反映出厭世代的心聲，由於不再期待社會改變，認為自己做再多也沒用，但如果真的什麼都不做，心裡又會覺得對不起自己，漸漸地，動力就讓無力和自我厭惡感給吞噬。

寶劍 9 又稱「噩夢牌」，如同牌圖中的女子，可能剛

從噩夢中驚醒，還餘悸猶存，也可能現實的一切對她來說宛如噩夢，無論如何，她只希望時間趕快過去、事件快點結束。如同面對攸關改變生命的考試、難以應付的官司、愛人或家人久病纏身，我們深知無論結果好壞都得繼續努力，但此時已經沒有力氣，也不相信結果會是好的，心裡期待著「早死早超生」的一天。

　　問工作，寶劍9指出重大壓力、自認無法勝任的工作任務，而且越擔心就越有可能發生。你得知道「做就對了」和「不可能成功，但也只能繼續做」會創造出完全不同的工作品質。問感情，你憂心彼此沒有未來，伴侶期待的是一個更好的人，而你認為自己不是他的人選，無法樂觀面對這段關係。也可能關係尚未結束，但你已經在預想分離的那一刻。

　　圖中床板左側印著兩人廝殺的刻紋，象徵接納的床變成了戰場，而我們怎麼可能在戰場上安睡呢？女子的下半身有毯子覆蓋，意味她此刻仍是被照顧的；毯子上印著十二星座的符號與紅玫瑰，代表生命力與熱情。問題是，如何能在沒有未來的日子活出生命力與熱情？唯一能做的，便是覺知到我們擁有的僅是當下。熱情與生命力的展現從來不是為了開花結果，僅是為了活出當下的如其所是。寶劍9之所以憂傷無力，是誤認了時間即生命，因過去而憂傷憤怒，與現在抗爭，為將來擔憂恐懼。《金剛經》裡提到：「過去心不可得，現在心不可得，未來心不可得。」覺知一切都是不可得的，我們的動與不動，大可不必依循著計畫與期待。

逆位聯想：康復

　　逆位的寶劍9較懂得運用頭腦的力量，有可能獲得他人協助，也較能冷靜下來，懂得將過去的傷害轉化為成長的養分。抽到此逆位牌，表示你已知事件到了尾聲，最艱困的情況即將過去，這時的你更能正面看待，即知即行。

 號牌
靈數能量

10 號牌的主題是「傳承」，你的生命經驗
傳承了什麼給自己？

陽

 權杖 10
壓力

 寶劍 10
投降

本能 ←  靈數 **10** → 社會化

 聖杯 10
幸福

 錢幣 10
富足

陰

10 號牌強調將自身擁有的力量「重新發揮」，歷經一路以來累積的磨練與智慧，現在要考驗我們能否更成熟、更完美地發揮力量。如果 9 號牌是故事的結局，那麼 10 號牌揭示的是「那之後呢……」，王子與公主必然過著幸福快樂的日子？打敗了壞皇后之後就結束了嗎？所有的故事都有「延伸性」，告訴我們生命的終點不是只有成功或失敗，無論結果是享受或辛勞，都不是永遠不變的，我們以為的結果往往都是「新的開始」。

　　如同動畫電影《靈魂急轉彎》（Soul，二〇二〇年）的男主角喬完成了一生夢寐以求的爵士演出，卻發現夢想達成之後依然得過著日復一日的生活。這就是 10 號牌要告訴我們的：持續創造，持續展現力量，持續經營生命，即使完成了夢想目標，依舊得把日子過好。靈數 10 的命運之輪教我們好運到來時要抓住機會、順勢而為，而不如意時也得見好就收、知所進退，象徵著「順著生命的循環」。而在小阿爾克納牌裡，10 號牌更具體地指出「傳承」，不僅僅是你的家族傳承給你什麼，而是能覺知到你的生命經驗傳承了什麼給你自己？

　　如果說我們在 9 號牌時已經登上了山峰、到達了旅遊的終點站，10 號牌便是要我們回到陸地，或是回到原先的起點，這時候的你會帶著什麼回去呢？可以發現，陽性能量的 10 號牌（權杖 10 和寶劍 10）早就把力量用盡，幾乎沒什麼力氣能夠支援自己走回去；陰性能量的 10 號牌（聖杯 10 和錢幣 10）反而早已儲備充足的力量，最終順利回到家園，並分享旅程所獲得的愛與物質資源。

　　靈數 10 不僅出現在命運之輪，在 19 號太陽也有它的影子。靈數 19 的合併能量為 10，意味著對生命的無條件敞開，故靈數 10 有著太陽的樂觀與赤子之心，並相信「一切都是最好的安排」。充滿和諧感的聖杯 10 和物資豐盛的錢幣 10，都相信「這是最好的」；尚在堅持奮鬥的權杖 10，以及沒有力氣掙扎的寶劍 10，都選擇相信「會更好的」。這四張 10 號牌沒有絕望，也沒有抗拒，靈數 10 要我們正面看待。到這階段，我們明瞭生命的循環不光靠運氣的好壞，而是能意識到過去的我給了現在的我什麼機會，而現在的我又能傳承什麼給未來的自己。靈數 1 是已知的能力、是能直接展現的力量，靈數 0 則是未知的潛能，而未知的潛能往往會藉由外在考驗得以發展，因此 10 號牌看似結束，其實伴隨了新的考驗、新的戰場和新的機會。

權杖 10
Ten of Wands

元素符號△

陽性發展第十階段

本能

正位聯想：壓力

權杖牌的本質在於行動，所有的權杖牌都不允許自己無為，即使已經沒有力氣，還是要繼續「做」，尤其 10 號牌強調把力量「重新發揮」，更是大顯身手的絕佳機會。權杖 10 中的男子已經彎腰駝背，但還是扛著十支權杖繼續往前走，從行走的姿態就知道他已快沒力氣，但仍堅持不懈。這麼多支權杖完全擋住了他的視野，即使前方暢通無阻，也看不清眼前的道路，不知道距離終點還有多遠，只能憑著意志力繼續扛、繼續走。

權杖牌的問題在於不經大腦的行動。在權杖最原初的能量，行動為我們帶來「機會與舞臺」，但如同在世界牌中的學習，機會與舞臺也是束縛我們的責任，而權杖牌面對責任，哪怕與己無關，還是會憑藉著本能應對。對權杖來說，能者多勞，與其花時間、力氣與人溝通，不如自己來做；與其沒有意義的爭吵，不如把大家不想做的事情扛下來；與其分配資源與權利可能會衍生不公與爭議，不如什麼都掌握在自己手上。最後，權杖 10 扛下來的究竟有哪些是自己最初想做的事？又有哪些是為別人扛的責任？他自己也分不清楚了。

抽到權杖 10，往往指出在特定的生命領域中，你可能是個「全能、全方位」的人，大家有任何問題都會先想到你，有任何疑難雜症或生活困境都需要你出面協助，若是你說：「我不知道。」或「這我沒辦法。」大家就會說：「這明明是你一直在做的事啊！你不知道，還有誰知道？」或是「你沒辦法的話，那大家就都不要做了！」而你為了讓事件盡快了結，還是會出面解決。你雖然精疲力竭，感覺到被壓榨、快喘不過氣，卻不會輕易拒絕，或你自認為

無法拒絕，最後你會對給予幫助的對象累積出忿忿不平，於是權杖 10 的人常常會說：「大家都把我的付出視為理所當然！」

　　你正朝著自己的目標前進，但同時也乘載著四面八方丟給你的現實責任，雖然你還有能力逐一達成，卻大大降低了工作效率，因為你把時間與精力分散在太多地方。若再看得更深，你透過不斷完成他人的期待，滿足了心底「被需要的需求」。在感情世界裡，權杖 10 會透過不斷照顧伴侶、扛下伴侶的責任、負擔起照顧對方家庭的壓力等，來證明對伴侶的愛。在工作裡，權杖 10 指出過重的工作負擔，但仍一肩扛起，因為他相信「只有自己」能做好，事實上他確實能做好，只是得不斷加班，犧牲睡眠與陪伴家人的時間。權杖 10 表面上任勞任怨，但心裡有諸多不平，如果願意面對自己內在的不平衡，就會意識到這些壓力來自於他對「被需要」的執著。

　　權杖 10 也指出家庭序位錯亂，父母其中一方的缺席，導致兒女接下了缺席者的責任，最常見的就是扮演父親或母親的情感陪伴者、照顧者，無形中也徒增了當事人的驕傲，誤以為能拯救他人的生命。追根究柢，權杖 10 對於「被需要」的執著來自於不願面對生命的脆弱，把他人的衰退或無能為力扛下來，誤以為那是自己的責任，實而阻礙了他人在自身課題中的成長，漸漸讓對方走向真正的失能，再來怨懟他人為何不對自己的生命負責。事實上，權杖 10 最需要負責的是自己的無力感，以及面對生命衰敗的必然。

逆位聯想：徒勞

　　逆位的權杖 10 會說：「我不幹了！」他可能會把全部的權杖都丟在地上，也可能是身體、金錢或情緒再也撐不住，雖不甘願，但決定放手。他意識到做再多都只是白費，先停下來，把不是自己的責任還給對方。

聖杯 10
Ten of Cups

元素符號▽

▪

陰性發展第十階段

▪

本能

正位聯想：幸福

在聖杯 9 的階段夢想成真，讓我們懂得無條件接納、滿足自己，現在是時候把這樣的能力擴展出去，無條件接納他人，分享自己的愛與喜悅。聖杯 10 中呈現一家人和樂融融的景象，男子摟著女子的腰，兩人張開手，望著空中由聖杯組成的彩虹，旁邊的男孩與女孩也手牽手跳著舞，畫面中的人物雖然不是穿戴得光鮮亮麗，卻也都呈現出欣喜、歡樂的姿態。遠方是他們的家，不是富麗堂皇的建築，卻也是能遮風避雨的房舍。聖杯 10 所呈現的美好，是你我生命中最平凡的幸福。

回顧聖杯的旅程，強調的從來不是榮華富貴與功成名就，而是情感上的充實、被愛與接納的感受。在靈數 9 的階段，聖杯的愛與接納會以自己為優先，而靈數 10 賦予了積極與主動性，將自身擁有的美好分享給身邊的人。這時的他不僅接納自己，也能接納各式各樣不同的人。與同樣也是接納他人融入自己生命的聖杯 2 相比，聖杯 10 更傾向對群體和各種生命的愛，不會只愛一個人，而是愛屋及烏；不會只接納某種個性的人，而會接納每個人都是獨一無二的個體。

這是一張充滿「大愛」的牌，但無條件的愛不等於無條件的忍讓，真正的美好並非只有光明燦爛，許多幸福的伴侶或家庭之所以能讓愛細水長流，不見得是會溝通或委屈讓步，他們即使吵吵鬧鬧，卻還是能牽手相伴到老，那是因為他們的吵鬧不是為了要改變彼此、要對方做些什麼來滿足自己，而只是純粹地想要表達自己。在聖杯 10 裡的每個人都信任這段關係：「當我表達了自己，即使與你不同，我也不會被你排除在外。」

特別的是，聖杯 10 常指出非典型家庭與伴侶關係。當愛與接納發展至最成熟的階段，也就消融了形式化的規則約束。圖中的場景只有一棟房舍，而非一座城市，意味著遠離了社會化的束縛，他們可能是沒有結婚登記的伴侶，或是不見得有血緣關係的一家人，因為聖杯 10 強調的愛不需要藉由合約或血緣關係來認定。圖中的彩虹象徵抓不住的美好，也意味著日常生活的小事就足以讓人有幸福感，但聖杯 10 深知幸福不是能握在手上的。聖杯的旅程告訴我們，真正的幸福感取決於用什麼心態來「感受世界」，而非擁有世界。

聖杯 10 也指出和樂的工作環境，不僅如聖杯 6 像家人一樣的相處，還更強調能自由自在展現個人特質，也就是你的與眾不同是能被接納的。但如此強調心靈與感受性的聖杯 10 遇上了工作問題，要注意的是有太過理想化的隱憂，你可能職場人際關係和諧，但還是得培養獨立解決問題的能力。聖杯 10 對人際互動、創意或藝術工作來說是有利的，但對於務實擬定計畫則沒有顯著的幫助。

高掛在空中的彩虹，象徵稍縱即逝的美麗，不是我們能夠觸摸得到的，因此聖杯 10 的幸福在於「精神與感受的連結」。在感情問題裡，聖杯 10 指出幸福美滿的關係，有可能只是與伴侶一起看著電視哄堂大笑，或是與家人一起散步、與親友一起喝酒聊天。聖杯牌的愛不是建立在為他人做些什麼貼心的舉動，而是在一起本身就是幸福，能夠有人一起共享歡樂、共享生活的種種體驗，眾人的獨一無二都能夠互相接納，難道不是幸福嗎？

逆位聯想：幻滅

聖杯 10 逆位代表不再能彼此接納，因為對親密感的過度渴望，導致容不下不同的價值觀，或如病痛、經濟壓力等現實考驗正消耗著這段關係。工作或感情都有可能變得脆弱，但如果沒有不切實際的期待，就不會有幻滅發生。

錢幣 10

Ten of Pentacles

元素符號▽

．

陰性發展第十階段

．

社會化

正位聯想：富足

靈數 9 到 10 都是從自我擴及到眾人的過程。錢幣 9 獨自享受努力換來的成果，在自己的花園裡自得其樂，而錢幣 10 則是大家共享成果，也包括欣賞各自的努力與貢獻。而物質資源與成果的分配，需要計畫與務實的管理方式，意味著錢幣 10 的每個人都能享有富足的生活，卻也都得依循體制與社會價值。圖中的場景宛如城市一隅，有各種建築與城牆，也有穿著華美的男女老幼與狗，拱門上亦有細膩豐富的雕刻。錢幣 10 可說是數字牌中元素最飽滿的一張牌。

錢幣 10 中的十枚錢幣以「卡巴拉生命之樹」的圖形排列，是接受與傳承的象徵。圖中的一對男女貌似夫妻，他們像是在面對面聊天，但各自身朝不同的方向前進，暗指和諧卻不親密的感情關係；女子的身後有一個小孩，小孩緊張地偷瞄坐在拱門外的老人，由此可知這老人並非他們的家庭成員，而是讓小孩感到陌生又好奇的他者；與此同時，小孩抓住一隻狗，彷彿在告誡那隻狗不要過去；而背對畫面、舒適坐在拱門外的老人則望向拱門內部，撫摸著另一隻狗；有趣的是，小孩抓住的狗是有項圈的，但老人摸的狗卻沒有。

拱門象徵世俗體制的入口，裡頭的人們都依循制度與文明生活著，街景明亮，人與人互動和諧，男女彼此禮貌地打招呼，人人都安分扮演著應該要扮演的角色。拱門外的老人則是退休和安逸的象徵，他身穿的華服意味著豐富的生命歷練，而他摸的狗是沒有項圈的，暗指拱門外的世界是不受體制局限的自在人生，但這也是老人長年奮鬥下來才能享有的現世安穩。唯獨小孩注意到拱門外的老人，

但不敢接近，意味著對自由的好奇與畏怯，也是對智慧的尊敬。

　　錢幣牌的旅程是社會化發展的過程，社會化即是個人與體制的互利關係，從培養技能、與體制合作到擁有握在手中的實質資源，到了錢幣 10，終能透過制度分享資源給身邊的人，讓人們都能過著有秩序與富足的日子。雖然這張牌帶來財富、成就與舒適的生活，但是如同錢幣牌的本質，我們都得為享有的一切付出代價。在錢幣 10 裡，富足與穩定是用「不自由」換來的，畢竟心靈的自由不是錢幣牌所關注的，而是「我的付出與妥協能帶給我什麼生活」。

　　錢幣 10 若出現在感情問題裡，必然是門當戶對的和諧，也代表你的伴侶是能夠與你「穩定生活」的對象，但別忘了錢幣牌強調「功能性」，要維繫這段關係的穩定，你不能太做自己，尤其在婚姻裡，錢幣 10 代表需要為伴侶的家人多著想、給予實質付出。有時錢幣 10 也指出你與伴侶有些相敬如賓，但並不代表沒有愛，只是你們都用非常務實的態度經營感情。在工作問題裡，錢幣 10 指出你能在有規模與制度的大公司中做出重大貢獻，換來前途的光明與安穩。

　　我們也可以將圖中的老人視為「過來人」或「智者」，在裡面扮演著傳承者的角色。他有可能是家族的祖先，傳承了家產、名望或特有的家族文化給子子孫孫們；他也有可能是企業的創辦人，傳承資產、技能經驗與工作模式給接班人和員工們。拱門上的天秤雕刻，象徵絕對公平的分配制度；碉堡和山水的雕刻，意味著過去打造下來的穩固基業，而繼承者們除了享受榮華富貴之外，也應盡永續經營之責，扛下傳承的責任。

逆位聯想：失和

　　逆位的錢幣 10 可能指出因財產分配不公而家庭失和，或你正身處在無法認同的工作或家族裡，覺得自己是局外人。感情生活有可能太過安逸，導致第三者介入，或是貌合神離的感情關係。整體來說，錢幣 10 逆位依然享有豐足的生活，但強烈的個人意識與匱乏的情感將動搖現有資本。

寶劍 10
Ten of Swords

元素符號△

陽性發展第十階段

社會化

正位聯想：投降

　　寶劍 9 的難處是不知夜晚何時才會結束，但寶劍 10 終於看到曙光了。圖中的男子倒臥在地上，背部被十把寶劍刺穿，已經身亡。特別的是他的右手比出了教皇的手勢，意味著肉身死去的同時，也接受了神的旨意與靈性的服從。他面朝遠端的海平面，而太陽正緩緩升起，夜空出現幽微的光亮。雖然這是塔羅牌裡最讓人害怕的牌之一，但寶劍 10 帶來的糾結不如寶劍 9 強烈，因為在這階段，我們已經沒有力氣再抵抗，只有投降、認輸一途。

　　10 號牌強調「傳承」與「重新發揮」，但回顧寶劍牌之旅，傳承給我們的盡是受傷與傷人的經驗，到了寶劍 8 和寶劍 9，甚至失去了為自己的創傷負責任的能力，這些經驗傳承到了寶劍 10，我們能重新發揮的就只有善於批判的大腦與無力的身軀。此時，我們可能對一切都不滿，但什麼都無法改變，只好說服自己放棄掙扎。有趣的是，當我們決定要放棄之時，新的機會就出現了，但此時你還有心力去把握嗎？寶劍 10 告訴我們，如果能承認自己輸了，就不用花無謂的力氣抵抗，反而能在未來脫身之時有力量扭轉局勢。這張牌正如同命運之輪走到低谷，讓我們有機會體悟「山重水複疑無路，柳暗花明又一村」。

　　我們都有過失眠的夜晚，如同在寶劍 9 的階段，想睡又睡不著，腦袋轉不停，若想強迫自己快點入睡，反而給自己更大的壓力。不知不覺就來到寶劍 10，正當我們已經無法思考的時候，太陽就升起來了，新的一天也即將到來。寶劍 10 代表的是「投降」，不同於臣服能帶來平靜與敞開，投降會產生無助、憤怒、自責與無力。正如同失眠之後會感覺疲倦，不全然是生理上的無精打采，更是宣告大腦的

徒勞無功。

　　十把劍插在背上，也可能象徵「背叛」或「小人攻擊」，而且來得凶猛，讓人無力招架，逼迫當事人得直接放棄。這時若能直接認輸，另尋其他生存之道，是最明智的抉擇。如果有人害你跌倒摔斷腿或從背後捅你一刀，你要做的是立即尋求醫療協助，而非留在原地一邊讓傷口惡化，一邊哭著要凶手來幫你醫治。

　　無論是在工作或感情問題裡，寶劍 10 都「渴望終結」，可能會用消極的態度面對無力經營的工作或感情關係，其實心底已經設下停損點，也許撐到領年終就離職，或再三個月沒改變就結束吧！然而，再多的失望也不代表都是對方的錯，往往寶劍 10 只是意識到自己放太多期待在他人身上。

　　在寶劍 10 裡，賜死男子的不是別人，而是他批判的大腦。寶劍的本質是傷人的，因為寶劍牌始終都在尋找錯誤。「找錯誤」本身沒有問題，但如同印度大師古儒吉所說：「錯誤就僅只是個錯誤，不要附上『我的』或『他的』。『我的錯』帶來內疚，而『他的錯』帶來憤怒。」可想而知，寶劍 10 男子之死不是因為現實的壓力，而是內疚與憤怒擊潰了他的心智。當然，這裡的死亡並非真的喪命，而是我們對某人、某事的發展產生「算了吧，不可能改變了，就這樣吧！」的心境，有時消極的態度卻是自我救贖的開始。

逆位聯想：轉機

　　寶劍 10 逆位時，寶劍會漸漸從男子身上掉落，太陽加速升起，象徵重生與好轉，最痛苦的狀況已經過去了，但有可能只是短時間的機運，因此得學會讓自己康復。寶劍 10 逆位有可能更積極主動離開一段苟延殘喘的關係。

宮廷牌家族

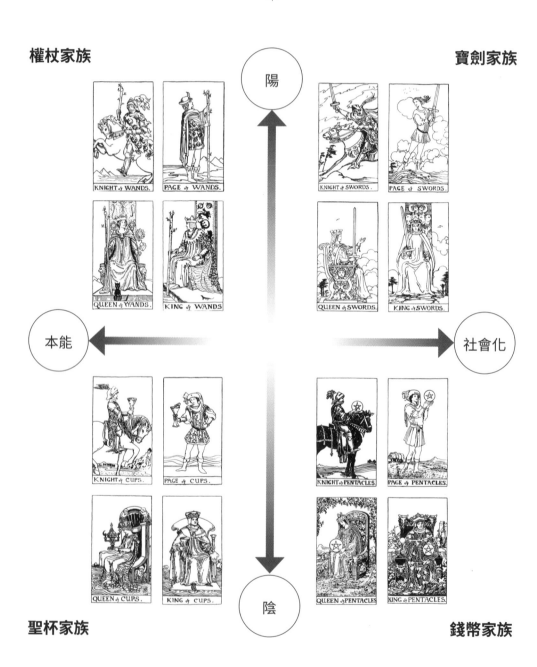

權杖家族

寶劍家族

陽

本能

社會化

聖杯家族

錢幣家族

陰

宮廷牌家族由隨從（侍者）、騎士、王后、國王所組成，分別象徵不同的位階、年齡層與人格特質，在占卜時對應出**問卜者或特定人物的個性與心態**，也指出當事人面對問題會採取的策略和反應。這十六個角色代表十六個不同的「人格面具」，是我們面對特定人物和外界時會展現出來的模樣，與生命靈數的「日基數」共享相似的概念，但我必須強調的是，人格面具雖不能代表最真實的自己，卻也是被我們認同的一部分。無論你的人格面具是自然呈現，還是因應情勢所需，都需要經由你的「認同」才能扮演。

人格面具會依據不同的場合、面對不同的對象而有所不同，你可能對待伴侶會展現出聖杯隨從般愛撒嬌、有點依賴又天真直率的模樣；但在工作上，你可能會是權杖國王，有氣勢、有野心、眼光精準且懂得開發商機；而回到家裡，你可能對父母非常照顧，就像錢幣王后那樣會打理他們的生活所需；在朋友面前，你可能是寶劍騎士，有話直說、尖銳、任何事情都能發表意見，讓朋友對你又愛又恨。

很多人會把面具視為虛假的象徵，但人格面具其實就是我們的衣服，通常我們在家休息就會穿得輕鬆舒適，不會穿西裝睡覺；參加重大宴會則會精心打扮，不會只穿內衣、睡褲；你應該也不會穿著晚禮服去健身房運動。人格面具除了是我們展現出來的「形象」之外，也是我們與人連結、融入某個環境或體制的「著裝守則」（dress code）。

宮廷牌是七十八張牌中最容易被理解，卻最不易在占卜過程中活用的牌組。原因多半是我們難以判別牌中的角色是問卜者本人，抑或問卜者所詢問的對象，或只是在形容一種「狀態」。由於宮廷牌沒有數字編號，這時不妨將對生命靈數的理解套入不同階層的角色中，有助於擴充對這十六張牌的認識，不僅是在「人物特質」上，更能延伸至「局勢」與「發展」等意涵。

權杖隨從

聖杯隨從

錢幣隨從

寶劍隨從

❀ 宮廷牌角色屬性與靈數對應 ❀

隨從（Page）

◆ 元素屬性：風元素

◆ 對應靈數階段：1～3

靈數 1 的「自我確立」→

靈數 2 的「與他人學習合作」→

靈數 3 的「融入體制」

◆ 關注焦點：**我該如何融入世界。**

・隨從牌為我們揭開的生命階段：摸索與學習階段。

・隨從牌可能會有的挑戰：缺乏自信、不敢跨出去、害怕獨立。

・隨從牌給我們的建議：多與外界互動以累積經驗。

◆ 年齡與社會階層：隨從通常都是指年輕人、學生、剛踏入某個領域的「新人」，或提醒當事人需要參考年輕人的意見。

◆ 人格特質：隨從對於未接觸過的事物都是充滿好奇、敞開心胸的。

・權杖隨從要**直接冒險、展開行動**，嘗試各種可能，並且在犯錯中學習成長。

・聖杯隨從要**認識生命中有趣的人事物**，保持赤子之心，對「生命」產生好奇心。

・錢幣隨從要**學習如何將事情做好**，接受指令按部就班，認真顧好每個細節。

・寶劍隨從要**蒐集資訊與對話交流**，吸收不同的觀點，培養獨立思考能力。

騎士（Knight）

權杖騎士

◆元素屬性：火元素

◆對應靈數階段：4～5

靈數 4 的「累積力量」→

靈數 5 的「突破過去限制」

◆關注焦點：**我該如何證明自己。**

・騎士牌為我們揭開的生命階段：行動與突破階段。

・騎士牌可能會有的挑戰：方向與目標失焦，因而莽撞、
胡亂行動。

聖杯騎士

・騎士牌給我們的建議：在追尋目標的過程中強化能力。

◆年齡與社會階層：通常都是指青壯年、有基礎歷練的社會
人士，也是行動力最強的時候，有時是提醒當事人多展現
行動力與專注力。

◆人格特質：騎士是勇敢行動的，並且專注於目標、企圖心
強。

錢幣騎士

・權杖騎士目標放在**達成野心與欲望**，設定短程目的地，
並給自己獎勵機制。

・聖杯騎士目標放在**傳達愛與理想**，展現感性，並以溫柔
與真情感動人心。

・錢幣騎士目標放在**打造有秩序的生活**，務實地穩紮穩
打，並建構安定的社會。

・寶劍騎士目標放在**表達真理與思想**，果斷而勇敢，並改
革不公不義的局勢。

寶劍騎士

權杖王后

聖杯王后

錢幣王后

寶劍王后

王后（Queen）

◆元素屬性：水元素

◆對應靈數階段：6～7

靈數 6 的「照顧與關懷他人」→

靈數 7 的「內省與自我觀照」

◆關注焦點：**我該如何付出愛，但不犧牲自己。**

・王后牌為我們揭開的生命階段：連結與內化階段。

・王后牌可能會有的挑戰：過度給予而失衡、失去自我。

・王后牌給我們的建議：滋養自己、與他人創造關係。

◆年齡與社會階層：通常都是指中年以上的女性，可能象徵母親、女性長輩，或是情感上的照顧者，有時是提醒當事人多關心他人的感受與需求。

◆人格特質：王后牌樂於付出，也樂於見到他人的成長或改變。

・權杖王后付出**積極熱情的支持**，以正面能量達到激勵，讓人感到備受鼓舞。

・聖杯王后付出**情感的陪伴關懷**，接納各種情緒，讓人感到被同理與療癒。

・錢幣王后付出**物質與滿足需求**，細膩觀察，並提供幫助，讓人感到家的溫暖。

・寶劍王后付出**知識與利弊分析**，一針見血，突破盲點，讓人認清現實，不再困頓。

國王（King）

◆元素屬性：土元素

◆對應靈數階段：8～9

　靈數 8 的「統御與領導團隊」→

　靈數 9 的「對社會與大眾的關懷」

◆關注焦點：**我該如何運用資源讓團隊與社會更好。**

　‧國王牌為我們揭開的生命階段：穩固與延展階段。

　‧國王牌可能會有的挑戰：享用資源，但拒絕負責、逃避
　　影響力。

　‧國王牌給我們的建議：運籌帷幄，將資源最大化。

◆年齡與社會階層：通常都是指中年以上的男性，父親、男
　性長輩，或是經濟與工作上的照顧者，有時是提醒當事人
　得展現出權威、負起團隊責任。

◆人格特質：國王有支配力、專業、權威，也象徵「守護」。

　‧權杖國王守護**建立起的基業與成就**，並持續開發、擴大
　　領土，讓事業永續經營。

　‧聖杯國王守護**家庭與感情**，照顧每個視為家人的成員，
　　並成為大家的避風港。

　‧錢幣國王守護**金錢與物質生活**，讓身邊的人吃好用好，
　　生活有品質、有安全感。

　‧寶劍國王守護**秩序與規範**，重視正確的觀念、邏輯與真
　　相，打擊不法之事。

權杖國王

聖杯國王

錢幣國王

寶劍國王

PAGE of WANDS.

權杖隨從
Page of Wands

元素符號△

火之風
火元素風形式展現

正位聯想：直率

　　權杖隨從是充滿活力、好動、熱情的孩子王。如果他是學生，可能會在課堂上做自己喜歡的事，而不會逼自己專注在沉悶的授課內容與教科書上，比起在教室，更喜歡戶外教學和體驗式的學習。他充滿創造力、靈感豐富，但現階段還不懂如何落實靈感，在他人眼中顯得鬼靈精怪，而且無論年紀大小，都喜歡捉弄喜歡的人來表達好感，也喜歡打鬧式的互動關係。

　　權杖隨從是不容易被拘束的，而且對不喜歡或沒興趣的人事物，沒有人逼得了他；但若是喜歡的或有興趣的，他不僅會燃燒自己投入其中，還會呼同引伴一起冒險。他不是個獨自默默鑽研某個領域的人，如果他喜歡爬山，就會加入登山社或結交山友；如果他喜歡動物，就會加入照護動物的機構，並積極與親友分享理念。他不僅有權杖1的熱情與行動力，還有對「人」與「關係」的主動性，因此在感情上會直接表達愛意，也喜歡與伴侶一起旅遊、運動。在事業上，他會積極學習、展現自我，適合從事藝術、旅遊或運動相關工作，有些莽撞的個性可能會為他人帶來麻煩，但他總能在犯錯中學習成長。

逆位聯想：散漫

　　這孩子可能一直在想著要做什麼事情才能被誇獎，注意力不易集中，經常三分鐘熱度。什麼都懂一點皮毛，但都不願多加深究。

權杖騎士
Knight of Wands

元素符號△

火之火
火元素火形式展現

正位聯想：衝勁

權杖騎士是所有宮廷牌中最熱情、最具行動力、最有活力的人，對應射手座，一旦設定目標就會一意孤行地勇往直前，展現十足的野性、欲望與爆發力！他通常象徵企圖心和熱情爆棚的社會新鮮人，會在會議中高談闊論且自信滿滿，被交付任何任務都會迫不及待地著手進行，而且越困難的挑戰越能激起鬥志，但前提是挑戰背後具有吸引他的優渥獎賞。

你可以想像權杖騎士的權杖前端綁著一根胡蘿蔔，誘使馬兒不斷奔跑，能夠吃到胡蘿蔔是馬兒的目標和獎賞。吃是生存的基本需求，也是最原始的欲望之一，因此能吸引權杖騎士往前衝的，不是心靈上的滿足或知識的獲得，而是「欲望」，如一頓大餐、高額獎金、旅遊假期、與心愛的人有激情的性愛……都是他的動能，而且目標若定得太遙遠、過於耗時，是完全吸引不了他的。他可以跟每個人稱兄道弟，沒有心機，卻也因為他要的太簡單，要小心容易被煽動、誘惑，輕易聽信能給他好處的人，也有可能完全不考慮後果衝太快，導致後繼無力。

逆位聯想：失控

逆位之後，馬兒可能為了吃到胡蘿蔔而把騎士重摔在地，象徵只想立即滿足欲望而不願努力，也可能過度渴望自由奔放的生活，卻做出傷害他人的事情。

權杖王后
Queen of Wands

元素符號△

火之水
火元素水形式展現

正位聯想：激勵

權杖王后呈現出熱情、慷慨、樂於助人又充滿正能量的大姐姐形象，對應的星座是白羊座，為人直爽，從她的表情就能看出現在是開玩笑，還是得正經聽話，不會讓你難做人。權杖王后也是個善於領導的主管，能看出你的優點，並鼓勵你在團隊中發揮最大效益，身為她的部屬，你可以很有成就感，若遭到不平對待，她會在辦公室大聲喊：「誰敢欺負我的人！」

這位大姐頭的公事、私事都會跟你分享，喜怒哀樂也寫在臉上，你可以在辦公室門口就聽到她豪爽的笑聲，罵起人來也不遑多讓，通常太過一板一眼的人不太會跟她成為朋友。如果權杖王后是你的母親，她會常常讚揚你的優點、支持你的決定，但她不會說謊，如果你要她坦白說出你的缺點，你也得要承受得住她的直白。通常我們可以在她身邊感受到被激勵與肯定，但你也得忍受她的脾氣大與沒耐心。在工作上，權杖王后指出你的工作環境可能需要高頻率的互動與分享，你要學會和主管或下屬當朋友，而不是當個默默做事的拚命三郎。在愛情裡，權杖王后會帶來激情的戀愛感受，也鼓勵我們不需要害怕有負面情緒，在這段關係中有話直說。

逆位聯想：暴怒

逆位的權杖王后代表可能有攻擊性的情緒，她的情緒起伏狂烈，雖然待人直接、慷慨，但若他人的反應不符合預期，就會大發雷霆。

權杖國王
King of Wands

元素符號△

火之土
火元素土形式展現

正位聯想：領導

權杖國王是宮廷牌中最符合生意人形象的人，也可能是最具有領導力的大老闆，對應的星座是獅子座。他既有遠見又務實，看的是大方向、大目標，不拘泥於瑣碎的細節或開支。他不是個只會指揮大家幫他工作的老闆，而是懂得親力親為，為了凝聚士氣，也樂於分享資源，以公平又有親和力的態度對待身邊的人，但不代表他是好脾氣的，一旦你成為了團隊中的破壞分子，斷不會輕易饒恕。

權杖國王是個善於「開發」的國王，不會固守在自己的領土，雖然外在的形象是穩重務實的管理者，但骨子裡終究具有權杖的能量，必須不斷開創與行動。他可說是完全展現了靈數8的人格魅力，踏著穩健扎實的步伐，卻不忘警戒外在環境的變化，並專注於開闢更好、更大的國土。他要的不是只有自己過得好，而是身邊每個人都能發揮專業、達到成就。在工作上，他是個願意分享資源、可靠的管理者，被動、不努力、逃避學習的人可能會成為他的眼中釘；他樂於栽培有潛力、有企圖心的人，但如果你過河拆橋、不知感恩，他也會想盡辦法報復。但感情上，他就顯得非常勢利，另一半要不就是得成為他的左右手，要不就是靜靜陪伴，完成他無暇顧到的家事。

逆位聯想：吹噓

指愛畫大餅、執行力低的人。他可能會強調商機與名利，要大家一起追尋不切實際的美夢，卻沒有資源能分享給大家，變成員工口中的慣老闆。

聖杯隨從
Page of Cups

元素符號▽

水之風
水元素風形式展現

正位聯想：感性

聖杯隨從對一切的「生命」充滿好奇心，且會主動親近每一個讓他有好感的對象。他會主動和公園裡玩的陌生小朋友聊天，也會跟路邊的流浪貓狗說話；他喜歡家人念故事給他聽，也喜歡黏著家人講在學校發生什麼事。對「人」和「可愛事物」有興趣的他，不太會沉溺於電子產品，喜歡跟朋友相聚或跟動物玩耍，從小就對美特別有天賦，喜歡畫畫、音樂，但不會沉浸在自己的想像世界裡，因為他需要分享與交流，也期待獲得讚賞與肯定。

聖杯隨從通常是懂得「讀空氣」的孩子，對環境氛圍的變化極為敏感，因此非常懂得察顏觀色，在長輩眼中是個貼心的孩子，甚至會有點擔心他會不會太過敏感。確實，聖杯隨從從小就是容易掉眼淚的人，因為他非常善良，尤其受不了吵架，不忍心看到任何人受傷。若這張牌反映在工作上，代表需要展現親和力與對人的主動性，也可能指出和藝術或服務有關的工作。在感情上，象徵融洽、愉悅的相處。如果是闡述一個人在感情裡的表現，可能會是有點黏人的犬系伴侶。

逆位聯想：脆弱

在感情中有不負責任的傾向，渴望獲得愛，但不知道怎麼愛人，也可能感受性過於氾濫，導致受一點挫折就要花很長時間來療癒。

聖杯騎士
Knight of Cups

元素符號▽

水之火
水元素火形式展現

正位聯想：浪漫

聖杯騎士又稱為「白馬王子牌」，對應雙魚座，是一個浪漫多情、想像力豐富、對感情生活充滿憧憬的人。聖杯騎士的浪漫不是掛在嘴邊的甜言蜜語，而會透過實際行動，對所愛之人展現體貼、溫暖、細心呵護的一面。聖杯騎士把他的能量關注在所愛之人的內在感受，對象有可能是伴侶、家人或摯友，雖然不見得會滿足你的物質與生活所需，但會主動關心你的感受與情緒。他彷彿是為愛而生的人，一旦談戀愛，生命就活了過來，而生命目標即是讓所愛之人幸福。

如果你需要有人可以說說話、能接住你的情緒且能同理你，那麼你會需要聖杯騎士的陪伴。在感情上，聖杯騎士有英雄救美的情懷，當他看見所愛之人深受苦難，也會感覺到苦痛，因此會設法做些什麼讓對方重展笑靨。他對人、對愛、對感受的敏銳度可能會讓他投入藝術創作、文字工作或心理學領域。他渴望創造一個溫暖、美好又充滿愛的社會，但當所愛之人久久無法好起來，可能也會備感挫折而離開。在工作上，他強調工作與興趣必須結合，樂於合作，也樂於關心同事。

逆位聯想：風流

多情變成了濫情，無法專注在單一對象，喜歡戀愛與被需要的感覺，但逃避承諾，致使愛情變成闖關遊戲，征服了一個又開始尋找下一個。

聖杯王后
Queen of Cups

元素符號▽

水之水
水元素水形式展現

正位聯想：敏感

聖杯王后是感情最豐富的一張牌，對應巨蟹座，渴望照顧每個人的情感需求。她喜歡聽人們訴說自己的故事，尤其是悲劇，認為悲劇是能讓人蛻變的最大禮物，因此對悲劇電影、戲劇、舞臺劇、文學和有故事的人深深著迷。在她的眼中，世界盡是悲傷，而生命就是得和悲傷共存，並從中獲得養分。她的多情往往展現在對脆弱生命或弱勢的關懷，也樂於投入公益活動，如果身邊就有需要幫助的人，那麼照顧他們無疑是她的人生使命。

我曾和一位聖杯王后型的友人訴說自己的創傷，對我而言那已是可以幽默以對的往事，但她聽完後流下眼淚跟我說：「你雖然笑著說，但你的內心很悲痛，我的眼淚是為你而流的。」由此可知，聖杯王后對無意識的脆弱極為敏銳，並會主動給予擁抱與支持，你或許會因此流下療癒的淚水，但也可能反過來覺得她才是需要被擁抱與安慰的人。聖杯王后有太多的愛，想要擁抱所有受苦受難之人，以至於在感情上很容易遇到需要被照顧的對象，如有長期情緒困擾的人、懷才不遇的藝術家、自卑或不相信愛的人們，她似乎可以無止盡地包容對方。在工作上，聖杯王后做事細膩、善於體察同儕與客戶需求，適合從事藝術、服務或照顧他人的職業。

逆位聯想：自憐

從眾生皆苦變成自己最苦，陷入過往創傷的泥淖而無法自拔，或是渴望對所有人的付出與犧牲能被認同，來建立自己的存在價值。

聖杯國王
King of Cups

元素符號▽

水之土
水元素土形式展現

正位聯想：慈善

聖杯國王是個慈善家，除了能感同身受每個人的心情與遭遇，也會轉化成實際作為，讓這些人能夠受到保護或實質幫助。聖杯國王對應天蠍座，其內在情緒非常豐富，但他會希望把無形的感受轉化成有形的行動，好讓自己不被情緒淹沒而愛莫能助。他像是溫柔的父親，非常關心家人的生活作息與身體健康，即使要出差遠行，也會先幫家人備妥糧食和日用品，並每天關懷、問候。

除了照顧周遭的人，聖杯國王也樂於捐款給慈善機構，或是身體力行當志工，做出對社會與國家有貢獻的事。他關注的焦點放在身邊的人過得好不好、社區是否和睦、社會或國家的角落有沒有需要被救助的對象，尤其會把家人的幸福、安康視為自己的使命。在感情上，他既忠誠又懂得照顧人，讓人感覺像是跟父兄相處，卻也可能讓人覺得他管太多、時常關心則亂。在工作上，有可能指出家族事業，或是讓人覺得「人太好」的主管，他重視員工的內在需求大過工作表現，若員工工作頻頻出狀況，他會主動詢問對方是不是有心事、遇到什麼困難，以及討論能怎麼一起解決。

逆位聯想：壓抑

他為了不受情緒的侵擾，表現得非常無情，阻斷與人連結的可能。這時理智勝過一切，看似穩定，但極度壓抑，甚至會展現出鐵石心腸的一面。

錢幣隨從
Page of Pentacles

元素符號▽

*

土之風
土元素風形式展現

正位聯想：認真

　　錢幣隨從常常是老師眼中的好學生，他不見得是成績最優異的，但乖巧聽話、認真學習。他是個對自我界線和能力範圍非常有自知之明的人，不會輕易答應做不到的事情，但信守承諾，說到做到。因為從小就知道自己需要什麼，所以比多數小孩更早懂得某些專業知識與生活技能，自律且能分憂解勞，在同儕中顯得有些早熟，比起跟朋友玩耍，更喜歡沉浸在自己有興趣的事物裡。

　　錢幣隨從自小就喜歡默默做事，朋友不多，但他並不在意，反正他也不喜歡被打擾，日常作業做完之後，能夠擁有自己的時間來鑽研興趣，是他最享受的時光。他可能喜歡接觸大自然更勝於接觸人群，對動植物、氣候和天文地理有興趣，也喜歡閱讀，因為能從中發現生命的奧妙。他深知「要怎麼收穫就要怎麼栽」的道理，懂得存錢與精打細算，簡單的食物和規律的生活就能滿足。在感情上，他可能有點遲鈍，需要被帶領或被教導才懂得如何經營關係。在工作上，他雖然動作較慢、需要依循指令或標準作業流程，但是個認真、會做事且願意學習的人。

逆位聯想：貪快

　　用最輕鬆的方式來得到資源或安逸的生活。他可能付出五分，就認為自己應值得獲得十分，因此常不滿足，到處在尋找能夠賺快錢的方法。

錢幣騎士
Knight of Pentacles

元素符號▽

土之火
土元素火形式展現

正位聯想：勤奮

錢幣騎士是最符合工作狂形象的牌。對應處女座，關注做事情的流程、細節是否都精準到位。你會發現他是唯一一個停下腳步的騎士，但不代表他願意堅守在原地，他的眼光放在遠方，正思量著要如何到達更遠大的目標、獲得更豐富的資源。為了將來生活的美好與穩定，他不惜貢獻自己的一切給工作，且會計畫自己賺的錢應該要花在哪些地方，投資在更有意義、更有用的人事物上。

錢幣騎士是懂得算計的人，但他不會算計人，而是算計事情與發展。他非常清楚知道自己的每一步會帶來什麼結果。如果他是獵人，便會以沉著、細膩與耐心而聞名，會花許多時間記錄獵物的習慣與蹤跡，避免出手時失利。錢幣騎士很願意花時間與心力在精進與準備上，常會為了重要提案而夜以繼日地工作，然後交出最完美的成績單。如同畫面中的黑馬，在外人眼中看似毫不起眼或過於緩慢，但他勤奮累積就是為了在關鍵時刻能異軍突起。在感情上，錢幣騎士不是個會付出真情的人，可能會為了鞏固現實的利益而與伴侶維持穩定關係，也會把關係經營視為義務與責任。

逆位聯想：窮忙

埋首於工作，卻過得庸庸碌碌。專注在瑣碎的事務上，導致沒有前進，且容易放過自己。反覆將精力耗費在沒有產值的工作，然後開始大吃大喝。

錢幣王后
Queen of Pentacles

元素符號▽

黃

土之水
土元素水形式展現

正位聯想：照顧

　　錢幣王后致力於打造悠閒恬靜的居家生活，對應的是魔羯座，意味著奠定穩定的經濟基礎，是一個有能力可以吃好、用好、過好的貴婦。這名貴婦並非退休或不用工作，事實上她樂於工作，因為深知工作可以讓她更有能力，獲得更多的金錢與資源來照顧自己與身邊的人。身為王后，她懂得分享自身的擁有，喜歡邀請親朋好友來家裡作客，並親自下廚招待大家；她也喜歡栽種植物、綠化社區，或是添購既實用又美觀的家具來布置居家環境。

　　錢幣王后不僅會關心你的感覺，也會盡己所能照顧你的需要。如果你造訪她家，會感覺到溫馨舒適，因為她喜歡整理居家環境，下廚也難不倒她，甚至主張做家事可以療癒身心，看著一手打造的舒適環境，或能端出讓人溫飽的美味料理，都是她獲得成就感的來源。她的豐盛來自富足的心靈，深知要顧好自己的身心才是最富有的，因此她善待身體，也騰出時間陪家人、從事休閒娛樂，並整理出讓人放鬆的居家空間。在感情上，她是個樂於照顧伴侶、能同甘共苦的人，但無法容忍太隨便與粗魯的言行。在工作上，她是個親切又細心的主管，耐心且沒有距離感，但公私分明，不會因私交影響工作。

逆位聯想：揮霍

　　以揮霍無度的享樂來照顧自己，且認為要照顧別人之前，自己必須先被照顧。覺得下廚或做家事會把自己搞得很狼狽，也有類似囤積症的行為。

錢幣國王
King of Pentacles

元素符號▽

土之土
土元素土形式展現

正位聯想：富裕

　　錢幣國王是最能代表富豪形象的宮廷牌，對應的星座是金牛座。他可能是白手起家的企業主，或從小就對賺錢有興趣，懂得持之以恆地存錢，能務實地累積工作經驗，並落實理財，而步步邁向高收入。他的財富往往是長時間累積而來的，而非短時間致富，因此他非常珍惜手上的資源。如果他是企業家，必定非常謹慎，清楚知道有多少能力就該創造出多少收入，一旦你在他心中有了地位或能力出眾，他會願意投資在你身上。

　　如果錢幣國王是一名父親，會讓孩子不愁吃穿，給孩子零用錢的同時，也教育他們該如何存錢；如果他是一名伴侶，可能不擅長甜言蜜語，因為他覺得讓對方過好的生活就是愛的方式；在公司裡，他非常欣賞專業、沉穩又不多話的人，若工作能力強卻意見太多，對他而言是個麻煩，因為他只相信自己的經驗，不會輕信他人而改變。他重視努力、規矩、團隊合作與階級制，也重視享受生活，喜歡用高質感、知名品牌的用品，或上高級餐館犒賞自己。仔細看牌圖，他幾乎與石座合而為一，不僅衣服上滿是象徵多產與豐收的葡萄，石座周邊也都長滿了葡萄藤，代表他的財富與資源持續累積擴大。要進入錢幣國王的世界，你不能只是有錢，還要能贏得他的信任。

逆位聯想：貪婪

　　一直在思考要如何錢滾錢，或用有爭議的方式賺取大筆金錢。可能外表富有，但內在貧窮，所以對自己很大方，卻吝嗇分享。

寶劍隨從

Page of Swords

元素符號△

風之風

風元素風形式展現

正位聯想：傳遞

隨從牌總是對外界充滿好奇心，風元素則是讓這份好奇心透過交流獲得滿足，所以寶劍隨從是最享受說話的孩子。他可能是班上最吵的學生，喜歡跟同學聊流行趨勢、公眾人物八卦、誰家發生什麼事，老師可能會把他視為問題學生，因為有他在就很難維持秩序。許多人會形容他是聰明卻不認真的孩子，因為他不是會靜下來念書的人，但吸收資訊的能力一流且樂於發表意見，在小組討論、報告或演講場合常有突出的表現。

寶劍隨從喜歡說話，或是透過寫作表達思想，對資訊傳播或社群操作有興趣。他對文字與言語的敏感度高，能像海綿一樣能快速吸收大量資訊，在職場上能成為無話不談的萬事通，但他不太會分辨資訊的真實性，因此容易成為團體中的八卦製造機。寶劍隨從對於無法傳遞出去的訊息只會存放在短期記憶區，對他而言，吸收與學習的目的就是為了將來有傳遞的機會，所以總是熱切地分享所知所學。他如果愛一個人，會不停問對方問題，從未來夢想、感情經驗到童年成長統統調查清楚，當然，他也會滔滔不絕分享自己有興趣的一切，哪怕你可能完全沒興趣，他也可以自顧自講得很起勁兒。

逆位聯想：造謠

為了博取關注，開始憑空捏造不實的故事，也可能會在背地裡中傷他人。表達上可能毫無邏輯與組織能力，讓人覺得漏洞百出。

寶劍騎士
Knight of Swords

元素符號△

風之火
風元素火形式展現

正位聯想：改革

寶劍騎士是速度最快、最英勇、最直接,同時也是最容易與人衝突的騎士。對應雙子座,是敢怒敢言的鬥士,常會在社會運動或遊行場合看到他們大聲疾呼,主張為某個群體爭取權益或推動某個法案。風元素的能量在於思想的確立與表達,火元素強化了寶劍牌的表達力道,讓這名騎士向來理直氣盛,但為他帶來衝突的往往不是他的直言不諱,而是他的批判常帶有情緒。

寶劍騎士追求用最快速有效的方式達到目標,總能迅速掌握重點,並化繁為簡,厭惡浪費時間又沒意義的瑣碎事務。如果他是業務,會開門見山地跟客戶說:「我沒有要交朋友,我是要用我的本事賺你的錢。」想當然,他不會耗費時間在猶豫不決的客戶身上。在商場上,許多人會喜歡他的直爽明快,但若是工作夥伴,可能會覺得他是容易惹事的脫韁野馬。他對不喜歡的人不會客氣,擅長在爭執中抓出語病或邏輯不通之處,也可能會在冗長的會議中途直接離席。對他而言,任何繁瑣的規矩、不公不義的制度,全都應該受到批判與改革。在感情裡,他既直率、風趣又大膽,卻可能是咄咄逼人的情人,衝突時會緊咬住伴侶的不是,卻忽略了他的無情與尖銳會為這段關係帶來更大的傷害。

逆位聯想：動搖

立場不夠堅定或虛張聲勢,可能剛說出口的話一被抨擊就不敢再說了。他會私下向他人抱怨對某人的不滿,而不會正面衝突。

寶劍王后
Queen of Swords

元素符號△

※

風之水
風元素水形式展現

正位聯想：理智

寶劍王后是最冷靜而理智的王后，對應天秤座，重視人際互動與團體的秩序。在她的管理下，每個人都有一套可依循的標準作業流程，也會做到絕對的公私分明。如果她是一名母親，會告訴小孩應該在什麼時間做好什麼事，就算她不在家，也會列妥待辦事項，回家後會一一檢查，並落實賞罰分明的原則。如果你有生活上的挫折煩擾，她會給你非常直接且實用的分析建議，但絕對不會安慰你，你是否聽得進去也不是她所關心的。

寶劍王后是個可靠、專業且讓人信任的主管，會用同樣的標準對待所有員工，不因私交而特別寬宥，也不會輕易聽信片面之詞，採取任何決定之前都會謹慎思量、蒐集多方意見，並顧慮到大局，以及是否合乎道德律法。寶劍王后的身邊常有許多專家，她喜歡徵詢專家的意見和可行性評估，而非徵詢他人的感受與認同。你若是她的孩子，你會感覺到她似乎心力都放在事業或個人志業的發展，情感互動較低，她關心的是你未來想做什麼、能做什麼、如何規畫人生、你的品性等，並期待你能夠獨立與社會化。在感情裡，她是軍師型的伴侶，但不會分享心情與感受，態度總是淡淡的，不輕易表露脆弱的一面。

逆位聯想：偏心

任何決策都是出於偏好或私心，若第一印象不好就永遠不得翻身。她可能有歧視或過度的階級主義，但比起正位，喜怒更容易捉摸。

寶劍國王
King of Swords

元素符號△

風之土
風元素土形式展現

正位聯想：嚴肅

　　寶劍國王是最冷酷而嚴肅的管理者，對應水瓶座，關心的是體制、社會、團隊的運作，以及是否每個人都在自己的崗位上進步。如果團體中有害群之馬，他會讓對方消失在自己的眼前，絕不會留情。他是所有國王中唯一眼神直視正前方的，象徵絕對的自信與不容被挑戰的權威。他如果是你的主管，你每天上班都得戰戰兢兢，若他對你提出質疑，最好能給他精簡而有力的回答，千萬別說話沒重點。

　　寶劍國王不會輕易發怒，因為他在抱怨前就會無情地把麻煩解決掉，因此你很少聽到他在惱怒誰。如果他是一名父親，可能會希望孩子盡早出來工作，不要耽溺在情愛之中，因為沒有愛情不會死，沒有錢、沒有地位、無法融入社會才是最要命的。可以想像，如果你沒有專業、沒有目標，開口閉口都是感覺與情緒，寶劍國王就不會把你放在眼裡，他喜歡和有理想、能讓社會和體制變得更好的人一起工作。他通常冷靜、禮貌而有品味，即便休息時也在關注社會議題和公眾事務，就算是安排旅遊，也要掌控全局。在感情上，他會期待另一半與他共同成長，欣賞博學多聞、有才華且獨立的對象，而非只會依賴他的人。

逆位聯想：殘酷

　　會為了達到目標而傷害有感情的人，也可能會鄙視、傷害他瞧不起的對象。為了獲得更大的利益，常常朝令夕改，讓身邊的人無所適從。

占卜運用

手上有了一副塔羅牌，該如何開始占卜？
抽一張定生死，還是抽越多張越精準呢？
占卜的問題有哪些限制？
什麼可以問，什麼不能問？
現在開始一步步制定出專屬於你的占卜流程吧！

建立你的占卜流程

✿ Step 1：占卜地點選擇 ✿

以占卜師和問卜者雙方達成共識的地點皆可。但由於問卜者的提問或占卜過程可能會談及問卜者隱私，或感受的釋放，而占卜師解牌也需要高度的專注力，所以地點盡可能以安靜、具隱私性的場域較為佳，雙方都能不受外界干擾，問卜者也能較自在地表達問題。

在沒有個人工作室的情況下，許多占卜師會選擇在速食店或咖啡廳進行占卜，但這得事先顧及問卜者是否需要隱私性，並遵守店家規範、問卜者是否同意店家的低消規定（問卜者可能只是想占卜，但不願意在店家消費）。

若有一方需要安靜的地點或隱私性，可以租用以時計費的會議室或個人工作室來進行占卜。

✿ Step 2：占卜道具準備 ✿

桌布

主要用途是鋪在桌上或任何平面，避免牌卡與桌面或地面直接接觸造成刮傷。材質上通常以麂皮材質為主，摩擦力較強，推牌也更為容易。雖然只是保護牌卡、方便推牌的工具，沒有材質或顏色上的規定，全憑個人喜好，但避免選擇花色太豐富者，以免視覺混亂，影響解牌。

塔羅牌

可選擇使用完整的七十八張牌或僅用二十二張大牌。

布袋或收納盒

收納塔羅牌之用，建議以布袋或硬殼的收納盒為主。

個人化儀式用品

非必須，以個人習慣為主，如蠟燭、線香或水晶等。

✸ Step 3：設定問題 ✸

問題問得越精確，牌呈現的訊息也就越準。有時候占卜出來的結果過於大方向、太空泛，有可能是因問題設定得太過廣泛。若有人問：「未來運勢如何？」然後翻出「魔術師」，你可能只能說出：「很好，展現創造力，專注目標吧！」只能讓人覺得「好」，但不知所云。但如果同樣的牌，問題改成：「我在這份工作的運勢上要注意什麼？」那麼我們就可以更具體地告知：「會有良好的發展！你可能是同事眼中的萬事通，更有機會著手新的任務，不用擔心，好好運用你的經驗與人脈資源，成功機率很大喔，盡情展現你的才華吧！」

由於塔羅牌能反映的是「問卜者的內在運作所創造出的未來」或「問卜者與某個人事物之間的互動能量」，因此問題的設定需以「與問卜者有直接關係」的問題為主。與問卜者無關或不是自己能控制的問題，包括選舉預測、國運、演藝頒獎盛事等，即使我們參與其中，卻不是當事人，因此就算讓我們來抽，準確性會有很大的疑慮。另外，塔羅牌能反映的時效約為三個月到半年，即使有些牌可能會反映出半年之後的訊息，亦有占算年度運勢的牌陣，但事件占卜問題的時間設定不宜超過半年。「我有可能和他天長地久嗎？」、「我一年後有機會考上公務員嗎？」這些問題由於距離當下的時間太長遠，問卜者的內在與外在環境充滿太多變數，並不適合提問。

你或許聽過「一事不二占」，即同樣的問題，除非出現了重大變化，否則不適合在短時間內重複詢問。原因是當我們「第二次詢問」時，問卜當下的心態已非純粹地要面對問題或瞭解事件發展，而是潛藏著「想要再次驗證好的發展」、「想要推翻上一次不好的占卜結果」或「想要聽到我覺得合理的說法」，而塔羅占卜反映的是我們潛意識的能量，當你的問題已經不是聚焦在問題本身，而是想印證、推翻、再分析占卜師的解讀，那麼抽出來的牌也就不會是精準的。

以下為問卜者常常認為「與自己有關」的問題，但並不適合詢問的例子：

【例 1】曖昧對象非單身，讓我受盡委屈！

✕ 但你不適合問：「曖昧對象會不會跟伴侶分手？」

✓ 你可以這樣問：「我跟這個曖昧對象的感情會如何發展？」

原因：曖昧對象會不會和伴侶分手與你無關，就算他與伴侶分手，也不見得會跟你在一起。「他們的分手與否」與「你們的感情發展」不必然有正相關。你要聚焦的應是「你們之間的關係」，而不是「他們的關係」。

【例 2】討厭的同事總是扯我後腿，每天上班都抓狂！

✕ 但你不適合問：「這討厭的同事會不會離職？」

✓ 你可以這樣問：「我該如何跟這個同事相處？」

原因：同事要不要離職，是他要來問的，是他的抉擇，與你無關。他就算離職了，也不代表你不需要再與同樣個性的人共事，因此你要關注的應該是「該如何與這樣特質的人共事」，而不是「他的去留」。

【例 3】兒子交了女友就忽略家庭，結了婚還得了？

✕ 但你不適合問：「兒子會不會跟現在的女友結婚？」

✓ 你可以這樣問：「我該怎麼面對與兒子的親子關係？」

原因：兒子會不會、要不要跟他的女友結婚，是他們的人生，與你無關。他的結婚與否，與你們的親子關係不必然有直接影響。他也許結了婚反而更明白家人的重要，也有可能不結婚，但依然與家人疏離。因此你要關注的應該是「我跟兒子的關係」，而不是「他的感情生活」。

綜觀而言，塔羅占卜的問題設定可以把握以下原則：

適合問的

✓ 與自己切身相關的事件。

如：我的工作發展性如何？我與伴侶的關係發展如何？

✓ 問題的發展，問卜者有直接的決定權與選擇權。

如：我要選 A 或 B？要接受國外的工作機會嗎？

✓ 可問籠統的問題，但牌所能呈現的意涵也會是籠統的。

如：我最近的運勢如何？我最近要注意什麼？

✓ 問題越精確，牌所能呈現的訊息也就越精確。

如：我在三個月內的桃花運勢如何？這次面試該注意什麼？

塔羅占卜的目的在於更加認識自己、如何改善狀態或調整心態、能清楚自己身處的局勢、能做出忠於當下的抉擇。

不宜問的

✗ 不問超過半年的預測。

如：我半年後有機會瘦下來嗎？我兩年後能順利畢業嗎？

✗ 不問健康、前世今生、不是自己能去干涉的問題。

如：總統大選誰會當選？哪一支球隊會贏？女兒會不會結婚？兒子會不會升官？同事會不會離職？

✗ 不問涉及其他專業領域的問題。

如：法律、醫療、藥物、心理諮商、財經股市等。

✗ 不問自己不能控制的問題。

如：老闆知不知道他在霸凌員工？媽媽會反省她對我的傷害嗎？

請注意：一事不二占，同樣的問題三個月內不重複算。

✤ Step 4：洗牌與抽牌 ✤

　　每位占卜師慣用的洗牌與抽牌流程都不一樣，就如同開牌儀式千變萬化，並沒有明文規定什麼樣的洗牌或抽牌流程才是最標準正確的，只要自己用習慣了，就是最適合的。

　　有時問卜者與占卜師討論問題方向的同時，占卜師一邊確認問題，一邊進行洗牌，等到問卜者將他的問題敘述完畢，占卜師就直接將牌推開成扇形，讓問卜者抽牌，這也是沒有問題的。

　　坊間還有一種說法是「不能讓他人碰牌」，這並不是硬性規定。古法占卜的洗牌到抽牌流程是由占卜師一個人全程操作，但現代占卜為了讓問卜者對整個占卜流程能有更多的情感投入與儀式感，常常都會讓問卜者親自洗牌與抽選牌卡，占卜師只需在過程中給予步驟指引。除非占卜師本身學的是古法占卜，或他將塔羅牌視為具有神聖力量且不可玷汙的存在，或純粹不希望問卜者有機會損壞牌卡，可能會希望占卜全程由自己控制洗牌與抽牌流程。

　　以下的步驟說明是普遍的洗牌與抽牌流程，供初學者參考，圖示中的「問」是指「問卜者」、「師」是指「占卜師」。初學者可於每個步驟圈選適合自己的進行方式。須注意的是，**一旦制定出整套完整的洗牌與抽牌流程，就不得在操作過程中隨意更動**，比如訂下「以占卜師視角分辨正逆位」的解讀原則，就請勿在過程中私自更改為「以問卜者視角分辨正逆位」。

洗牌

　　問卜者問完問題後，便開始進入「麻將式」洗牌流程。由占卜師或問卜者其中一方用雙手將牌卡以順時鐘方向打亂。建議問卜者於過程中持續默念占卜問題，時間不限，但不宜冗長。最後由洗牌方自行將牌卡收回成一疊，全程牌面朝下。

【我的步驟 1】

由占卜師／問卜者洗牌（請圈選）。

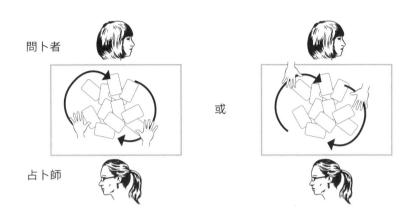

問卜者

或

占卜師

【我的步驟 2】

切 ＿＿＿＿ 疊／不切牌（請圈選）。

下列為「切兩疊」的流程示意，選擇「不切牌」可省略。

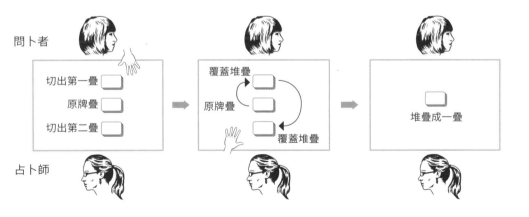

問卜者

切出第一疊

原牌疊

切出第二疊

覆蓋堆疊

原牌疊

覆蓋堆疊

堆疊成一疊

占卜師

抽牌

　　以占卜師慣用且順手的方式,將牌疊由左至右推開成扇形,請問卜者憑直覺用左手(或非慣用手)抽出牌陣所需的張數。問卜者將抽出的牌卡依序遞給占卜師,占卜師則將牌卡依照牌陣位置順序放置。待問卜者抽完,由占卜師將呈扇形的牌卡由左至右收回成一疊。全程牌面依舊朝下。

【我的步驟 3】

將牌疊推開成扇形,請問卜者抽出牌陣所需的張數。

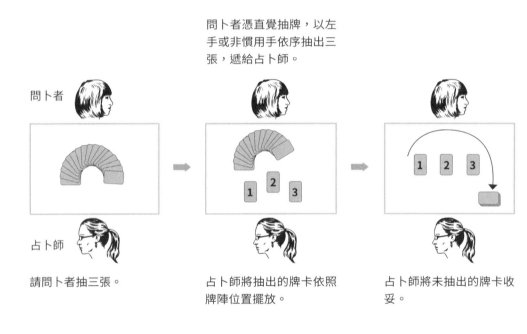

問卜者憑直覺抽牌,以左
手或非慣用手依序抽出三
張,遞給占卜師。

問卜者

占卜師

請問卜者抽三張。　　占卜師將抽出的牌卡依照　　占卜師將未抽出的牌卡收
　　　　　　　　　　　　　牌陣位置擺放。　　　　　　妥。

 用哪一手抽牌?

　　關於用哪一手抽牌,並沒有明文規定,通常是以「左手為主」,因為左手連結的是掌控圖像思考的右腦;也有許多占卜師認為以「非慣用手」抽牌亦可。不變的原則是,一旦制定了問卜者以哪一隻手抽牌,就不要輕易更改。

翻牌

　　由占卜師將問卜者抽出的牌卡依序翻開來。謹記，翻牌一律是以牌卡的「長邊」為軸心，並「左右翻開」。切勿以牌卡的短邊為軸心上下翻，因為這樣會改變牌的正逆位。

【我的步驟 4】

將牌卡依序翻開來，左右翻，切勿上下翻。

✓ 左右翻牌　　　　　　　　　　　　✗ 上下翻牌

辨別正逆位

　　告知問卜者將以何者視角來辨別正逆位。我通常是以問卜者的視角為主，並告知問卜者：「等等牌翻出來是正的還是倒的，是以你看的方向為主。」

【我的步驟 5】

告知正逆位辨別方向，以占卜師／問卜者視角為主（請圈選）。

若是以問卜者視角為主，
這三張牌都是正位。

問卜者

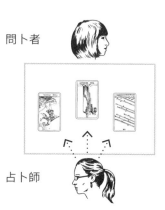

或

占卜師

若是以占卜師視角為主，
這三張牌都是逆位。

以上是洗牌到抽牌的基本步驟，僅供大家參考，你可以自行添增更多儀式性的步驟，但須留意下列不變的原則或要點：

◆**占卜步驟須在正式占卜前就先制定完成，**尤其正逆位的辨別方向，務必以自認為方便解讀的視角為主。

◆**不可在占卜過程中任意更改已制定的步驟。**初學者可先自行演練如何進行更為順暢。

◆洗牌通常以「麻將式洗牌」為主，因能將牌的正逆位徹底洗亂。

◆不是每位占卜師都有解讀逆位牌的習慣，若不解讀逆位牌，可採「撲克牌式洗牌」（交疊式洗牌）即可。

◆在洗牌時，若有其中一張牌卡意外被掀開來，表示這張牌對問卜者來說是有意義的，可直接抽出來，不需要放回去，在占卜時與問卜者討論、解析。

◆切牌之後的堆疊順序無制式規定，僅需以「最後被切出的那一疊」疊在牌的最底部為原則。

◆切牌的目的是因有些占卜師有「看底牌」的習慣，將底牌視為「建議牌」或其他用途，或是單純讓問卜者能有參與這流程的「儀式感」。

◆有些牌卡因牌質關係而不易推開成完整的扇形，推開時會有數張牌卡重疊在一起，無法均勻攤開，都是正常現象，不影響抽牌。占卜師與問卜者都不需執著於此。

◆占卜師可在問卜者抽牌時給予提醒，請問卜者將牌遞出即可，不需將牌翻開。否則問卜者有時會不經意地自行將牌面翻開，影響到後續抽牌的思緒。

◆占卜師將牌翻開時一律謹記：從任一長邊掀起，左右翻開。切勿從短邊掀起，上下翻開。

常用牌陣介紹

—✦—

　　飯菜上桌前都要用不同的容器盛裝，就好比盤子可以用來盛裝義大利麵或白米飯，但不能盛裝湯麵或粥品，否則湯汁會溢出盤子。我們都知道不能只用盤子來盛裝所有的食物，所以還會準備碗和鍋子。而牌陣的選用也是一樣的道理，固然有些通用牌陣，如「時間之流」，但面對複雜的問題時，它能呈現的資訊也就相對有限。

　　設定的問題越明確，解牌就能更為精準；而用對了適合的牌陣，解牌也能更清晰詳細。牌陣能幫助我們將一張牌廣大無邊的牌義套入一個固定的詮釋範疇，如同樣是女帝，出現在「某個人的個性」、「一段關係的發展」或「給問卜者的建議」，都能夠產生不同的詮釋。

　　不同類型的問題，可套用在不同的牌陣。有些牌陣適合問工作、運勢或單一事件發展性的問題，有些牌陣適合問感情、與特定對象的關係問題。選擇適合的牌陣能夠使解牌更加精確，也更能認識每張牌在不同位置上所能對應出的意涵。

　　要注意的是，牌陣並非越大、越多張就能算得越準。有時太多張牌反而會擾亂判斷，或造成多張牌義之間矛盾、打架的狀況，這對初學者而言，反而解讀起來是非常吃力的，因此不需要選太複雜的牌陣，以免造成自己的困擾。以下將會介紹最受歡迎、也最為普遍被使用的牌陣。

✦ 單張牌牌陣 ✦

僅需抽出一張牌即可。不僅僅是最適合初學者，也是有經驗的占卜師喜歡用的。因為單張牌能呈現出來的訊息可以非常直接，可運用在任何「二元性的問題」，能回答簡單的「是非題」，如：

問：「要不要跟愛戀對象告白？」 → 抽到「高塔正位」
答：「不要。」

問：「這個面試會不會上？」 → 抽到「命運之輪正位」
答：「會。」

問：「我在這間公司發展好不好？」 → 抽到「世界正位」
答：「好。」

問：「下個月有沒有機會找到新工作？」 → 抽到「錢幣 5 正位」
答：「沒有。」

問：「他是不是對我有好感？」 → 抽到「寶劍 1 逆位」
答：「不是。」

單張牌牌陣也能運用在瞭解某個狀況的「發展性」，求得簡潔扼要的「建議」，前提是問題必須設定得非常明確，如：

問：「明天的會議要注意什麼狀況？」 → 抽到「權杖 5 正位」
答：「要小心大家意見不合，都在強調自己的厲害，變成無效的會議。」

問：「周末跟他約會的狀況會如何？」 → 抽到「聖杯 3 正位」

答：「一起吃喝玩樂非常愉快，是開心的約會，也可能會認識他的朋友。」

問：「聘用這員工的狀況會如何？」 → 抽到「寶劍騎士正位」
答：「很聰明，反應很快，但可能非常有自己的主見，很難配合。」

問：「明天的提案，我該如何表現？」 → 抽到「女帝正位」
答：「多展現熱情與親和力，自然放鬆一點，不要太拘泥在專業形象。」

單張牌牌陣的優點是可以迅速掌握，很適合初學者用來練習，但缺點是可能會太過武斷、得到去脈絡化的答案，因此不適合問太大、太複雜的問題，也無法看得太全面或進行深度的分析。

❀ 時間之流牌陣（聖三角牌陣）❀

因為有許多占卜師將這三張牌排成正三角形，故又稱為「聖三角牌陣」，但無論是否排成三角形，其實都不影響解牌。這是最廣為使用的三張牌牌陣，適用於多數「單一事件發展」問題，有助於重整過去、釐清當下、面對未來。透過這三張牌可以檢視出「過去」是如何影響「現在」，而「現在」又會創造出什麼樣的「未來」。

過去　　　　　　　　　現在　　　　　　　　　未來

【案例】

　　我剛和前男友提分手，想知道未來有沒有機會復合？

【抽牌】

❶過去

❷現在

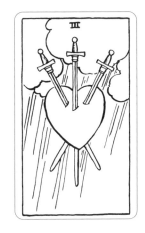

❸未來

❶過去：女教皇正位　　❷現在：權杖 10 逆位　　❸未來：寶劍 3 正位

【解牌參考】

　　過去抽到的是「女教皇正位」，象徵關係缺乏互動，雖然沒有爭執，但女教皇代表在感情態度上過於淡然，可能表示前男友長期過於被動，導致向來主動付出的問卜者決定放手，造成了現在的「權杖 10 逆位」，顯示出已經不願意再付出、再為前男友做更多，但這兩張牌的組合有「熱臉貼冷屁股」的意思，有可能過去問卜者的付出並不是前男友要的，只是前男友沒有拒絕。未來抽到「寶劍 3 正位」，似乎也指出傷心的必然。雖然問卜者決定放手，獲得短暫的輕鬆，不用再為這段關係努力付出，卻有可能暗中渴望前男友會積極挽回，但寶劍 3 帶來的卻是失望與挫折，似乎要為這個分手的決定付出傷心的代價。

【延伸說明】

　　時間之流牌陣除了能給予問卜者「未來發展」的訊息之外，許多占卜師還會再抽一張牌作為「建議」。但需要注意的是，**建議不是保證可以翻轉未來的萬靈丹**，只是提醒我們能夠採取什麼樣的態度或做法，來把握未來的機會、避開危險的可能，或為即將到來的局勢做出防範應對，就好像看了氣象預報得知強颱即將到來，而建議牌的用意是在教你做好防颱準備，而非把颱風趕走。

建議

　　　過去　　　　　　　　現在　　　　　　　　未來

身心靈牌陣

　　時間之流牌陣發展出了許多變化型，最常見的如「身心靈牌陣」，用以釐清自己的內在與靈性的訊息。三張牌依序象徵：

❶身：我如何應對這個事件

❷心：我內心對這個事件有什麼感受

❸靈：這個事件要我學習的是什麼

❄ 一對一關係牌陣 ❄

適用於「與某個對象之間的關係」相關問題，可將對象設定為伴侶、曖昧對象、暗戀對象、前任、某個家人、朋友、手足、老闆、同事、合作對象等，用以得知自己與對方的心態、兩人關係狀況和發展建議。

若想瞭解某個人的心態，一對一牌陣會比時間之流牌陣更為合適。要注意的是，如果「未來發展」出現分手或無法在一起的可能性，問卜者可能會問：「那要怎麼樣才能不分手？」或「有什麼方法能讓他跟我在一起？」這時請勿將建議牌視為「能讓他對你死心塌地」的符水，切記建議牌的用意是教我們如何以更適切的態度或行動面對未來。**未來確實有改變的可能，但你能改變的是自己的未來，不是他人的。**

 我如何看待這段關係

 兩人現在互動狀況

 對方如何看待這段關係

 未來發展

 建議

【案例】

暧昧對象是怎麼看待我們的關係的？未來我們有機會在一起嗎？

【抽牌】

 ❶我如何看待
這段關係

 ❸兩人現在互
動狀況

 ❷對方如何看
待這段關係

 ❹未來發展

 ❺建議

❶我如何看待這段關係：審判逆位　　❹未來發展：聖杯騎士逆位
❷對方如何看待這段關係：高塔逆位　　❺建議：權杖 2 逆位
❸兩人現在互動狀況：聖杯王后正位

【解牌參考】

　　「高塔逆位」出現在曖昧對象的位置，再加上未來發展出現「聖杯騎士逆位」，顯然該對象對這段關係並非真誠地投入，甚至有可能不只有單一對象。問卜者自己則是「審判逆位」，暗示著類似情節不只一次出現在他的感情經驗中，也意味著他內心深處對這段關係的不信任。兩人的關係出現「聖杯王后正位」，有彼此取暖、關心的依存關係，但這更像是問卜者把曖昧對象視為「一個缺乏愛的人」來關愛，這樣的感情模式或許對問卜者來說是相當習慣且舒適的。未來出現「聖杯騎士逆位」，指出了曖昧對象花心的可能；而建議出現「權杖 2 逆位」，則是提醒問卜者宜採取被動態度，並趁早轉移目標。

❀ 選擇題牌陣 ❀

適用於問卜者「面對兩個（或以上）選擇」時，可分析各選擇的發展優劣供問卜者比較，最常見的選擇題問題包括：

◆ 選擇留在原公司發展，或者轉換跑道？
◆ 選擇 A 公司，或者選擇 B 公司？
◆ 選擇留在現部門，或者轉調新部門？
◆ 選擇留在臺灣，或者出國發展？
◆ 選擇現任伴侶，或者其他交往或曖昧對象？
◆ 選擇曖昧對象 A，或者是曖昧對象 B？
◆ 選擇計畫 A，或者計畫 B？

選擇題牌陣的選項不宜超過五個。若選項超過兩個，建議問卜者可自行準備紙筆，記住每個選擇為何；占卜師則需注意所有選擇都得在同樣的時間軸上，也就是**所有選項的時空脈絡必須是一致的**。

✓ 你可以問：現在待在這間公司的發展如何？或現在出去找工作會更好嗎？
（「現在待在這間公司」與「現在出去找工作」兩者時空是一致的）

✗ 不適合問：現在待在這間公司發展如何？半年後離職去找工作會怎麼樣？
（「現在待在這間公司」與「半年後出去找工作」是不同的時空脈絡）

問卜者的現在心態

選擇 A 的過程

選擇 B 的過程

選擇 A 的發展結果

選擇 B 的發展結果

【案例】

要選擇待在現有工作，還是離職換去另一間面試上的公司？

【抽牌】

❶問卜者的現在心態

❷待在現有工作
的過程

❹去新公司的過程

❸待在現有工作
的結果

❺去新公司的結果

❶問卜者的現在心態：權杖隨從正位
❷待在現有工作的過程：錢幣隨從逆位
❸待在現有工作的結果：戀人正位

❹去新公司的過程：寶劍國王逆位
❺去新公司的結果：錢幣 9 逆位

【解牌參考】

「權杖隨從正位」恰好在牌陣最上面，且面朝新公司的方向，顯示問卜者現在的心態正期待有新的發展，因此對於面試上的公司有憧憬，準備大展身手。

在新的公司，他可能會先遇到如「寶劍國王逆位」般的主管，執著在瑣事且朝令夕改，讓問卜者不知所措，以致發生「錢幣9逆位」的情況，問卜者可能覺得工作既沒有效率又無所適從，看似自由發展創意的體制，實質卻是雜亂無章。

相較之下，此牌陣傾向建議問卜者待在現有工作。雖然現在的工作對問卜者來說尚無法快速適應，從「錢幣隨從逆位」可以看出他在這間公司可能是一個不守規矩、粗心大意的麻煩製造機，但他只要願意在錯誤中學習，同事與主管都不是難相處的人，也會給他機會學習，並展現長才，終能在公司中找到自我定位，達到「戀人正位」的結果。

 在選擇題牌陣使用「建議牌」的時機

有時選擇題牌陣「並不意味著問卜者一定要選擇」，有可能問卜者只是想知道「兩個（或以上）同時發生的事件，各自發展的狀況為何」。如：

◆ 正職工作與兼職工作各自的發展
◆ 工作與念書進修各自要注意什麼
◆ 現任伴侶與曖昧對象各自的發展
◆ 與同事 A 和同事 B 各自的相處狀況
◆ 與 A 的關係和與 B 的關係各自的發展狀況

遇到這樣的狀況，可以最後再抽一張「建議牌」，提醒問卜者該如何兼顧這些事件。

✤ 六芒星牌陣 ✤

　　六芒星牌陣是進階版的時間之流牌陣，也是最廣為運用的牌陣之一，能夠全方位洞悉過去到未來的進程，深入解析事發原因、環境影響與心態對策，適用於多數「單一事件發展」問題。

◆❶設定為六點鐘位置，以順時鐘方向排列出❷、❸，恰好構成▽（倒三角形）；而❹則是設定為十二點鐘位置，以順時鐘方向排列出❺、❻，恰好構成△（正三角形）；兩圖形合併即構成 ✧（六芒星）。

◆解讀六芒星牌陣時，能將每張牌與其對角線位置的牌合併解讀：

・❶和❹都在反映「過去」與事件的「事發原因」。

・❷和❺都在反映「現在」與當下的「環境影響」。

・❸和❻都在反映「未來」與可能的「應對策略」。

・❼提醒問卜者應該採取的態度或做法。

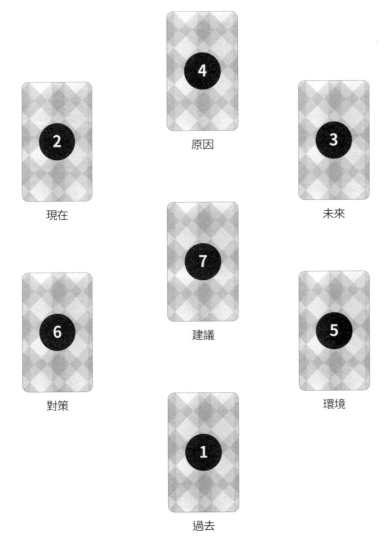

現在 ... 2

原因 ... 4

未來 ... 3

建議 ... 7

對策 ... 6

環境 ... 5

過去 ... 1

【案例】

　　最近找工作的運勢如何？要注意什麼？

【抽牌】

❹原因

❷現在

❸未來

❻對策

❼建議

❺環境

❶過去

❶過去：高塔正位
❷現在：錢幣 5 逆位
❸未來：寶劍 1 正位
❹原因：錢幣 9 逆位
❺環境：寶劍王后正位
❻對策：錢幣隨從逆位
❼建議：錢幣 3 逆位

【解牌參考】

　　我們可以從「高塔正位」和「錢幣9逆位」，得知問卜者可能享受、休息了一段時間，但經濟狀況無法再支持他繼續休息，得動起身來為自己的生計負起責任。因此現在的位置出現了「錢幣5逆位」，環境上則出現了「寶劍王后正位」，意味著問卜者體悟到與世俗妥協的必要，也可能是身邊的親友為他的工作發展提供了分析建議，讓他意識到自身的不足，無論是在金錢上或專業能力上。另一方面，從整體牌陣來看，你會發現所有的「錢幣牌」都是逆位，可以推測問卜者正面臨著經濟上的匱乏或財務不自由。

　　在未來發展上出現「寶劍1正位」，就找工作而言，這張牌代表大好良機，也意味著絕對有適合的工作機會在等著他，而對策出現「錢幣隨從逆位」，代表未來的機會與他過去的專業經驗無直接關聯，也可能是他不打算找與過去經驗相關的工作，決定在新的領域上重新累積。最後，建議牌出現「錢幣3逆位」，意味著他必須知道未來工作需要的不是特定專業的養成，而是能累積出多工作業、處理瑣事的應變能力。

 對策 vs. 建議

　　在解讀六芒星牌陣時，許多人會將「對策」和「建議」混淆。「對策」指的是問卜者「可能會採取的應對方式」，並非適合的應對方式；而「建議」才是指「適合問卜者的應對之道」。以上述案例來說，問卜者可能會採取的對策恰好與建議沒有太大的差異，但如果建議出現「審判正位」或「錢幣8正位」，就要提醒問卜者不能夠捨棄過去，反而要繼續累積舊有經驗，在原有的專業上更上一層樓。

✽ 賽爾特十字牌陣 ✽

　　賽爾特十字牌陣是最古老、最經典的牌陣，為基督教與塞爾特文化的結合，由典型的十字架圖形（牌陣左邊），加上階梯狀的巨石（牌陣右邊）所組成，適用於詳細解析「單一事件發展」的問題。由於是最古老的牌陣，流傳至今發展出了多種排序上的變化，你可能會在其他書籍或教學中得知其他的排列順序，而你只需要選定一個適合自己的排列與解讀方式。

　　解牌時，不一定得一張張依循牌陣的排列順序逐一解讀，尤其在牌數多的牌陣中，每張牌的「擺放位置」並非毫無意義，因此解讀賽爾特十字牌陣不妨參照以下脈絡：

◆❹、❶、❻，可視為**客觀的**「過去」、「現況」、「未來」。

◆❸、❷、❺，可視為**內在的**「推力」、「阻礙」、「想像的發展」。

◆❼、❽、❾、❿，可視為**將要面對的**考驗與關卡。

Tips：要分辨位置❷牌卡的正逆位，可在翻牌後將牌順時鐘旋轉九十度。

理想狀態

建議／獲得

過去

阻力

現況

未來

希望／恐懼

8

環境影響

內在動機

7

自我

【案例】

最近與伴侶討論是否步入婚姻生活，我們適合結婚嗎？會有什麼發展？

【抽牌】

❺理想狀態

❿建議／獲得

❹過去

❷阻力
❶現況

❻未來

❾希望／恐懼

❽環境影響

❸內在動機

❼自我

❶現況：權杖騎士正位
❷阻力：聖杯 7 正位
❸內在動機：寶劍國王逆位
❹過去：皇帝逆位
❺理想狀態：寶劍 1 正位

❻未來：教皇逆位
❼自我：寶劍騎士正位
❽環境影響：力量正位
❾希望／恐懼：權杖 8 正位
❿建議／獲得：錢幣 8 正位

【解牌參考】

　　首先，我們可以在牌陣中看見「皇帝」、「教皇」、「寶劍國王」三張象徵男性主導者的牌都呈現逆位，且都遍布在十字架的位置；另有「力量」、「權杖8」、「錢幣8」三張 8 號牌都出現在右側。在正式解讀之前，我們可以記下這些有趣的發現。

　　在過去的位置上是「皇帝逆位」，指出這段感情可能尚無經濟基礎。現況為「權杖騎士正位」，加上阻力是「聖杯 7 正位」，象徵對婚姻生活的憧憬與衝動。在未來的位置上是「教皇逆位」，暗示了可能是不被長輩祝福的婚姻，或是這段婚姻將不會透過傳統儀式公開，而是私下登記，但無論是何種可能，都不是問卜者在意的。在內在動機上出現「寶劍國王逆位」，象徵問卜者把自己的決策權交給他人，或是被他人影響了主導權，從這部分可以推測出，提議結婚的很可能是他的伴侶，而非他本人，但他並不反對。即使對於自己的經濟困境是清楚的，但他認為與伴侶步入婚姻似乎能夠解決許多未來可能面臨的困境，因此理想狀態出現了「寶劍 1 正位」。

　　停在這裡看，三張「男性上位者」的牌都象徵著內在的「權威」，但在此牌陣中都是逆位，暗指問卜者習慣讓別人為他做決定。從這個問題來看，他可能很依賴伴侶，並認定伴侶能夠幫他解決許多生活上的困境。

　　牌陣的右邊是問卜者即將要面對的考驗或關卡。自我的位置通常指出：「在這事件中，我是如何看待自己的？」在此牌陣中翻出的是「寶劍騎士正位」，而代表現況的則是「權杖騎士正位」，兩者都是騎士牌，指出問卜者不顧他人眼光，無論他人怎麼說，他都會與伴侶一起去登記結婚。在這個事件中，他將自己定位成是一個「為愛而勇往直前的烈士」，而不是大家看到的「依賴伴侶逃避現實問題的人」。因此，不管大家怎麼看他，都不是現在的他會去理會的。

　　在環境影響上出現「力量正位」，力量是關於「擁抱自己的陰影」。這揭示了問卜者表現出的「我不在意大家怎麼說」的態度並不是真實的，環境與身邊的所有人都企圖讓他看見自己的陰影。事實上，大家並非不看好他的婚姻，而是認為他不應該把自己的人生主導權交由另一半決定與負責。

由靈數也可以覺察出一些端倪，從力量開始往上的兩張牌都是 8 號牌，而靈數 8 象徵內在的成就感，以及達到目標的野心與意志力。由此得知，這組牌並未指出兩人不適合結婚，反而是提醒問卜者應該為自己的人生負責。也有可能是他的伴侶正希望透過婚姻帶來的責任，要問卜者真正學會為建立一個家庭付出努力。就問卜者坦言，他並未有正職及穩定的收入，伴侶則是公司的高階主管，待遇與福利都非常穩定。「權杖 8 正位」是問卜者的希望，也是他的恐懼，因為他心知肚明，兩個人一起經營婚姻和家庭並非易事，他的內心深處也知道有一天要為自己的工作與收入狀況付出努力。最後的建議與獲得出現了「錢幣 8 正位」，顯示出或許婚姻帶來的是柴米油鹽醬醋茶的生活責任，卻也讓他變得更加務實，為自己與所愛的人更加努力。

FUTURE 44

塔羅靈數
透析塔羅牌裡的靈數能量，
認識自己與生命的 78 種可能

作　　　者／陳豪兒
責任編輯／何若文　　　　　版　　　權／黃淑敏、吳亭儀、江欣瑜、林易萱
特約編輯／潘玉芳　　　　　行銷業務／黃崇華、賴正祐、周佑潔、張嫒茜
美術設計／林家琪

總 編 輯／何宜珍
總 經 理／彭之琬
事業群總經理／黃淑貞
發 行 人／何飛鵬
法律顧問／元禾法律事務所 王子文律師
出　　版／商周出版
　　　　　台北市 104 中山區民生東路二段 141 號 9 樓
　　　　　電話：(02) 2500-7008　傳眞：(02) 2500-7759
　　　　　E-mail：bwp.service@cite.com.tw
　　　　　Blog：http://bwp25007008.pixnet.net./blog
發　　行／英屬蓋曼群島商家庭傳媒股份有限公司城邦分公司
　　　　　台北市 104 中山區民生東路二段 141 號 2 樓
　　　　　書虫客服專線：(02)2500-7718、(02) 2500-7719
　　　　　服務時間：週一至週五上午 09:30-12:00；下午 13:30-17:00
　　　　　24 小時傳眞專線：(02) 2500-1990；(02) 2500-1991
　　　　　劃撥帳號：19863813　戶名：書虫股份有限公司
　　　　　讀者服務信箱：service@readingclub.com.tw
　　　　　城邦讀書花園：www.cite.com.tw
香港發行所／城邦（香港）出版集團有限公司
　　　　　香港灣仔駱克道 193 號超商業中心 1 樓
　　　　　電話：(852) 25086231 傳眞：(852) 25789337
　　　　　E-mailL：hkcite@biznetvigator.com
馬新發行所／城邦 (馬新) 出版集團【Cité (M) Sdn. Bhd】
　　　　　41, Jalan Radin Anum, Bandar Baru Sri Petaling,
　　　　　57000 Kuala Lumpur, Malaysia.
　　　　　電話：(603)90578822　傳眞：(603)90576622　E-mail：cite@cite.com.my

城邦讀書花園
www.cite.com.tw

封面設計／COPY
印　　　刷／卡樂彩色製版印刷有限公司
經 銷 商／聯合發行股份有限公司 電話：(02)2917-8022　傳眞：(02)2911-0053

■ 2021 年（民 110）09 月 30 日初版
■ 2023 年（民 112）10 月 24 日初版 3 刷
定價 480 元
著作權所有，翻印必究
ISBN 978-626-318-001-7
Printed in Taiwan

國家圖書館出版品預行編目（CIP）資料

塔羅靈數：透析塔羅牌裡的靈數能量，認識自己與生命的 78 種可能 / 陳豪兒著 . -- 初版 . -- 臺北市：商周出版：英屬蓋曼群島商家庭傳媒股份有限公司城邦分公司發行 , 民
110.09 360 面；17*23 公分 . -- (Future ;44)ISBN 978-626-318-001-7(平裝) 1. 占卜
292.96
110015118

FUTURE

FUTURE

FUTURE

FUTURE